新时代物流管理与发展研究

古全美 王凤娟 李琳娜 著

吉林科学技术出版社

图书在版编目（CIP）数据

新时代物流管理与发展研究 / 古全美，王凤娟，李琳娜著. -- 长春：吉林科学技术出版社，2022.9
ISBN 978-7-5578-9718-5

Ⅰ. ①新… Ⅱ. ①古… ②王… ③李… Ⅲ. ①物流管理—研究 Ⅳ. ①F252.1

中国版本图书馆 CIP 数据核字(2022)第 181218 号

新时代物流管理与发展研究

著	古全美　王凤娟　李琳娜
出 版 人	宛　霞
责任编辑	周振新
封面设计	南昌德昭文化传媒有限公司
制　　版	南昌德昭文化传媒有限公司
幅面尺寸	185mm×260mm
开　　本	16
字　　数	330 千字
印　　张	15
印　　数	1-1500 册
版　　次	2022 年 9 月第 1 版
印　　次	2023 年 3 月第 1 次印刷

出　　版	吉林科学技术出版社
发　　行	吉林科学技术出版社
地　　址	长春市福祉大路 5788 号
邮　　编	130118
发行部电话/传真	0431—81629529　81629530　81629531
	81629532　81629533　81629534
储运部电话	0431-86059116
编辑部电话	0431-81629510
印　　刷	三河市嵩川印刷有限公司

书　　号	ISBN 978-7-5578-9718-5
定　　价	105.00 元

版权所有　翻印必究　举报电话：0431—81629508

前言

当前我国全面建成小康社会进入决胜阶段、中国特色社会主义进入新时代。中国的工业化、信息化、市场化、城镇化、全球化、绿色化进程将深入推进，物流业发展的需求、技术供给、制度、资源环境以及国际格局会发生重大变化。市场体制更加完善，政府职能进一步转变，市场将在更广领域配置物流资源。

企业物流是企业生产经营活动的组成部分，是物流理论与物流技术发展的基础和重要载体。现代企业物流管理水平的高低直接影响着企业的经营效益，并可能间接影响到社会物流的运作水平。因为高新技术和现代管理方法的应用，我国传统的物流活动在管理理念、产业组织、企业制度、业务流程、信息处理手段及作业方式等各个方面，都无法适应当前现代物流的发展。由此引发了对物流专业人才、现代管理思维及组织方式，现代技术手段等的迫切需求。

物流管理是指在社会生产过程中，根据物质资料实体流动的规律，应用管理的基本原理和科学方法，对物流活动进行计划、组织、指挥、协调、控制和监督，使各项物流活动实现最佳的协调和配合，以降低物流成本，提高物流效率和经济效益。物流最初始于军事后勤，现在已经成为关键性的经营问题之一，对管理者提出了巨大的挑战。

本书以物流管理合理化与创新发展模式为研究主体，综合利用系统管理理论、协同理论等理论，并利用文献分析法、比较分析法与实地调查法，在对当今时代整个现代物流管理的起源与未来发展趋势深入分析的基础上，对现代物流管理的要素合理化进行了研究，主要包括运输管理合理化、仓储与库存管理合理化．包装合理化、装卸搬运合理化，流通加工合理化，配送与配送中心管理合理化、物流信息管理合理化，供应链管理合理化，物流服务合理化，并最后对整个现代物流管理的创新模式进行了探讨，以期为促进现代物流管理合理化发展做出贡献。

本书从管理与发展的特点出发，以知识传授为宗旨、以应用能力培养为核心，系统地介绍了物流的基本理论、基本技术等知识，并进一步结合物流学科的最新发展趋势，对物流的现代化理论、技术、理念与管理模式等进行介绍。

Catalog 目录

第一章　物流与物流管理 …………………………………………………………… 1
　　第一节　物流概念的产生与发展 ……………………………………………… 1
　　第二节　物流的主要分类和作用 ……………………………………………… 15
　　第三节　物流管理的主要内容和特点 ………………………………………… 20

第二章　物流系统功能要素管理 …………………………………………………… 24
　　第一节　运输管理 ……………………………………………………………… 24
　　第二节　仓储管理 ……………………………………………………………… 27
　　第三节　装卸搬运管理 ………………………………………………………… 30
　　第四节　包装管理 ……………………………………………………………… 35
　　第五节　流通加工管理 ………………………………………………………… 39
　　第六节　配送管理 ……………………………………………………………… 41
　　第七节　物流信息管理 ………………………………………………………… 45

第三章　物流实务管理 ……………………………………………………………… 49
　　第一节　物流组织管理 ………………………………………………………… 49
　　第二节　物流成本管理 ………………………………………………………… 54
　　第三节　物流质量管理 ………………………………………………………… 61
　　第四节　物流战略管理 ………………………………………………………… 64

第四章　第三方物流 ………………………………………………………………… 69
　　第一节　第三方物流的基础认知 ……………………………………………… 69
　　第二节　第三方物流的运作模式 ……………………………………………… 79
　　第三节　第三方物流的决策与选择 …………………………………………… 81

第五章　电子商务与国际物流管理 ………………………………………………… 87
　　第一节　电子商务概念分析 …………………………………………………… 87
　　第二节　电子商务与现代物流 ………………………………………………… 91
　　第三节　国际物流管理 ………………………………………………………… 102
　　第四节　电子商务与物流协同发展的策略 …………………………………… 113

第六章 绿色快递物流战略 ………………………………………………… 120
第一节 可持续发展与绿色快递物流 ……………………………… 120
第二节 绿色快递物流系统的运行模式 …………………………… 131
第三节 绿色快递物流主要发展战略 ……………………………… 139
第四节 绿色快递物流发展战略措施 ……………………………… 144

第七章 物流发展的其他延伸 ………………………………………………… 154
第一节 逆向物流 …………………………………………………… 154
第二节 冷链物流 …………………………………………………… 157
第三节 物流金融 …………………………………………………… 162

第八章 物流园区的规划与开发运营 ………………………………………… 168
第一节 物流园区的作用和发展 …………………………………… 168
第二节 物流园区的规划 …………………………………………… 175
第三节 物流园区的开发 …………………………………………… 184
第四节 物流园区的运营 …………………………………………… 187

第九章 物联网在物流行业的发展 …………………………………………… 189
第一节 物联网的基本理论与关键技术 …………………………… 189
第二节 物联网与现代物流的关系 ………………………………… 203
第三节 物联网在物流中的应用 …………………………………… 206

第十章 大数据与智慧物流 …………………………………………………… 211
第一节 智慧物流的发展现状 ……………………………………… 211
第二节 大数据技术的发展现状与应用 …………………………… 216
第三节 大数据背景下智慧物流的运营与服务模式 ……………… 226

参考文献 ……………………………………………………………………… 233

第一章 物流与物流管理

第一节 物流概念的产生与发展

物流科学自产生以来已显示出它的强大生命力,成为当代最活跃、最有影响的新学科之一。物流科学是以物的动态流转过程为主要研究对象,揭示了物流活动(运输、储存、包装、装卸搬运、配送、流通加工及物流信息等)之间存在相互关联、相互制约的内在联系,认定这些物流活动都是物流系统的组成部分,是物流系统的子系统。它界定了物流系统的边界,使其在经济活动中从潜隐状态显现出来,成为独立的研究领域和学科范围。物流科学把管理工程与技术工程相结合,实现物流的时间效益和空间效益。物流科学的产生和应用给国民经济和企业的生产经营带来难以估量的经济效益,所以,引起了人们的重视并给予高度评价,从而得到了迅速的发展和普及。

一、商物分离

人们对物流的最早认识是从流通领域开始的。我们知道社会分工使社会发展到生产与消费相分离的商品经济,产生了连接生产与消费的流通功能,从而使社会经济活动由生产领域、消费领域和联结两者的流通领域组成,如图1-1所示。在生产和消费之间存在着社会间隔(生产者和消费者不同)、场所间隔(生产地和消费地不同)时间间隔(生产时间和消费时间不同),是流通将生产和消费之间的这些间隔联系起来,以保证经济活动顺畅进行。

（一）生产领域

将生产资料进行物理变化或化学变化，制成各种产品满足社会消费需求的经济活动领域，生产结果为有形产品。在经济不发达的社会，生产产品基本上在原地消费。但在今天，某地所生产的各种产品几乎被全国，甚至全世界消费。

（二）消费领域

消耗产品或商品的使用价值，满足社会的某种需求，消费的结果为废弃物。随着消费领域与生产领域的间隔逐渐变大，联结二者的流通领域的作用逐渐突出。

（三）流通领域

流通领域是指将生产和消费联结起来的领域，流通的结果是产品或商品的所有权转移和产品或商品在时间空间上的转移。

通过经济手段取得产品的所有权指的就是产品或商品的所有权转移，如人们在购买某种商品时，交款取得发票后，即获此商品的所有权。产品或商品的所有权转移称为商流，其表现形式为代表所有权的凭证在时间和空间上的转移，商流的特征是所有权凭证交易。

产品的所有权转移完成之后，紧接着的是产品本身在时间和空间上的转移，以克服生产和消费领域的"间隔"，达到产品实现其价值的最终目的。产品或商品在时间空间上的流动全过程简称"物流"。其表现形式是物品本身在时间和空间上的转移。物流的特征是物品运动和停滞。例如，在生产钢铁时，把铁矿石从矿山运到钢铁厂所克服的"间隔"主要是距离，在物流中称为运输；再比如，农民生产的粮食当年不会全部消费，其大部分要储藏起来以备来年消费，这时所克服的"间隔"主要是时间，在物流中称为仓储。

在物流概念产生以前，产品本身流动和停滞的全过程是由各个不同的运作独立完成，这些不同的运作称为物流环节。物流环节包括运输、仓储、保管、搬运、配送及对产品的简单包装等。各个不同的物流环节由不同的企业完成，从事上述各个环节的企业有着不同的名称，如从事运输环节的称为运输公司，又细分为海运公司、空运公司及铁路、公路等运输公司。

社会进步致使流通从生产中分化出来，然而其并没有结束分化及分工的深入和继续，现代化大生产的分工和专业化是向一切经济领域中延伸的。分工的升级和细化促使流通领域中的主要职能商流和物流进一步分离。

在第二次世界大战之后，流通过程的这两种形式出现更加明显的分离，从不同形式逐渐转变成了两个有一定独立运动能力的不同运动过程，这就是所称的"商物分离"，即流通中两个组成部分商业流通和实物流通各自按照自己的规律和渠道独立运动。社会化的独立形态物流，进一步系统化，使专业的物流职能向专业的物流经营方向发展，形成物流行业。再进一步，物流行业也由初期的承运向货代方向发展，乃至发展到今天高水平的第三方物流、第四方物流和供应链。时至今日，这些独立的企业和物流行业，已经可以构筑成一个完整的物流业。

商物分离是物流科学赖以存在的先决条件，物流科学正是在商物分离基础上才得以对物流进行独立的考察，进而形成一门科学。

二、物流概念的产生

物流作为被研究对象，最早要追溯到 1901 年，约翰·格鲁威尔（J.F.Growell）在美国政府报告《关于农产品的配送》中，第一次论述了对农产品配送成本产生影响的各种因素，从而拉开人们对物流活动认识的序幕。现代物流概念的形成经过了一个漫长而曲折的过程，归纳起来大致经过以下三个发展阶段。

（一）物流概念的孕育阶段

从 20 世纪初到 20 世纪 50 年代，这个阶段是物流概念的孕育阶段。这一阶段的特点：一是局部范围，主要是在美国；二是少数几个人提出物流的概念；三是 Physical Distribution 和 Logistics 两种概念并存。

1. 营销学派的 Physical Distribution 概念

1915 年，美国市场营销学者阿奇·萧（Arch W.Shaw）在其《经营问题的对策》一书中，初次论述了物流在流通战略中的作用。同年，L.D.H. 威尔德（Weld）指出市场营销能产生三种效用，即所有权效用、空间效用和时间效用，与此同时，他还提出了流通渠道的概念，应该说这是早期对物流活动较全面的一种认识。

1921 年，阿奇·萧提出了物流的概念，叫作 Physical Distribution（P.D）。他指出，在市场分销中，存在两类活动：一类叫作创造需求，一类叫作物资实体分配（Physical Distribution of Goods），这两类活动是不同的，但是在市场分销中，是互相平衡、互相依赖的。在市场分销中发生的重大失误，往往是因为在这两类活动之间缺乏协调造成的。

1929 年，营销专家弗莱德·E. 克拉克（Fred E.Clark）在其所著的《市场营销的原则》一书中，将市场营销定义为商品所有权转移所发生的各种活动以及包含物流在内的各种活动，从而将物流纳入市场经营行为的研究范畴之中，将流通机能划分为"交换机能""物流机能"和"辅助机能"三部分，将物流活动真正上升到理论高度加以研究和分析。1927 年，拉尔夫·布素迪（Ralph Borsodi）在《流通时代》一书中，初次用 Logistics 来称呼物流，为物流的概念化奠定基础。

1946 年，美国正式成立了全美输送物流协会（American Society of Traffic Logistics），这是美国第一个关于对专业输送者进行考查和认证的组织。

这一时期可以说是美国物流的萌芽和初始阶段。总的来看，在这一时期，尽管物流已经开始得到人们的普遍重视，但是在地位上，物流仍被作为流通的附属机能看待，也就是说，物流是流通机能的一部分。

2. 军事后勤学派的 Logistics 概念

1905 年，美国少校琼西·贝克（Chauncey B.Baker）在其所著《军队和军需品运输》一书中提出了物流的概念，叫作 Logistics。他是从军事后勤的角度提出的，称 Logistics 是"与军备的移动与供应有关的战争的艺术的分支"。在第二次世界大战中，美国的反法西斯战线拉得很长、很宽，在某种意义上说，美国庞大的军事后勤补给决定了战争的胜负。美军方邀请著名的管理学家、运筹学家及军事专家共同组成课题组，研究军事物资采购、运输、储存、分配、保养以及废弃后处理的一体化方案，并把此方案称为 Logistics，即"后勤学"。其基本思想是把战争物资从供应地到作战前线的整个流通过程作为一个系统，把各个环节，如军用物资仓储、运输、保养、运送到各个战区等作为子系统，研究如何提高效率、降低成本，并且能及时而准确地发挥军用物资在战争中的作用。他们提出的 Logistics 的基本原则、运行的规律、许多措施和方法形成了物流的基本思想和理论框架。美国军事兵站后勤活动的开展，以及英国在战争中对军需物资的调运的实践都大大充实和发展了军事后勤学的理论、方法和技术，因此，支持了 Logistics 说的发展。

这两个不同意义的概念，之所以都分别存续下来，是因为各自都在各自的专业领域中独立运用，二者之间没有发生冲突，也没有一个统一的物流学派来进行统一规范，社会上在绝大多数的范围内还基本上没有物流的概念。

（二）分销物流（Physical Distribution）概念阶段

20 世纪 50 年代中期到 20 世纪 80 年代中期，可以称为分销物流概念阶段。这个阶段的基本特征是：分销物流概念得到发展而占据了统治地位，从美国走向了全世界，形成了一个比较统一的物流概念；形成和发展了物流管理学；并且也形成了物流学派、物流产业和物流领域。

1. Physical Distribution 概念继续在美国得到发展和完善，基本形成了比较完整的物流管理学

第二次世界大战后，美国的经济迅速发展，先进生产理论和观念不断引入，新技术不断出现，管理水平不断提高，促进生产力水平的大幅度提高。产品的极大丰富和激烈的市场竞争迫使产品必须降低成本、提高质量。物流逐渐为管理学界所重视，企业界也开始注意到物流在经济发展中的作用，将改进物流管理作为激发企业活力的重要手段。这一阶段是物流快速发展的重要时期。

1954 年，在美国波士顿工商会议所召开的第 26 次波士顿流通会议上，鲍尔·D·康柏斯发表了题为《市场营销的另一半》的演讲，他指出无论是学术界还是实业界都应该重视认识、研究市场营销中的物流，真正从战略的高度来管理及发展物流，应该讲，这是物流管理发展的一个里程碑。

1956 年，霍华德·T·莱维斯（Howard T.Lewis）、吉姆斯·W·克里顿（James W.Culliton）和杰克·D·斯蒂勒（Jack D.Steele）三人撰写了《物流中航空货运的作用》一书，在书中他们指出航空货运尽管运费比较高，但是由于它能直接向顾客进行商品配送，因而节约了货物的在库维持费和仓库管理费，所以，应当从物流费用总体上来评价运输手段的优缺点，霍华德等学者的研究第一次在物流管理中导入了整体成本的分析概念，深化了物流活动分析的内容。

由于现代市场营销观念的形成，使企业意识到顾客满意是实现企业利润的唯一手段，顾客服务成为经营管理的核心要素，物流在为顾客提供服务上起到了重要的作用。物流，尤其是配送得到了快速发展。1960年，美国的Raytheon公司建立了最早的配送中心，结合航空运输系统为美国市场提供物流服务。

1961年，爱德华·W·斯马凯伊（Edward W.Smykay）、唐纳德·J·鲍尔索克斯（Donald J.Bowersox）和弗兰克·H·莫斯曼（Frank H.Mossman）撰写了《物流管理》一书，这是世界上第一本介绍物流管理的教科书，在该书中他们详细论述了物流系统以及整体成本的概念，为物流管理成为一门学科奠定基础。20世纪60年代初期，密西根州立大学以及俄亥俄州立大学分别在大学部和研究生院开设了物流课程，成为世界上最早把物流管理教育纳入到大学学科体系中的学校。

1962年，美国著名经营学家德鲁克在《财富》杂志发表了题为《经济的黑暗大陆》的文章，提出了物流是降低成本的最后领域。强调应当高度重视物流管理，从而对实业界和理论界又产生了一次重大的推动作用，使他们逐渐认识到物流是"第三利润源泉"。

1963年，美国物流管理协会（Council of Physical Distribution Management）成立，该协会集中了物流实业界及教育界的专家，通过对话和讨论，促进了对物流过程的研究和理解及物流管理理论的发展，以及物流界与其他组织的联系与合作。

1969年，唐纳德·J.鲍尔索克斯在《市场营销杂志》上刊登了《物流的发展——现状与可能》，对综合物流概念的过去、现状以及未来发展做出了全面分析。

1976年，道格拉斯·M.兰伯特（Douglas M.Lambert）对在库评价的会计方法进行了卓有成效的研究，并撰写了《在库会计方法论的开发：在库维持费用研究》一文，指出在整个物流活动所发生的费用中，在库费用是最大的一个部分，并对费用测定进行了研究，对物流管理学的发展做出了重大贡献。

在这一时期，很多有关物流的论文、著作以及杂志开始大量涌现，有关物流管理研讨的会议也开始频繁召开，这些都推动了物流管理学的形成以及物流管理实践的广泛推广。

2.Physical Distribution概念从美国走向世界，成为世界公认的物流概念，在世界范围内形成了物流管理学的理论体系

20世纪50年代中期，日本派了一个12人的"流通技术专业考察团"从1956年10月下旬到11月末，在美国各地进行了实地考察，首次接触到了物流这个新事物。日本考察团在详细了解了"物流"这一新鲜事物后，于1958年第一次提及了Physical Distribution。这个概念马上被产业界接受，并加以研究和不断创新，在日本掀起了流通领域的一场革命，配送中心、物流中心相继产生，企业中的物流部形成，一些零散的、规模较小的运输和仓储企业联合起来，组成了许多大型的物流企业，如至今在世界上著名的日本通运公司、佐川急便等。随分销物流业逐渐扩大，逐渐形成了物流产业和物流管理学，20世纪70年代达到了高潮，大有后来居上之势，出现了一批如阿保荣司、宇野正雄等物流学家。

同样，这样的物流概念也逐渐流行到西欧、北美和其他许多国家和地区。20世纪70年代末也传到了中国。这样，基本上全世界各个国家都接受了这样的物流概念和物流管理学。

分销物流主要把物流看成是运输、储存、包装、装卸、加工（包括生产加工和流通加工）物流信息等各种物流活动的总和。在分销物流学中，主要研究这些物流活动在分销领域的优化问题。在各个物流专业理论和应用发展上取得很大的进展，例如，系统理论、运输理论、配送理论、仓储理论、库存理论、包装理论、网点布局理论、信息化理论以及其应用技术等。

3. 在分销领域各专业物流理论竞相发展的同时，企业内部物流理论异军突起

当人们正在专注地研究分销领域中的物流问题、发展各种专业物流理论和技术的时候，企业内部生产物流也在悄悄地发展起来。1965年美国J.A.奥列基博士提出"独立需求"和"相关需求"的概念，并指出订货点法的物资资源配置技术只适用于独立需求物资。而企业内部的生产过程相互之间的需求则是一种相关需求。相关需求应当用于相关需求的物资资源配置技术。20世纪60年代随着计算机应用的普及和推广，人们逐渐把计算机应用到制定生产计划上来，美国生产管理和计算机应用专家Oliver W.Wight和 George W.Plosh 首先提出了物料需求计划（Material Requirement Planning，MRP）的概念，而IBM公司则首先在计算机上实现了MRP处理，从此产生了MRP技术，并且在企业中得到了应用与发展，到了20世纪80年代，MRP发展到了MRPII。

在MRP发展的基础上，受MRP思想原理的启发，20世纪80年代又产生了应用于分销领域的分销资源计划（Distribution Requirement Planning，DRP），并且相应又发展出DRPII。在MRP和DRP发展的基础上，为了把二者结合起来运用，20世纪90年代又出现了LRP（Logistics Resources Planning）技术和ERP（Enterprise Resources Planning）。

这一时期日本丰田汽车公司创造的准时化生产技术（Just In Time，JIT）以及相应的看板技术是生产领域物流技术的另外一朵奇葩。它不光在生产领域创造了一种革命性的哲学和技术，而且为整个物流管理学提供一种理想的物流思想理论和技术，现在都已经应用到物流的各个领域。

企业内部另一个重要的物流领域是设施规划和工厂设计，包括工厂选址、厂区布局、生产线布置、物流搬运系统设计等，也都成为物流学应用和发展的领域，形成了物流管理学一个非常重要的分支学科。

所有这些企业内部物流理论和技术的强劲发展，逐渐引起了人们的关注。分销物流的概念显然不能包含它们，使原来只关注分销物流的人们自然想到，仅使用分销物流的概念已经不太合适了。特别是到20世纪80年代中期，随着物流活动进一步集成化、一体化、信息化的发展，改换物流概念的想法就更加强烈了，于是就进入了物流概念发展的第三个阶段。

（三）现代物流（Logistics）概念阶段

从 20 世纪 80 年代中期开始一直到现在，为现代物流概念阶段。这个阶段的特点是：随着物流业的发展，物流已经不仅仅限于分销领域，而已经涉及包括企业物资供应、企业生产、企业分销以及企业废弃物再生等全范围和全领域。人们已经意识到，原来的分销物流（Physical Distribution）概念，已经不适应这种形势，显得太狭窄了，应该扩大概念的内涵，因此决定采用 Logistics 作为物流的概念。值得指出的是，这个时候的 Logistics 概念和第一阶段的军事后勤学上的 Logistics 概念，虽然字面相同，但是意义已经不完全相同了：第一阶段军事后勤学上的 Logistics 概念主要是指军队物资供应调度上的物流问题，而新时期的 Logistics 概念则是在各个专业物流全面高度发展的基础上基于企业供、产、销等全范围、全方位物流问题，无论是广度、深度以及涵盖的领域、档次都有不可比拟的差别，所以这个阶段的 Logistics 应当译为现代物流学，它是一种适应新时期所有组织（包括企业、军队、事业单位）的集成化、信息化、一体化的物流学。

20 世纪 80 年代中期以后，在理论上，人们越来越清楚地认识到物流与经营、生产紧密相连，它已成为支撑企业竞争力的三大支柱之一。1985 年，威廉姆·哈里斯（Harris William D.）和斯托克·吉姆斯（James R. Stock）在密歇根州立大学发表了题为《市场营销与物流的再结合——历史与未来的展望》的演讲，他们指出，从历史上看，物流近代化的标志之一是商物的分离，但是随着 1965 年以西蒙（Simon Leonard S.）为代表的顾客服务研究的兴起，在近 20 年的顾客服务研究中，人们逐渐从理论和实证上认识到现代物流活动对于创造需求具有相当大的作用，因此，在这一认识条件下，如果再像原来那样在制定营销组合特别是产品、价格、促销等战略过程中，仍然将物流排除在外，显然不适应时代的发展。因此，非常有必要强调营销与物流的再结合。这一理论对现代物流的本质给予高度总结，也推动了物流顾客服务战略和供应链管理战略的研究。

从物流实践来看，20 世纪 80 年代后期电子计算机技术和物流软件的发展日益加快，进而更加推动了现代物流实践的发展，这其中的代表是 EDI 的运用与专家系统的利用。EDI 技术的应用为物流纵深化发展带来了契机，而专家系统的推广为物流管理提高了整体效果。现代物流为了保障效率和效果，一方面通过 POS 系统、条形码、EDI 等收集、传递信息，另一方面利用专家系统使物流战略决策实现最优化，从而共同实现商品附加价值。

物流外包和第三方物流的产生，进一步导致物流专业化、技术化和集成化，实现了生产和物流的分工合作，提高各自的核心竞争力。

20 世纪 90 年代供应链管理理论的诞生，供应链管理系统的形成进一步导致物流管理的联合化、共同化、集约化和协调化。20 世纪 90 年代以来，随着新经济和现代信息技术的迅速发展，现代物流的内容仍在不断地丰富和发展着，信息技术的进步，使人们更加认识到物流体系的重要，现代物流的发展被提到重要日程上来。同时，信息技术特别是网络技术的发展，也为物流发展提供了强有力的支撑，使物流向信息化、网络化、智能化方向发展。这不仅使物流企业和工商企业建立了更为密切的关系，同时物流企业也为各客户提供了更高质量的物流服务、特别是对电子商务的发展，将像杠杆一样撬起传统产业和新兴产业，成为企业决胜未来市场的重要工具。而在这一过程中，现代物流将成为这个杠杆的支点。

最具有历史意义的是1985年美国物流管理协会正式将名称从National Council of Physical Distribution Management 改为 National Council of Logistics Management，从而标志着现代物流观念的确立以及对物流战略管理的统一化。

三、物流的基本概念

中华人民共和国国家标准《物流术语》（GB/T 18354—2006）将物流定义为："物品从供应地向接收地的实体流动过程。根据实际需要，将运输、储存、采购、装卸搬运、包装、流通加工、配送、信息处理等基本功能进行有机结合。"

（一）"物"的概念

物流中的"物"指一切可以进行物理性位置移动的物资资料和物流服务。物资资料包括物资、物料和货物，物流服务包括货物代理和物流网络服务。

（二）"流"的概念

物流中的"流"是物的实体位移，包括短距离的搬运、长距离的运输和全球物流。

（三）物流的价值

1. 物流的经济价值

物流主要创造时间价值和场所价值，有时也创造了流通加工的附加价值。

（1）时间价值

"物"从供应者到需求者之间有一段时间差，通过改变这一时间差所创造的价值是时间价值。通过物流活动获取时间价值的方式有三种。

①缩短时间创造价值。从全社会物流的总体来看，加快物流速度，缩短物流时间，可起到减少物流损失、降低物流消耗、增加物的周转、节约资金等积极作用，这是物流必须遵循的一条经济规律。

②弥补时间差创造价值。经济社会中，供给和需求之间普遍存在时间差，物流以科学、系统的方法弥补和改变这种时间差，以实现其"时间价值"。

③延长时间差创造价值。在某些具体的物流活动中，存在着人为地、能动地延长物流时间创造价值的现象，比如常说的陈年美酒就是通过延长物流时间差而提高酒的价值。

（2）场所价值

"物"从供应者到需求者之间有一段空间差，改变这一场所的差别而创造的价值称为"场所价值"。物流创造的场所价值是由现代社会产业结构、社会分工决定的，主要原因是供给和需求之间存在空间差。商品在不同地理位置上有不同的价值，通过

物流将商品由低价值区转到高价值区,便可获得价值差,即"场所价值"。场所价值有以下三种形式:

①从集中生产场所流入分散需求场所创造价值。产品通过物流活动实现从集中生产场所流入分散需求场所,从而实现价值的提高。例如:山西省大量生产的煤炭,通过物流活动运到京津等煤炭需求大于生产的城市,价格就会提升。

②从分散生产场所流入集中需求场所创造价值。产品通过物流活动实现从分散生产场所流入集中需求场所,也会创造价值。例如:飞机、汽车等的零配件来自世界各地,在集中地组装后实现其使用价值,创造价值。

③从低价值地生产流入高价值地需求创造场所价值。在经济全球化的浪潮中,国际分工和全球供应链的构筑,一个基本选择是在成本最低的地区进行生产,通过有效的物流系统和全球供应链,在价值最高的地区销售,使物流得以创造价值,得以增值。

(3)流通加工附加价值

有时,物流也可以创造流通加工附加价值。加工是生产领域常用的手段,并不是物流的本来职能。但是,现代物流的一个重要特点就是根据自己的优势从事一定的补充性加工活动,也称流通加工活动。这种加工活动不是创造商品的主要实体,形成商品的主要功能和使用价值,而是带有完善、补充、增加的性质,这种活动必然会形成劳动对象的流通加工附加价值。

2. 物流是"第三方利润源泉"

(1)"第一方利润源泉"——自然资源的开发

最初靠对廉价原材料、燃料的掠夺性开采和利用获得利润,其次是依靠科技进步,减少物资资源消耗,综合利用乃至大量人工合成资源获得高额利润。这种降低物资资源消耗获得利润的方式以先进的科学技术为条件,受科学技术发展程度的限制。

(2)"第二方利润源泉"——技术资源的开发

依靠科技进步提高劳动生产率,降低人力资源消耗,或采用机械化、自动化等技术革新降低劳动耗用,从而降低成本,增加利润,形成"第二方利润源泉"。随着生产的机械化、自动化程度不断提高,生产工艺过程不断程序化、规范化,"第二方利润源泉"的空间越来越小。

(3)"第三方利润源泉"——物流活动的开发

在前两个利润源泉潜力越来越小的情况下,物流领域的潜力逐渐被人重视。当今大多数产品的制造成本已不足总成本的10%,产品的加工时间只占总时间的5%,储存、搬运、运输、销售、包装等物流作业占了95%的时间。继降低物资消耗、提高劳动生产率之后,物流成为使企业获得利润的"第三方利润源泉"。通过物流的合理化降低物流的成本,已经成为企业提高竞争力的重要手段。

四、物流的发展

物流经过了几十年的发展,各国物流发展的水平和阶段不尽一致。

（一）美国物流的发展

美国物流发展较早，据理论界人士研究，至今世界最大的物流巨头 UPS 在美国的发展大约经历以下四个阶段。

1. 以仓储业为主的物流阶段（1945—1960 年）

这个时期的卖方市场中，企业生产的产品有很好的销路，大量生产的产品放在仓库中，仓储管理水平不断提高和缩短仓储时间是当时物流的主要特征。

2. 转为流通型为主的物流阶段（1960—1980 年）

这个时期市场由推动型即卖方市场转为拉动型即买方市场。产品竞争异常激烈，物流在降低成本中的作用呈现出来。高架仓库的兴建，各种物流大通道的形成降低了物流成本，提高了流通效率。

3. 综合物流阶段（1980—1990 年）

这个时期，美国的信息水平提高很快，物流开始利用高新技术武装起来。IT 技术的发展和互联网技术的成熟使美国的物流建立在现代化物流信息平台上，形成了现代物流，并且把商流、物流、信息流结合起来，形成了三流合一，又进一步提高流通效率，促进了物流的发展。

4. 物流一体化阶段（1990 年至今）

供应链管理理论的产生和应用使美国的物流企业与产品供应链上的各个企业联合起来，协调产品供应链上各企业之间的关系，使产品在供应链中达到最低成本，最优效益，在提高产品竞争力中使供应链上的各企业达到共赢，现今美国的物流企业向集约化、协同化、全球化方向发展。

（二）日本物流的发展

日本的物流发展紧随美国之后，进展速度快而且又有许多新的举措，如准时生产方式（Just In Time, JIT）等。学者们将其分为四个阶段。

1. 前物流时期（1953—1963 年）

战后日本经济迅速恢复，并从美国引入物流理论并付诸实施，在日本物流需求者的推动下，孕育许多物流企业，此阶段的物流企业主要为日本的制造企业服务。

2. 物流系统时期（1963—1973 年）

此时期日本经济的飞速发展推动了日本物流的大发展，对物流的基础设施和设备提出更高的要求，日本政府投资于国内的物流基础设施，如码头、桥梁、高速公路等的建设，物流公司又致力于各种物流设备研制，如铲车、堆垛机、高层货架、自动传送带等。他们从建立物流系统的观点出发，使物流公司和生产企业密切结合及共同发展。

3. 物流管理时期（1973—1983 年）

由于社会物流的需要，日本加强了商业流通领域的物流建设，如配送中心、物流中心等，并且优化管理，建立以信息技术为支撑的物流网络体系，使日本的物流迈向现代物流行列。

4. 物流社会系统时期（1983年至今）

物流与信息流结合以后进入了物流一体化阶段，即物流和商流的结合。许多日本物流企业买断产品，把产品销售和物流结合起来，既担负起商流的职责，又充分发挥物流的作用，从而大幅度降低成本、提高服务水平，日本物流现正在向物流全球化迈进。

（三）欧洲物流的发展

欧洲是引进"物流"概念较早的地区之一，而且也是较早地将现代技术用于物流管理的先锋。欧洲物流的发展有着鲜明的阶段特点。

1. 初级的单个工厂物流阶段（20世纪初至20世纪50年代）

早在20世纪中期，欧洲各国为了降低产品成本，便开始重视企业范围内物流过程的信息传递，对传统的物料搬运进行变革，对企业内的物流进行必要的规划，以寻求物流合理化的途径。当时制造业（工厂）还处于加工车间模式，工厂内的物资由厂内设置的仓库提供。企业为了实现客户当月供货的服务要求，在内部实行严密的流程管理。这一时期的管理技术还相对落后：信息交换通过邮件，产品跟踪采用了贴标签的方式，信息处理的软硬件平台是纸带穿孔式的计算机及相应的软件。这一阶段储存与运输是分离的，各自独立经营，可以说是欧洲物流的初级阶段。

2. 多个工厂或集团的综合物流阶段（20世纪六七十年代）

这是欧洲经济快速发展时期。随着商品生产和销售的进一步扩大，多个工厂联合的企业集团和大公司的出现，成组技术被广泛采用，物流需求增多，客户期望同一周内供货或服务，工厂内部的物流已不能满足企业集团对物流的要求，因而形成了基于工厂集成的物流。仓库不再是静止封闭的储存式设施，而是动态的物流配送中心。需求信息不只是凭订单，而主要是从配送中心的装运情况获取。这个时期信息交换采用电话方式，通过产品本身的标记（product tags）实现产品跟踪，信息处理的硬件平台是小型计算机，企业（工厂）通常使用自己开发的软件。

3. 供应链物流阶段（20世纪八九十年代）

随着经济和流通的发展，欧洲各国许多不同类型的企业（厂商、批发业者、零售业者）也在进行物流革新，建立相应的物流系统，目的是追求通过供应链实现物流服务的差别化，发挥各自的优势与特色。由于流通渠道中各经济主体拥有不同的物流系统，必然会在经济主体的接点处产生矛盾。为了解决这个问题，20世纪80年代，欧洲开始探索一种新的联盟型或合作式的物流体系，即综合物流的供应链管理，目的是实现最终消费者和最初供应商之间的物流与信息流的综合，即在商品流通过程中加强企业间的合作，改变原来各企业分散的物流管理方式，通过合作形式来实现原来不可能达到的物流效率，创造的成果由参与的企业共同分享。这一时期，制造业采用准时制生产模式，客户的物流服务需求发展到同一天供货或服务，综合物流的供应链管理进一步得到加强，如组织好港站库的交叉和衔接、零售商管理控制总库存量、产品物流总量的分配、实现供应的合理化等。这一时期，物流需求的信息直接从仓库出货获取，通过传真方式进行信息交换；产品跟踪采用条形码扫描，信息处理的软硬件平台是客户/服务器模式和购买商品化的软件包。这一时期欧洲第三方物流开始兴起。

4. 全球物流和电子物流的阶段（20世纪90年代以后至今）

20世纪90年代以来，全球经济一体化的发展趋势十分强劲，欧洲企业纷纷在国外建立生产零部件的基地，甚至根据市场预测和区位的优势分析在国外建立总装厂，这一趋势大大增加了国与国之间的商品流通量，又由于国际贸易的快速增长，全球物流应运而生。此时欧洲的供应链着眼于整体提供产品和物流服务的能力，因此物流中心的建设迅速发展，在供应链管理上采用供应链集成的模式，供应方与运输方通过交易寻求合作伙伴。20世纪90年代，欧洲提出设立首席物流主管作为供应链管理的主导者，这一时期物流企业的需求信息直接从顾客消费地获取；采用在运输链上实现组装的方式，使库存量实现极小化，信息交换采用EDI系统，产品跟踪应用射频标识技术，信息处理广泛应用互联网和物流服务方提供的软件。当前，基于互联网和电子商务的电子物流正在欧洲兴起。

欧洲重视发展社会化、专业化的物流，始终强调综合的观念，提倡第三方物流服务的理念。欧洲的供应链理论和技术应用相当出色，许多企业通过直接控制供应链降低物流成本，提高物流效益，供应链管理很盛行。欧洲物流发展的重点是提高采购、生产、销售各个环节之间的效率，物流一体化程度很高。

（四）我国物流的发展

1979年，我国物资工作者代表团赴日，在考察报告中第一次引用"物流"这一术语。在计划经济年代，国家就组织过物流试点，如产供销一条龙、储运公司等形式。但由于经济体制的问题，没有显示出物流的特有优点，试点也是流于形式。改革开放后，1989年在北京召开了第八届国际物流会议，"物流"一词在我国推广，理论界开始对物流进行较深入的讨论。随中国经济体制改革、企业产权关系明晰，企业界开始认识物流在企业发展中的作用，我国对物流的研究也从理论范畴走向生产领域。20世纪90年代中期以后，我国政府和企业逐渐认识到作为"第三利润源"的物流的价值和战略地位，广泛开展物流的理论研讨和实践。但是我国物流与发达国家比较，在基础设施、经营管理、理论研究、物流技术方面都还比较落后。新中国成立以来，我国物流的发展可分为以下四个阶段。

1. 物流初期发展阶段（1949—1965年）

1949—1952年是我国经济的恢复时期，工业生产和交通运输逐步在恢复和建设。为了配合物流业务的需要，开始修建和购置一些基本的物流设施。在企业内部建立储运部、汽车队。在各大区或省、市建立了少数仓储公司或储运公司，但这些物流企业大多从属于各专业公司。1952年，工业生产和交通运输基本上已全面恢复，进入正常生产阶段。当年，我国开始了第一个"五年计划"，工农业生产如火如荼，全国经济呈现一片欣欣向荣的景象。随社会商品物资的增多，流通部门相继在一些大中城市建立了储运公司、仓储公司、外运公司等"商物分离型"的专业化大中型物流企业，以及附属于各专业公司、批发站的储运部、中转站、仓库等"商物合一型"的小型物流企业，形成了覆盖全国的物流网络，出现了最早的物流企业。

2. 物流停滞阶段（1966—1976 年）

1966 年，受社会不稳定因素的影响，经济出现停滞和倒退，物流业和其他行业一样，陷于停滞状态。

3. 物流较快发展阶段（1978—1992 年）

1978 年，我国开始实行改革开放政策，经济建设加快了步伐。随着国内商品流通和国际贸易的不断扩大，物流业取得长足的发展。专业物流公司数量不断增加；企业内部也开始重视物流问题，设置了物流研究室、物流技术部等，还发展了集体和个体物流企业；交通基础设施建设取得显著成果，新建了铁路、公路、港口以及码头；物流技术得到了改进，开展了集装箱运输、散装运输和联合运输等业务。物流已逐步打破部门、地区的界限，向社会化、专业化、现代化方向发展。

4. 现代物流起步阶段（1993 年至今）

1992 年，我国正式确立建设社会主义市场经济的目标。20 世纪 90 年代中期，在建设社会主义市场经济的大潮中，物流概念又一次被实业界和政府所关注。1996 年，为满足宝洁公司物流配送的需要而成立的宝供物流公司，标志我国物流企业——第三方物流的诞生。20 世纪 90 年代末海尔物流应运而生，标志着我国第一方物流的诞生。之后，中远物流、中外运物流、中海物流、华润物流、招商局物流等中国的物流"巨人"纷纷亮相，海外的物流企业如马士基物流、TNT 物流、UPS 物流、FedEx 物流也竞相登陆，许多运输和仓储公司都挂上物流公司的牌子，此时理论界对物流的功能和作用达成了共识。进入 21 世纪，我国各级政府也全力推进物流，在中国物流的发展出现一片欣欣向荣的景象。

随着我国经济持续、稳定的发展，国家对物流基础设施的大投入，以及各级政府对于物流事业的大力支持，加上我国工业企业和商业企业对物流认识的逐渐深入以及物流理论界、实业界的推动，目前，我国物流正迎来一个大发展的时机。

五、现代物流呈现的特点

随着物流的发展，传统物流开始向现代物流转变。现代物流包括运输合理化、仓储自动化、包装标准化、装卸机械化、加工配送一体化和信息管理网络化等，主要是利用现代信息化技术和网络手段，通过在计算机网络上的自动采集、处理、储存、传输和交换，实现物流信息资源的充分开发和普遍共享，以降低物流成本、提高物流效益。现代物流采用的信息技术主要是条码技术(Bar Code)、电子数据交换(Electronic Data Interchange, EDI)、全球卫星定位跟踪系统(Global Positioning System, GPS)及智能交通管理系统(Intelligent Traffic System, ITS)。现代物流的主要特点表现在以下几个方面。

（一）反应快速化

物流服务提供者对上游、下游的物流、配送需求的反应速度越来越快，前置时间越来越短，配送间隔越来越短，物流配送速度越来越快，商品周转次数越来越多。

（二）功能集成化

现代物流侧重于将物流与供应链的其他环节进行集成，包括物流渠道与商流渠道的集成，物流渠道之间的集成，物流功能的集成、物流环节和制造环节的集成等。

（三）作业规范化

现代物流强调功能、作业流程、作业、动作的标准化与程式化，使复杂的作业变成简单的易于推广与考核的动作。物流规范化可方便物流信息的实时采集与追踪，提高整个物流系统的管理和监控水平。

（四）目标系统化

现代物流从系统的角度统筹规划一个企业的各种物流活动，处理好物流活动与商流活动及企业目标之间、物流活动与物流活动之间的关系，不求单个活动的最优化，但求整体活动的最优化。

（五）手段现代化

现代物流使用先进的技术、设备与管理手段为销售提供服务，生产、流通、销售规模越大，范围越广，物流技术、设备及管理越现代化。计算机技术、通信技术、机电一体化技术以及语音识别技术等得到了普遍应用。

（六）服务系列化

现代物流强调物流服务功能的恰当定位与完善、系列化。除了传统的储存、运输、包装、流通加工等服务外，现代物流服务在外延上向上扩展至市场调查与预测、采购及订单处理，向下延伸至配送、物流咨询、物流方案的选择与规划、库存控制策略建议、货款回收与结算、教育培训等增值服务；在内涵上则提高以上服务对决策的支持作用。

（七）组织网络化

为了保证对产品促销提供快速、全方位的物流支持，现代物流需要有完善、健全的物流网络体系，网络上点与点之间的物流活动保持系统性、一致性，这样可以保证整个物流网络有最优的库存总水平及库存分布，运输与配送快速、机动，既能铺开，又能收拢。

第二节 物流的主要分类和作用

一、物流的主要分类

（一）按照物流在社会再生产中的作用分类

1. 宏观物流

宏观物流指社会再生产总体的物流活动，是从社会再生产总体角度认识和研究的物流活动。这种物流活动的参与者是构成社会总体的大产业、大领域。宏观物流的主要研究内容是物流的总体构成、物流与社会之间的关系及在社会中的地位、物流与经济发展的关系、社会物流系统和国际物流系统的建立与运作等。

2. 微观物流

在一个小地域空间范围内发生的具体物流活动属于微观物流，在整个物流活动中，其中一个局部、一个环节的具体物流活动属于微观物流。微观物流的特点是具体性和局部性，更贴近具体的企业。

宏观物流和微观物流的联系表现在：宏观物流为微观物流的计划管理提供基础和环境，微观物流的管理对于宏观物流的发展形成需求。

（二）按照物流活动的空间范围分类

1. 国际物流

国际物流是伴随国际经济交往、贸易活动和其他国际交流所发生的物流活动。由于近年来国际贸易的急剧扩大，国际分工日益明显，世界经济逐步走向一体化，国际物流正成为现代物流的研究重点之一。

2. 区域物流

相对于国际物流而言，一个国家范围内的物流、一个城市间的物流、一个经济区域内的物流处于同一法律、规章、制度之下，受相同文化和社会因素的影响，处于基本相同的科技水平和装备水平之中，因而都有其独特的区域特点。区域物流研究的重点是城市物流，城市经济区域的发展有赖于物流系统的建立和运行。

（三）按照物流系统的性质分类

1. 社会物流

社会物流指超越企业物流，以社会为范畴的物流活动。这种社会性质很强的物流是由专门的物流服务供应商承担的。社会物流的研究对象包括：社会再生产过程中随之发生的物流活动,国民经济中的物流活动,如何形成服务于社会、面向社会又在社会环境中运行的物流,以及社会中物流体系的结构和运行规律,所以具有综合性和广泛性。

2. 行业物流

行业物流指同一行业中物流企业的物流活动。同行业中的企业是市场竞争的对手,但在物流领域中常常相互协作,共同促进行业物流系统的合理化。以日本的建设机械行业为例,它提出的行业物流系统化的具体内容包括:各种运输手段的有效利用;建设共同的零部件仓库,实行共同配送;建立新旧设备及零部件的共同流通中心;建立技术中心,共同培训操作和维修人员;统一建设机械的规格等。

3. 企业物流

企业物流指在企业经营范围内由生产或服务活动所形成的物流系统,运用生产要素,为各类客户从事各种后勤保障活动(即流通和服务活动),依法自主经营、自负盈亏、自我发展,并具有独立法人资格的经济实体。例如:一个制造企业要购进原材料,经过若干道工序的加工以及装配,形成产品销售出去;一个物流企业要按照客户要求将货物输送到指定地点。

(四)按照物流过程分类

1. 供应物流

供应物流指为生产企业提供原材料、零部件或其他物品时,物品在供应者与需求者之间的实体流动,即从物资生产者、持有者至使用者之间的物流。对于生产领域而言,它指生产活动所需要的原材料、备品备件等物资的采购、供应活动产生的物流;对于流动领域而言,它指交易活动中从买方角度出发的交易行为中发生的物流。供应物流不仅要实现保证供应的目标,而且要在低成本、少消耗、高可靠性的限制条件下组织其活动。为保证良好的供应物流,必须有效地解决供应网格问题、供应方式问题、零库存问题等。供应物流的严格管理及合理化对企业的成本有着重要影响。

2. 生产物流

生产物流指生产过程中,原材料、在制品、半成品、产成品等在企业内部的实体流动。生产物流是制造产品的工厂企业所特有的,它和生产流程同步;原材料、半成品等按照工艺流程在各个加工点之间不停顿地移动、流转形成了生产物流。生产物流合理化对工厂的生产秩序、生产成本有很大的影响。生产物流均衡稳定,可以保证在制品的顺畅流转,缩短生产周期。在制品库存的压缩、设备负荷的均衡化,也都和生产物流的管理和控制有关。

3. 销售物流

销售物流指生产企业、流通企业出售商品时,物品在供应方和需求方之间的实体流动。对于生产领域而言,销售物流指售出产品;而对于流通领域而言销售物流指交易活动中,从卖方角度出发的交易行为中的物流。通过销售物流,企业得以回收资金,进行再生产的活动。销售物流的效果关系到企业的存在价值是否被社会承认,销售物流活动的成本在商品的最终价值中占有一定的比例,因此,为增强企业的竞争力,必须重视销售物流的合理化。

4. 回收物流

回收物流指不合格物品的返修、退货以及周转使用的包装容器从需求方返回到供应方所形成的物品实体流动。企业在生产、供应、销售的活动中总会产生各种边角余料和废料,这些东西的回收通常伴随着物流活动。如果回收物品处理不当,往往会影响整个生产环境,甚至影响产品的质量。

5. 废弃物物流

废弃物物流指将经济活动中失去原有使用价值的物品,根据实际需要进行搜集、分类、加工、包装、搬运、储存等,并分送到专门处理场所时所形成的物品实体流动。

二、物流的贡献和作用

(一) 物流在国民经济中的贡献

2006年3月,第十届全国人民代表大会第四次会议通过了《中华人民共和国国民经济和社会发展第十一个五年规划纲要》,"大力发展现代物流业"单独列为一节,使现代物流的产业地位得以确立。2009年,物流业被国家进一步列为十大振兴产业,足见物流业在国民经济中的地位之重。物流业是重要的服务业,融合了运输业仓储业、货代业和信息业等,是国民经济的重要组成部分。物流产业涉及的领域非常宽泛,吸纳了大量就业人口,在国民经济中起到促进生产和拉动消费的重要作用,在促进产业结构调整、转变经济发展方式和增强国民经济竞争力等方面也发挥了重要的作用,其发展水平成为衡量一个国家现代化程度和综合国力的重要标志之一。

1. 物流产业对国民生产总值的贡献

物流在国民经济中的价值可以体现在物流产业对国民生产总值的贡献上。物流产业对国民生产总值的贡献程度,可通过物流产业创造的产值占国民生产总值的比例来衡量。从国外物流产业实现的产值来看,这一比例越大,该产业的贡献就越大。一个国家或地区物流产业的产值占国民生产总值比重的高低,与该国的商品与服务的市场化程度以及中间需求率有关。商品和服务的市场化程度越高,中间需求率越高,物流产业对国民生产总值的贡献率越大。

2. 物流产业对调节和平衡市场供需方面的贡献

在市场经济条件下,商品流通将成为国民经济健康正常运行的调节器,物流产业促使经济运行和商品流通的调节与平衡更加合理化,它不但对生产及国民经济的运行具有调节作用,而且还加速了商品流通领域中相关产业如金融业、交通运输业、商品零售和批发业等行业的增长方式的转变,同时也是国家赖以进行经济调控的重要领域。物流产业的社会职能正在悄然改变着生产、流通、消费领域的发展格局,市场供需正由粗放型发展模式向集约型发展模式转变。国民经济运行过程中政府的宏观调控，一方面通过财政、税收和货币等政策手段对市场供求进行总量控制；另一方面以流通部门为载体对流通领域的市场物价水平进行调控。物流产业在加速商品流通、降低商品流通费用、减少流通环节、调节市场供求等方面有着显著效果。

3. 物流产业对市场发育和完善的贡献

物流产业的市场贡献表现在推动市场范围扩张、促进市场体系发展和完善等方面。物流产业的发展，特别是物流活动中出现的技术创新、各环节职能的整合（仓储、保管、流通加工、装卸、包装、运输及信息服务等）、组织形式与运作方式的创新（社会化与产业化物流组织的产生），大大地降低了商品交易费用。物流产业的触角延伸至国民经济发展的各个产业部门，不仅提高了国民经济发展的总体效益和效率，促使商品交换的市场逐步扩大，同时也促进了国民经济各产业部门间产业链和价值链的建立及进一步的加固。物流活动表现出的这种强劲的增长势头，有效地满足了经济发展过程中生产领域、流通领域及消费领域迅速增长的物流服务需求。更重要的是，物流产业的扩张导致交换与贸易活动的地域范围越来越广，规模日趋扩大，加速了地区之间、企业之间在更为广阔的区域中进行分工与协作，同时也促进了全球统一市场的形成和世界经济全球化的进程。

4. 物流产业对满足社会消费需求的贡献

为满足社会的整体需求，一方面，生产部门按照消费需求进行生产，以流通领域的引导和消费需求信息的反馈组织生产；另一方面，将生产转变为社会的实际消费必须通过生产资料和生活资料的顺利流通实现。传统的商品流通中，商流、物流、信息流及资金流四位一体，由批发或零售商业组织独立完成。随现代物流产业的诞生，商流和物流的职能分离，提高了流通领域的运作效率，突出了专业化的物流地位和职能，同时借助于现代科技，加速了信息流和资金流的流转速度。不仅如此，物流活动还可以作为生产领域和流通领域中的企业组织开展市场营销活动的有效工具与手段，对消费结构、消费方式及消费倾向产生积极影响，可不断满足社会对商品品种范围、商品购销便利等方面的需求，并进一步引导需求、改变需求理念甚至创造需求。

（二）物流的作用

在商品流通中，物流是商品交换过程中要解决的物质变换过程的具体体现。物流能力的大小，包括运输、包装、装卸、储存、配送等能力的大小，直接决定着商品流通的规模和速度。商品流通状况直接影响着市场的商品供应状况，并且直接制约着人民群众消费需求的满足程度。商品流通的效率和成本还决定了一个企业的市场竞争能力和国家的商品竞争能力。在当前市场经济条件下，用来物流的费用支出已越来越大，越来越成为决定生产成本和流通成本高低的主要因素。

1. 有利于促进生产力的发展

物流直接制约着生产力要素能否合理流动，直接制约着资源的利用程度和利用水平，影响着资源的配置。如果物流不畅，即便拥有资源优势，也会由于物流条件的限制而无法转化为商品优势进入流通过程，最终成为制约生产发展和产品商品化程度的因素之一。物流服务需求集中于家电、日用化工、烟草、医药、汽车、连锁零售等行业，是这些产业取得高速发展的保障因素之一，国内钢材、煤炭、矿石等大宗物资物流发展相对滞后，是这些产业发展的制约瓶颈之一。

2. 有利于优化生产力布局和资源配置，促进经济结构调整

物流业是国民经济各个产业门类中的重要组成，与经济总体发展息息相关。中国经济的增长离不开物流规模持续增长的经济条件。随着工业化推进带动的产业结构升级，物流外包的规模越来越大。随着中国工业化从中期向中后期推进，大宗能源、原材料和主要商品的大规模运输方式在逐步朝小批量、多频次、灵活多变的物流需求转变，物流产业的外在需求也在不断变化。从微观上来看，发展现代综合物流，还可以使千千万万家企业节省在物流上的人力、运力、财力等巨大投入，使物流资源向专业化、规模化方向配置，杜绝"家家建仓库、户户搞运输"的物流市场各自分割的低效浪费现象。

3. 有利于改善投资环境

扩大开放是我国的基本国策。顺应世界经济一体化的趋势，与国际经济接轨，开放国内市场，大力改善投资环境，吸引国外资本，是扩大开放的重要措施。经济发达国家，特别是美国、日本、新加坡等国的投资者在选择投资区域时，会把物流的整体发展状况作为一个十分重要的考核条件，以判断资源获得和商品销售的成本和效率，判断项目投资的效益。

4. 现代综合物流是提高企业经济效益的主要途径

在传统的物流运作方式下，企业自行采购、自行运输、自行储存、自行管理以及人力、物力、财力大量投入，而物流批次多、数量少且单向运输，无法形成经济规模；回程运力放空，造成采购成本高，人员和运力利用率较低，导致我国物流成本占GDP的比重高达20%，而美国、日本仅占10%和14%。企业物流费用平均占商品价格的40%，最高达60%～70%，物流过程占用的时间几乎占整个生产过程的90%；而美国的物流费用平均只占商品价格的10%～20%，最高为32%；英国平均为14.8%，最高为25%。现代综合物流通过集中采购、集中运输、集中储存、集中管理等专业化、规模化服务，可以有效地降低采购成本，极大地提高人员和车辆、仓库等物流设备与设施的利用率，从而减少企业物流支出，提高经济效益。

第三节　物流管理的主要内容和特点

一、物流管理的基本概念

中华人民共和国国家标准《物流术语》（GB/T 18354—2006）对物流管理的定义为："为了以最低的物流成本达到客户所满意的服务水平，对物流活动进行的计划、组织、协调与控制。"换句话说，物流管理是对原材料、半成品和成品等物资资料在企业内外流动的全过程所进行的计划、实施、控制等活动。这个全过程指物资资料经过的包装、装卸、搬运、运输、储存、流通加工、物流信息等物流运动的全部过程。

从宏观上来讲，物流管理指在社会再生产过程中，根据物资资料实体流动的规律，应用管理的基本原理和科学方法，对物流活动进行计划、组织、指挥、协调、控制和监督，使各项物流活动实现最佳的协调与配合，以降低物流成本，提高物流效率和经济效益，现代物流管理建立在系统论、信息论和控制论的基础上。

从企业经营的角度讲，物流管理是以企业的物流活动为研究对象，以最低的成本向客户提供令其满意的物流服务，对物流活动进行的计划、组织、协调和控制。

二、物流管理的主要目标和内容

（一）物流管理的主要目标

1. 服务目标

物流系统是"桥梁、纽带"作用的流通系统的一部分，它连接着生产与再生产、生产与消费，所以要求有很强的服务性。物流系统采取送货、配送等形式，就是其服务性的体现。在技术方面，近年来出现的准时供货方式、柔性供货方式等，也是其服务性的表现。

2. 快捷目标

快捷不但是服务性的延伸，也是流通对物流提出的要求。快速、及时既是一个传统目标，更是一个现代目标。随社会大生产的发展，这一要求更加强烈。在物流领域采取的诸如直达物流、联合一贯运输等管理和技术，就是这一目标的体现。

3. 节约目标

节约是经济领域的重要规律。在物流领域中，由于流通过程消耗大而又基本上不增加或提高商品使用价值，所以，通过节约降低投入，是提高相对产出的重要手段。

4. 规模优化目标

以物流规模作为物流系统的目标，即追求"规模效益"。生产领域的规模生产早已为社会所承认。由于物流系统比生产系统的稳定性差，因而难以形成标准的规模化格式。在物流领域，以分散或集中等不同方式建立物流系统，研究物流集约化的程度，就是规模优化这一目标的体现。

5. 安全性目标

物流系统的各环节都应坚持"安全第一,预防为主"的方针,从而避免货运事故给企业和客户带来损失。

（二）物流管理的主要内容

1. 物流基本活动管理

（1）运输管理

运输管理指产品从生产者到中间商再到消费者的运送过程的管理,包括运输方式选择,时间与路线的确定及费用的节约。其实质是对铁路、公路、水运、空运、管道等5种运输方式的运行、发展和变化进行有目的、有意识的控制与协调,实现运输目标的过程。

（2）仓储管理

仓储管理指对仓储货物的收发、结存等活动的有效控制,其目的是保证仓储货物的完好无损,确保企业生产经营活动的正常进行,并且在此基础上对各类货物的活动状况进行分类记录,以明确的图表方式表达仓储货物在数量,质量方面的状况,以及目前所在的地理位置、部门、订单归属与仓储分散程度等情况的综合管理。

（3）装卸搬运管理

装卸搬运管理指对在同一地域范围内进行的,以改变物品的存放状态和空间位置为主要内容和目的的活动的管理。装卸是改变"物"的存放、支撑状态的活动,主要指物体上下方向的移动;而搬运是改变"物"的空间位置的活动,主要指物体横向或斜向的移动。

（4）包装管理

包装管理指对产品的包装进行计划、组织、指挥、监督和协调的工作。包装管理必须根据企业的具体情况,用最经济的方法保证产品的包装质量,降低了包装成本,促进产品销售。

（5）流通加工管理

从本质上讲,流通加工管理同生产领域的生产管理一样,是在流通领域中的生产加工作业管理。两者之间不同的是,流通加工管理既要重视生产的一面,更要着眼于销售的一面,后者是其加工的主要目的。

（6）配送管理

配送指在经济合理区域范围内,根据客户要求,对物品进行挑选、加工、包装、分割、组配等作业,并按时送达指定地点的物流活动。配送管理是物流中一种特殊的、综合的活动形式,是商流与物流的紧密结合,既包含了商流活动和物流活动,也包含了物流中的若干功能要素。

（7）物流信息管理

物流信息管理指运用计划、组织、指挥、协调、控制等基本职能对物流信息搜集、检索、研究、报道、交流和提供服务的过程,并有效地运用人力、物力和财力等基本要素从而达到物流管理的总体目标的活动。

2. 物流基本职能管理

(1) 物流战略管理

物流战略管理指通过物流战略设计、战略实施、战略评价与控制等环节,调节物流资源、组织结构等最终实现物流系统宗旨和战略目标的一系列动态过程的总和。

(2) 物流计划管理

物流计划管理就是物流计划的编制、执行、调整、考核的过程。它是用物流计划组织、指导和调节物流企业的一系列经营管理活动的总称。

(3) 物流组织管理

物流组织指专门从事物流经营和管理活动的组织机构。物流组织管理包括物流组织的构建、物流组织形式的选择、物流组织结构的设计等,可以有效保证组织的效率。

(4) 物流运作监控

物流运作监控是物流管理者根据物流实际运作情况与预期目标之间的差异,通过信息反馈进行实时调整。物流运作监控的对象包括客户服务、运作质量和运作成本,在物流运作监控中,可以根据客户需求和企业经营需要设计、选择可测量的有关指标进行统计、分析,并借助综合物流信息网络进行实时监控,为了决策和运营提供依据。

3. 物流基本要素管理

(1) 物流人力资源管理

物流人力资源管理指在管理学"人本思想"的指导下,通过招聘、甄选、培训等管理形式对物流企业人力资源进行有效的运用,满足企业当前及未来发展的需要,保证企业目标实现的一系列活动的总称。

(2) 物流技术管理

物流技术管理指对物流活动中的技术问题进行科学有效的管理。物流技术在发展过程中形成了物流硬技术和物流软技术这两个既相互关联又相互区别的技术领域。

(3) 物流设施管理

物流设施管理指随着科学技术的进步,对物流设施的规划、新建、改建、扩建、维修和运用,以及对各类物流设施的协调、配套管理,以提高物流设施利用率的一系列管理活动的总称。

(4) 物流成本管理

物流成本管理是对物流相关费用进行的计划、协调和控制。物流成本管理是通过成本去管理物流,即管理的对象是物流而不是成本。物流成本管理可以说是以成本为手段的物流管理方法。

三、物流管理的主要特点

从物流的定义可以看到,物流是实现从原材料市场到消费市场价值增值的重要环节。正是在增值市场的驱动下,物流才变得越来越紧凑、稳定和高效,物流管理的主要特点表现在以下几方面。

(一)以实现客户满意为第一目标

现代物流是基于企业经营战略,从客户服务目标的设定开始,进而追求客户服务的差别化。其通过物流中心,信息系统、作业系统和组织构成等综合运作,提供了客户期望的服务,在追求客户满意度最大化的同时,寻求自身的不断发展。

(二)以信息为中心

信息技术的发展带来了物流管理的变革,无论是条码、电子数据交换(Electronic Data Interchange,EDI)等物流信息技术的运用,还是快速反应(Quick Response, QR)、有效客户反应(Efficient Customer Response,ECR)等供应链物流管理方法的实践,都建立在信息基础之上,信息已经成为现代物流管理的中心。

(三)以整体最优为目的

物流企业既不能单纯追求单个物流功能的量优,也不能片面追求各局部物流的最佳,而应实现企业整体最优。

(四)重效率,更重效果

现代物流不仅重视效率方面的因素,更强调整个物流过程的效果,即若从成果角度看,有的活动虽然使成本上升,但它有利于整个企业战略目标的实现,这种活动仍然可取。

第二章 物流系统功能要素管理

第一节 运输管理

一、运输的分类

（一）按运输线路的性质进行划分

按照运输线路性质的不同可将运输划分为干线运输、支线运输、二次运输以及厂内运输。

1. 干线运输

干线运输是指发生在铁路、公路、水路等交通干线上的大批量和长距离运输，这种运输方式是现代物流运输中空间位置转移产生的重要方式。

2. 支线运输

支线运输是在干线运输的基础上产生的。对干线运输来说，支线运输是干线运输产生的重要前提。没有支线运输，干线运输就不可能产生，也不会有实际的意义。

3. 二次运输

二次运输是指物流系统经过干线运输和支线运输之后，再次将货物运送到更多指定地点的活动。

4. 厂内运输

厂内运输是指工厂企业内部在生产过程中所进行的运输，厂内运输又称为工业运输，是工厂企业整个生产活动的重要组成部分。

（二）按运输的作用分类

1. 集货运输

通过小批量和短距离的运输方式，货物被集中在干线运输的产生地，将其集中起来进行运输。集货运输是货物运输的一种表现形式，当然也可以发生在一些支线上。

2. 配送运输

配送运输是指在运输过程中，一些运货需求较小的客户通过合作的方式配货形成足够的运输量，从而降低运输的成本。

（三）按运输的协作程度分类

1. 一般运输

一般运输是指运输企业采用单一交通工具的一种运输方式，并没有形成协作的运输关系。

2. 联合运输

联合运输是指运输企业采用多种运输方式或者不同运输企业间相互配合的运输方式。这种方式能够根据不同的情况优化运输方案，达到最终提高运输速度以及节省运费的目的。

二、运输方式的选择

（一）五种运输方式

运输的工具主要是车、船、飞机、管道等，相应的动力方式也有铁路、水路、公路、航空和管道运输五种。

1. 铁路运输

铁路运输属于轨道运输，是指利用机车、车辆等运输工具，沿铺设轨道运行的运输方式，铁路运输是我国国民经济的大动脉，铁路运输和水路干线运输、各种短途运输衔接，就可以形成以铁路运输为主要方式的运输网络。

2. 水路运输

水路运输的运输工具是船舶，活动范围在水域（海洋、河、湖）内，以港口或港站为运输基地，水路运输通常又可以分为海洋运输和内河运输。

3. 公路运输

公路运输的主要运输工具是汽车，也使用其他车辆（如人力车、畜力车等）。公路运输也是我国货物运输的主要形式，在我国货运中所占的比重最大。同时，公路运输与铁路、水路运输联运，就可以形成以公路运输为主体的全国货物运输网络。

4. 航空运输

航空运输又称为飞机运输，它主要以飞机为运输工具，根据航空港（飞机场）的起降条件进行。

5. 管道运输

管道运输是将管道中的液态或气态货物加压液化使之产生位移的运输方式，主要用于输送石油和天然气，也有煤浆。输送固体货物只是实验，没有达到应用阶段。

（二）影响运输方式选择的因素

每种运输方式各有其优缺点，在实际运送货物中选择哪种运输方式最合理，要具体问题具体分析。影响运输方式选择的因素有很多，但在一般情况下应主要考虑以下几个因素。

1. 货物性质

货物性质主要指货物的形状、体积、密度、危险性、易燃易爆性等物理、化学性质，应根据不同的性质确定可能的运输方式。

2. 运输量

单次运输量的大小影响着运输方式的选择，如大批量、少品种的货物一般用铁路运输或水路运输，而小批量、多品种的货物一般用公路运输或者航空运输。

3. 运输距离

货物运输距离的长短直接影响到运输方式的选择，一般长距离运输采用铁路、水路或航空运输形式，而中短距离运输选择公路运输较为经济。

4. 运输的时间

运输的时间取决货物的特点和货主的交货要求。易变质货物或货主对交货时间要求较高的货物选择航空运输或公路运输较为适合。

5. 运输费用

运输费用在运输方式的选择中是很重要的因素，它直接影响到运输的效益。在其他因素不变的情况下，运输费用的高低直接决定着运输方式的选择，不管是物流企业还是货主，都希望在满足其他条件的情况下尽可能使运输费用降至最低。

实际的运输方式的选择，通常还会受到具体环境的影响，没有固定的标准和方法，必须从实际出发，具体问题具体分析，综合考虑所有因素，从而选择合理的运输方式。

三、运输管理的原则

运输是物流活动的核心功能，做好运输管理工作是保证高质量物流服务的重要环节，组织运输管理必须把握和贯彻"及时、准确、经济、安全"这四个原则：①及时。依据产、供、销的实际需要，及时将货物送达指定地点，尽可能缩短货物的在途时间。②准确。在运输中避免可能出现的各种差错，准确无误地将货物送达收货地点。③经济。合理地选择运输方式和运输路线，有效地利用各种运输工具和设备，合理降低运输费用，提高运输经济效益。④安全。在运输过程中，防止发生碰撞、挤压、残损及丢失等情况，保证货物的完整无损。

第二节　仓储管理

一、仓储的分类

"仓储"表示一项活动或一个过程，其目的是为满足供应链上下游各个节点企业的需求，在特定的场所，运用现代物流技术对物品的进出、包装、分拣、库存、配送及其信息进行有效地计划、执行和控制的物流活动。

虽然说仓储的本质都为物品的储藏和保管，但从仓储功能、仓储对象、仓储物处理方式等不同角度进行分析，仓储可以划分为不同的类型。

（一）根据仓储功能进行划分

1. 配送仓储

配送仓储是一种较短期的仓储，通常发生在商品配送给消费者之前，是商品在销售或者供生产使用前的最后储存，在这个环节会进行最终产品的简单包装和加工等前期处理。配送仓储因为要求在最短的时间之内将所需要的物品送到消费者或各类销售商的手中，因此在选址上会倾向于那些消费经济区间。配送仓储一般来说其配送种类繁多，但是每种需要配送的货物量相对较少，在进行具体的配送时需要进货、验货、制单、分批少量拣货出库等环节，而完成这些具体的环节需要对配送的货物进行拆包、分拣、组配等作业，配送仓储特别注重两个方面：一是配送作业的时效性与经济合理性；二是对物品存量的有效控制。因此，配送中心仓储十分强调物流管理信息系统的建设与完善。

2. 储存仓储

储存仓储是指仓储物资需要较长存放时间的仓储，储存仓储在进行设立的时候会选择较远且较偏的地方进行。储存费用低廉很有必要，储存仓储的物资品种少，但存量大。由于物资存储期长，储存仓储特别注重两个方面：一是仓储费用的尽可能降低；二是仓储物资需要得到有效的质量管理和保护。

3. 保税仓储

保税仓储是指将保税货物存放于符合国家要求的保税仓库而进行仓储活动的行为。保税仓储为方便海关的直接监控，一般将仓储位置设置在进出境口岸附近。在进行该类仓储活动时，货物由存货人委托保管，但保管人需要向海关负责，在进行货物的入库或者出库时需要有海关签署入库或出库单据。

4. 运输转换仓储

当货物在运输的过程之中需要采用不同的运输方式时，例如需要由水路运输转为陆路运输，在相互衔接之处就需要采用运输转换仓储，以此来保证不同运输方式的高效衔接，减少运输的装卸和停留时间。运输转换仓储作为临时性的仓储具有以下几点特性：一是货物的进出量大；二是货物存期短；三是对效率和货物周转率的要求高。基于此，运输转换仓储活动需要高度机械化作业为支撑。

5. 物流中心仓储

物流中心仓储的主要目的是便于物流管理，具体是指能够有效实现物流的空间与时间价值，能够对物流的数量、方向、过程等进行调节和控制。一般设置在位于一定经济地区中心、交通便利、储存成本较低的口岸。物流中心仓储品种并不一定很多，但每个品种基本上都是较大批量进库、一定批量分批出库，整体吞吐能力强，故要求机械化、信息化、自动化水平要高。

（二）根据仓储对象进行划分

1. 普通物品仓储

普通物品仓储一般是针对普通货物的仓储，这种货物是不需要特殊仓储服务的物品。例如，一般的生产物资、普通生活用品、普通工具等物品，它们不需要针对货物设置特殊的保管条件，就可以视为普通物品，因此采取无特殊装备的通用仓库或货场来存放。

2. 特殊物品仓储

特殊物品仓储相对于普通物品仓储而言，具有仓储需要的客观条件比较严格、物品的意义比较重大等特点。比如，危险物品仓储、冷库仓储、粮食仓储等。特殊物品仓储应该采用适合特殊物品仓储的专用仓库，按照物品的物理、化学、生物特性，以及有关法规规定进行专门的仓储管理。

（三）根据仓储物处理方式进行划分

1. 消费式仓储

消费式仓储是指仓库保管人在保管货物时，根据保管人和存货人的相关约定对仓储期间的仓储物行使所有权，等到仓储期满时，保管人以相同种类、相同品质、相同数量的替代物交还委托人的仓储方式。消费式仓储的对象是不能进行长时间保存的货物，如储存期较短的肉禽蛋类、蔬菜瓜果类农产品的储存。消费式仓储也适合一定时期内价格波动较大的商品的投机性存储，是仓储经营人利用仓储物品开展投机经营的增值活动，具有一定的商品保值和增值功能，同时又具有较大的仓储风险，是仓储经营的一个重要的发展方向。

2. 保管式仓储

保管式仓储的主要作用是为了保存货物，一般是存货人（货物的所有者）将货物放在能够储存货物的仓库中由仓库保管人代为保管，到物品保管日到期之后，仓库的保管人将货物归还给存货人所进行的仓储行为。保管式仓储也是一种纯仓储,在进行仓储的过程之中要求保管物除了发生的自然损耗和自然减量外,其他的方面不能发生变化,保管式仓储的种类可以分为物品独立保管仓储和混藏式保管仓储。

3. 加工式仓储

加工式仓储与纯仓储行为有较大的差别,在物品仓储期间,仓储保管人需要根据与委托人签订的合同的具体要求对委托人的物品进行加工,使仓储物品满足委托人的要求。加工式仓储在对货物进行各类加工的过程之中需要注意的是不能超出委托人的要求也不能低于委托人的要求。

二、仓储的功能

由于仓储设施一般具有汇(物品从多个地点向这里集结,并在这里保存)源(物品从这里流向多个地点)的特点,所以仓储主要具有如下功能。

(一)存储与加工

储存系统最显著的功能表现在有序地储存和保护物品。储存基础设施种类很多,既有长期的、专门的储存仓库,也有暂时存放商品的仓库(如货运站的仓库)。最常见的是第二种情况,物品在仓库中被堆存起来,方便延期进入需求市场。

(二)集中

运输价格折扣对仓储设施有较大影响。建立仓储设施是合算的办法。在这种情况下,储存子系统的作用相当于物流系统中的一个集中型"汇"点。

(三)拆装

利用仓储设施进行拆装与利用仓储设施进行集中运输正好相反。以低价格运输的物品进入仓库后,再根据客户的需求以较小批量送到客户手中。由于货物规格较大,而需求规模较小,储存环节的拆装功能就显得很必要。在这种情况下,储存子系统的作用相当于物流系统中的一个分散型"源"点。

(四)混合

有的企业会从多个生产商那里采购产品,将需要的产品集中在一起,而后进行拆装、混合,可能会带来较好的经济效益。因为仓储在物流系统具有上述功能,一般来说,在企业运作过程中,可以起到防止脱销、提高从接受订单到送达货物的效率、降低物流成本、保证生产平稳进行、储备、投机等作用。

三、仓库保管作业流程

仓库保管作业过程是从仓库接受仓储任务开始,在仓库准备、接收货物、堆存、保管、交付的整个过程中,仓库所要处理的事务、承办的工作和承担的责任。仓库作业过程既有装卸、搬运、堆垛等劳动作业过程,也有货位安排、理货检验、保管、货物计账、统计报表等管理过程以及收货交接、交货交接、残损处理等商务作业。

（一）仓库入库作业

物资入库工作，必须经过物资接收、装卸、搬运、检查包装、点清数量、验收质量、物资堆码、办理交接手续和登记手续等一系列的操作过程。这一仓库物资入库作业过程，要求在一定时间内，迅速地、准确地完成。除了要切实做好物资入库前的各项准备工作之外，还必须按照一定的、合理的具体操作程序来组织好入库作业。这套程序是：入库物资接运、核对入库凭证、大数点收、检查包装、办理交接手续、物资验收、办理验收以及办理物资入库手续。

（二）仓库保管作业

货物经过入库验收，理货员将货物堆放到指定位置后，货物的入库业务就此结束，仓库的保管作业便开始了。在保管阶段，仓库的主要工作就是保证货物安全，确保商品质量完好和数量准确无误。通常情况下，仓库保管员也会采取一定的措施，充分利用仓储物质技术设备、熟悉商品性能、实行在库商品分区分类保管、进行货位统一编号、建立健全在库商品保管养护制度、对异常问题及时处理、采取出库复查等措施，通过这些具体的活动来保证商品完好无损，以达到仓库保管的目的。

（三）仓库出库作业

物资出库业务管理，是对库存商品出库时进行的管理。其实库存工作是一个连续性的工作，一项工作的结束就意味着下一项工作的开始。所以，物资出库作业的开始，也就意味着物资保养工作的结束。通常，关于物资的出库管理主要有两个工作：第一，用料单位按规定的领料凭证领取物资；第二，仓库方面必须对领料凭证做出核查，保证能够按时准确无误将物资放出去。

第三节　装卸搬运管理

一、装卸搬运的内涵

（一）装卸搬运的概念

装卸搬运是将各个物流环节衔接起来的一个重要环节，直接将物流运动的各个环节链接成为"流"，使物流的概念能够名副其实。通过人力或者物力的方式，装卸搬运实现了货物和运输工具直接的沟通。具体地说则是对货物进行分门别类的装载、卸货、移动和分拣等方面的作业。

搬运这个词与装卸类似，通常来说，搬运是指物体横向或斜向的移动，装卸是指物体上下方向的移动。装卸在广义上也包括搬运。

（二）装卸搬运的特点

1. 附属性和伴随性

装卸搬运在物流每一环节开始及结束时是一定会发生的活动，是其他物流功能（运输、仓储、配送等）重要的组成部分。例如，在配送过程中，产品首先需要从仓库移出装车，到达目的地后再将货物从车内移出交给客户，装卸搬运对配送质量具有重要影响。

2. 支持与保障性

装卸的第一个特点使得装卸搬运对物流活动起到一个支持与保障作用。在某种程度上这种支持和保障性作用对其他物流活动具有一定的决定性。例如，装卸搬运会影响其他物流活动的质量和速度，只有完美的装车，才不至于在运输途中出现货物散落、丢失或出现不必要的安全问题；只有顺畅地卸车，才能保障下一步物流活动的进行。因此，要想实现物流活动的高效动作就要保证有效的装卸搬运。

3. 衔接性

装卸搬运在物流活动中起衔接作用，是物流各活动之间的有机联系和紧密衔接的关键。顺畅的衔接才能产生高效的物流。

二、货物装卸方式分类

（一）按作业场所分类

1. 铁路装卸

这是指在铁路车站进行的装卸作业。

2. 场库装卸

场库装卸是指在货主的货场、仓库进行的装卸作业，即是铁路车辆和汽车在厂矿、仓库、堆场、集散点等处进行的装卸作业。

3. 港口装卸

港口装卸即在港口进行的装卸作业。主要包括码头前沿的装船以及码头后方的支持性装卸搬运。

（二）按装卸搬运的作业方式分类

1. 吊装吊卸法（垂直装卸法）

这是指采用起重机械进行的装卸活动，在吊车的运行范围内实现小范围搬运。由于吊车对货物的起吊和放下属于垂直运动，所以吊装吊卸法也属于垂直装卸。

2. 滚装滚卸法（水平装卸法）

这种方法以改变货物水平方向的位置为特征。各种轮式．履带式车辆通过站台、渡板开上开下装卸货物，用叉车、平移机装卸集装箱、托盘等。

（三）按装卸搬运对象分类

1. 散装货物装卸

散装货物主要是指块状、粒状、粉状等形态的货物，如煤炭、粮食、矿石、水泥等。散装货物装卸的主要特点是从起装点到卸货点，物品直到终点才落地，其间一直不再落地。

2. 单件货物装卸

指对以箱、袋等包装形态名称的货物进行单件和逐件的装卸搬运。

3. 集装货物装卸

指先将货物集零为整，形成集合包装或托盘、集装箱等集装货物，再进行装卸搬运。

（四）按装卸搬运的作业特点分类

1. 连续装卸

连续装卸主要是针对同种大批量散装货物、液体货物或小件杂货等物品，其特点是在进行装卸的过程中是通过连续作业，中间没有停顿，货间没有间隔。主要是在货物装卸量大、装卸的对象固定、货物对象不容易被进行大包装等情况下采用这一装卸的方式。

2. 间歇装卸

它主要是针对批量变化大，品种、包装形态也有比较大差别的杂货。装卸这类货物无须采用连续不断装卸搬运的工艺，装卸搬运操作的机动性比较强，装卸地点变动范围也大。主要适合货流没有固定形态的各种货物。

三、装卸搬运的设备

（一）装卸搬运设备的类型

装卸搬运设备是指工厂内、仓库内、货物中转中心、物流配送中心等物流现场用来从事货物装卸搬运运用的各种机械设备的总称。常用的装卸搬运设备有以下几类。

1. 起重设备

起重机是将货物吊起，在一定范围内做水平移动的机械设备。起重机按其构造或形状可分为吊车、悬臂起重机、桥型起重机、集装箱起重机、巷道堆操机或库内理货机、汽车起重机、龙门起重机等各种悬臂（转臂）式起重机等等。

2. 输送设备

在物流中心的内部作业中，如果搬运的数量非常大且是连续作业，输送机的采用就非常有效且合适。输送机按自动化水平可分为无动力式（重力式）半自动化、自动化和无人化四种；输送机按形式的不同，又可分为滚筒输送机、皮带输送机、搁板输送机、悬吊式输送机、可积累式输送机、链条输送机、可伸缩式输送机和自动分类输送机等。

3. 升降机和绞车

升降机又称堆高机，搬运效率非常高且富有机动性，是仓储搬运作业中使用最普遍的搬运设备。堆高机的种类形式非常多，若按动力来区分，有人力、电力、天然气动力及柴油动力四种。若按功能来区分，有油压拖板车、电动拖板车、手动式堆高机、配重式堆高机、伸缩式堆高机、窄道式堆高机、拣货式堆高机、薄片式托盘专用堆高机、无人堆高机等。

4. 工业车辆

在厂区、仓库、运输的起止点专用于搬运的车辆统称工业车辆。工业车辆的分类主要有叉车、拖车、卡车、手推车、手推托盘车、电瓶车、牵引车、台车、搬运车、跨运车等。

5. 专用设备

专用设备包括翻车机、堆取料车、堆垛机、拆垛机，以及分叉专用设备、集装箱专用装卸机械、托盘专用装卸机械、船舶专用装卸机械以及车辆专用装卸机械。

（二）装卸搬运设备的选择

在物流系统中，运输上往往会根据不同类型的货物、不同的场所选取不同的装卸搬运设备。搬运设备的选择无论对于降低搬运费用，还是提高搬运效率，都有非常重要意义。

从成本控制的角度看，装卸搬运设备的选择应从提高效率降低成本的方面进行考虑。货物的运输特性、作业特性和机械特性都是物流公司应该考虑的一些重要方面。

四、货物装卸合理化

（一）影响装卸搬运合理化的基本因素

由于装卸搬运活动对物流活动的费用、工作效率及物品损坏率存在较大影响，所以在进行该项活动时应尽量使之合理。一般来讲，影响装卸搬运合理化的主要因素有以下五点。

1. 从事装卸搬运的人

一般来讲，人是装卸搬运工作的主体，不论是自动化装卸搬运作业，还是人工装卸搬运作业，只要存在装卸搬运活动，就需要人付出体力、智慧。装卸搬运是物流中一项高劳动密集型的活动，所以从事装卸搬运活动的人的素质和劳动效率的高低必然会极大地影响物流体系的整体效率和效益。

2. 装卸搬运的物品

在装卸搬运中要充分考虑物流对象的特点，要根据"物"的性质、形态、重量、大小等的不同，选择适宜的搬运方式。

3. 装卸搬运的场所

搬运场地如车站、港口、机场、企业仓库等对搬运方式、设备的选择也有较大影响，因此在实施合理的装卸搬运时，必须考虑货物所在的场所。

4. 装卸搬运的时间

装卸搬运的时间就是指装卸搬运所需的时间、频度、时期等内容。针对不同的物及不同的场所，必须采用不同的时间安排，如连续流通装卸搬运方式和间隔成组装卸搬运方式等，才能实现装卸搬运的合理化。

5. 装卸搬运的手段

随着科学技术的进步及物流的发展，装卸搬运向自动化迈进，装卸搬运的手段出现多样化。通常来讲，在人、场所以及时间都相同的前提下，要综合考虑多方面因素，选择最优手段和方式。不同的装卸搬运手段所达到的效果必然是不同的，其中只有一种或极少几种才是效率最高的。

（二）货物装卸合理化的方法

货物装卸的合理化对于物流的合理化具有重要意义，具体来说，货物装卸的合理化可以通过以下几个途径实现。

1. 防止无效作业

无效装卸是指消耗必要装卸劳动之外的多余装卸劳动。其表现主要有三个方面：一是装卸次数过多；二是包装装卸过大；三是对无效物质进行的装卸。

影响装卸次数的因素主要是两个方面：一是物流设施、设备的影响。厂房、库房等建筑物的结构类型、结构特点和建筑参数等因素会直接影响到装卸次数。二是装卸作业组织调度工作的影响。在物流设施、设备一定的前提下，装卸作业组织调度工作水平对装卸次数起着主要的影响作用，如对于到达车站、码头的货物，在可能的情况下，应尽量就站、就港直接中转发运，不必再进中转仓库。

2. 充分利用重力

在装卸过程中，货物要经历垂直和水平方向的位移，利用重力可以实现装卸过程中的省力化。充分利用重力的方式主要有在火车、卡车或站台上将小型运输带斜放来进行货物的装卸，这样利用货物的重力可以节省装卸时的劳动。第二种方式是用器具承担货物重力的方式代替手动，将货物放在台车上，运用器具和设备对货物进行装卸。

3. 装卸搬运自动化

随着生产力的快速发展，装卸搬运自动化已经经历自动化物料搬运系统、集成化物料搬运系统以及智能型物料搬运系统三个阶段，实现装卸搬运的自动化有利于提高装卸搬运的灵活度和自动化程度，节省大量劳动力，从而提高装卸搬运的效率。

第四节　包装管理

一、包装概述

中华人民共和国国家标准《物流术语》（GB/T 18345—2006）将包装定义为："在流通过程中保护产品、方便储运、促进销售，按一定技术方法而采用的容器、材料及辅助物等的总体名称，也指为达到上述目的在采用容器、材料和辅助物的过程中施加一定技术方法等的操作活动。"

（一）包装的功能

1. 保护产品

包装最基本的功能就是保护产品，产品经过生产领域被生产出来后，包装首先使其成为独立的单元，便于在数量和质量上统计，同时也使其得到了保护，具体体现在：一方面，可以免于潮湿、生锈、强光、发霉、虫蛀等；另一方面，可以免于在装卸搬运、运输过程中受损等。

2. 方便运输

包装在物流中的主要作用是便于高效率拆装和运输，特别是随着包装标准化的发展，包装使物流中运输和保管的效率提高，有效利用了仓库和运输工具的容积，使物流成本大为降低。

3. 促进销售

包装作为产品的最小单元，还具有促进销售的功能。产品通过包装的外形、文字、图案、色彩等刺激客户的购买欲望，从而将潜在客户发展成商品的现实客户，扩大了商品的销售。

（二）包装的主要分类

1. 按包装功能分类

主要有商业包装、工业包装、运输包装。商业包装是以促进商品销售为主要目的的包装，通过外包装的图案、文字、色彩等的美观，吸引消费者对产品产生兴趣，从而使其做出购买产品的行为。工业包装是生产企业对单件商品进行包装，主要目的是保护产品，防止产品变质、变形、污染、侵蚀，同时避免其在搬运、运输中受损等。运输包装是为了满足产品运输要求而实施的包装，它具有保障产品的安全，方便储运装卸，加速交接及点验等作用。考虑运输包装时，必须综合考虑包装费用和损失成本，如玻璃等低价产品，允许有一定的损失率，没有必要为方便运输而投入过高的包装费用。

2. 按包装形态分类

主要有逐个包装、内包装、外包装等。逐个包装指最终交到消费者手中的最小包装，这种包装一般突出包装的促销功能。内包装指包装货物的内部包装，主要是为了保护产品，防止产品受潮、受热或在运输中受损等。货物的外包装主要是为了方便运输、装卸和保管而对产品外部进行的装箱、捆绑等作业。

3. 按照包装技术分类

主要有防湿包装、防锈包装、缓冲包装、收缩包装、真空包装等，该分类同时体现了包装的不同目的。

4. 按照包装材料分类

主要有纸箱包装、木箱包装、玻璃瓶包装、塑料袋包装、金属包装等。

5. 按商品的类别分类

主要有食品包装、药品包装、蔬菜包装、机械包装、危险品包装等。

二、包装的主要材料和技术

（一）包装的材料

一般的包装材料都有一定的吸湿、抗震、防光等性能，因为具有不同的物理、化学性能，不同的包装材料适用于不同用途的包装。目前，主要的包装材料有以下几种。

1. 纸及纸制品

纸及纸制品具有价格低廉、透气性好、化学性质稳定、无毒及本身重量较轻等特点，作为包装材料被广泛应用于各种货物的包装，但是由于纸及纸制品还存在着抗压性差、防潮性差、防火性差等缺陷，所以它们常被用来与其他包装材料进行复合，以弥补其缺陷，制成性能良好的多功能包装材料。

2. 塑料及塑料制品

作为包装材料，塑料的优势主要表现在：具有很好的抗拉、抗压等性能，可防潮，同时还具有良好的绝缘性和密封性，化学性质稳定，方便加工，价格低廉等。但是由于塑料的废弃物对环境会产生污染，所以通常被称为"白色垃圾"，而且有些塑料制品有毒，因此在广泛使用塑料作为包装材料的同时也要考虑到废弃物的处理和有毒材料的应用范围。

3. 木材及木制品

木材及木制品是长期以来最常用的包装材料，其优点是具有较强的抗冲击能力、易于加工、价格低廉、取材方便、不生锈、不易腐蚀、能够回收等，主要用于大型、重型商品的外包装和怕挤压的贵重物品的包装。木材及木制品由于资源消耗过多，容易造成资源浪费，同时易燃、易受虫蛀、干燥后易变形等，所以近年来主要以人造板材等来取代纯木材和木制品作为包装材料，主要有胶合板、纤维板、密度板和复合木制板材等。

4. 金属材料

金属材料由于具有良好的机械强度和较强的抗冲击能力，可塑性和韧性都很好，因此其作为包装材料可以保护货物不受损坏。另外，金属材料作为外包装材料，具有一定的光泽度，延伸均匀，所以外观也很漂亮。但是金属的加工工艺要求较高，又具有一定的导电和导热性，价格昂贵，因此一般只有在特定情况下才被用做包装材料。

5. 玻璃和陶瓷

玻璃和陶瓷的优点包括无毒无味、防渗透、防变味、防串味，绝缘性好、造价较低、易于加工等，因此它们被广泛用于调料、酒类、药类等食品的包装；陶瓷兼具很好的耐酸、耐碱性，因此它还被广泛用于化工原料、建筑材料的包装。但是由于二者都容易破碎，且体积、重量较大，不便装卸搬运，因此在包装中也受到很大的局限，一般除特殊需要，应尽量避免采用这两种材料对体积大、批量大的货物进行包装。

6. 复合包装材料

由两种或两种以上不同特性的包装材料复合而成，取各自的优点，制成一种性能更好的新型包装材料。这样的包装材料由于充分考虑到节约资源、降低成本等问题，所以具有很好的发展前景。

（二）包装的主要技术

包装的目的是保护货物、方便运输和促进销售，因此在选用包装的技术时，必须满足能够保护被包装物品、方便客户购买和商品流通中的物流活动、选用适宜的包装材料等条件。目前，包装的主要技术有以下几种。

1. 固定缓冲包装技术

也称防震保护技术。这一技术是为防止货物在运输、装卸过程中受冲压、震动、重压等而受到损坏，对货物实施的包装技术。固定缓冲包装技术一般需要将货物固定在容器或货台上，以缓冲受到的外力。

2. 危险品包装技术

对有毒、有腐蚀性、易燃、易爆的货物，采用一定的包装技术，以保证货物包装、运输的安全性。如对带有"有毒标志"的物品，必须绝对密封；对有腐蚀性的物品，要采用防腐材料作为包装材料，同时绝对密封；对易燃、易爆物品则必须采用安全阀，以密封、低温、防震等包装技术为保证。

3. 防湿包装技术

为防止物流过程中物品吸收湿气而变质所采用的包装技术。防湿包装技术主要由两部分构成：其一，必须对物品采用防湿材料密封，防止湿气侵入；其二，必须在物品内加入干燥剂（装袋）吸收容器内部的湿气和透过防湿材料而进入的湿气。只有采用双重的包装技术，才能做到使物品的确防湿。

4. 其他包装技术

还有很多包装技术，如防锈包装、防水包装等，应根据货物的特性，采取相应的技术达到包装的要求。在具体货物的包装中，要充分考虑到被包装货物的物理、化学性质，以及包装材料的特性和需要的包装技术，从而使货物的包装更为合理。

三、包装合理化

包装合理化是物流合理化的基础和前提。随着现代物流包装技术的不断发展，包装合理化正朝着包装尺寸标准化、包装作业机械化、包装单元化、节省包装材料及降低包装成本的方向发展。

（一）包装尺寸标准化

传统货物的包装尺寸通常是由保护被包装物品不受损坏、便于人工装卸搬运、节约包装材料等因素决定的，很少考虑生产线作业的顺畅连接及同物流其他功能的衔接。现代物流系统中货物的包装尺寸应建立在物流系统各环节有效衔接的基础上，考虑物流系统的整体合理化，使物流各环节实现共同标准化的目标。

（二）包装作业机械化

包装作业机械化是提高包装作业效率，减轻人工包装作业强度，实现高效化、省力化的关键。包装作业机械化已从个体包装机械化开始，向装箱、封口、挂提手等外装关联作业推进。

（三）包装单元化

随着物流机械化水平的提高以及物流作业标准化的渗透，包装单元化趋势日益增强，包装单元化有利于物流机械的使用，提高装卸搬运效率，从而降低物流成本。

（四）节省包装材料

由于木材、塑料、玻璃、金属等包装材料的使用，大量自然资源被消耗。自然资源是非常有限的，过度开发和利用会给人类赖以生存的环境带来严重的破坏，同时包装废弃物也会给环境带来很多负面的影响。所以，包装合理化的一个重要衡量标准就是节省包装材料、保护环境。

目前，随着全球经济的高速发展，自然资源被广泛地开采和滥用，全球提出了绿色物流的概念，节约包装资源、保护环境成为包装合理化最重要的目标。

（五）降低包装成本

在衡量包装合理化的指标中，包装成本的低廉化非常重要。作为物流的起点，如果包装成本过高，必然导致物流成本增加，因此在包装中必须充分考虑降低包装的成本，从而降低物流成本。

第一，降低包装材料的成本。具体措施有：①熟悉各种材料的功能、价格等指标，尽可能地根据货物的特性，选择性价比最好的包装材料，避免过剩包装；②合理组织材料的采购，进行批量招标采购，降低材料采购费；③合理选用材料，在保证功能的前提下，尽量降低包装材料的档次，节约包装材料的成本。

第二，降低人工费。大力推广使用机械化包装，实现人工和机械的有效协调，从而降低包装成本。

第三，杜绝过剩包装，防止低价值商品高档次包装。对一些低价货物，允许一定程度的破损率，这会大大节约包装材料的成本，对节约包装成本也是有益的。

第五节　流通加工管理

一、流通加工的目的

流通加工是在流通领域从事的简单生产活动，具有生产制造活动的性质。流通加工与生产领域的制造活动的区别是，前者改变加工对象的基本形态和功能，是一种创造新的使用价值的活动。流通加工的目的主要有以下几方面。

一是强化流通阶段的保管功能，使商品在克服了时间、距离后，仍然可以保持新鲜状态。例如，食品的保鲜包装、罐装食品加工等属于此类。

二是为回避流通阶段的商业风险，同时也为了促进物流效率的提高。例如，钢板的剪裁、玻璃的剪裁一般是在接到用户订货后再进行剪裁。

三是提高商品的附加价值。蔬菜等食品原料经过深加工，如加工成半成品，可以满足消费者对商品高度化的需求，提高商品的附加价值。

四是满足消费者多样化的需求。比如，不同顾客对于商品包装量的要求不同，通过改变商品的包装，可满足不同顾客的需求。

五是提高运输保管效率。例如，组装型商品运输和保管过程中处于散件状态，出库配送前或者到达用户后再进行组装，以此提高运输工具的装载率和仓库保管效率。流通加工的形态受到技术革新的影响，其形态在逐渐增加，这对流通系统也产生着重大影响。也就是说，在生产工厂并不完成加工对象完全制品化，而是在靠近消费者的地方完成其随后阶段的制品化工作。

二、流通加工的类型

（一）生产资料的流通加工

生产资料的流通加工是物流企业对工业企业客户服务的传统项目，其贡献已普遍为业内人士所认同。

生产资料的流通加工最具代表性的是钢材的加工。钢材流通加工由于可以选择加工方式，加工后钢材的晶相组织较少发生变化，可以保证原本的交货状态，因而有利于进行高质量加工；加工精度高，减少了加工损耗；集中加工有利于提高加工设备的使用效率，降低成本；使用户简化生产环节，提高生产水平。

生产资料流通加工的另一具有代表性的加工品种是水泥的流通加工。水泥加工利用水泥加工机械和水泥搅拌运输车进行。水泥搅拌车具有灵活机动的特点，可以接近作业现场。水泥加工作业区域可以避开繁华闹市区，节省现场的作业空间。同时，这种方式优于直接供应或购买水泥在工地现制混凝土的技术经济效果，所以受到许多工业国家的重视。

木材的流通加工包括以下几种：①磨制木屑压缩运输。木材是容重轻的物资，在运输时占有相当大的容积，往往使车船满装但不能满载，同时装车、捆扎也比较困难。为此，在林木生产地就地将原木磨成木屑，然后采取压缩方法，使之成为容重较大、容易装运的形状，然后运至靠近消费地的造纸厂。②集中开木下料。在流通加工点将原木锯裁成各种规格的木材，同时将碎木、碎屑集中加工成各种规格板，甚至还可以进行打眼、凿孔等初级加工。

除此之外，平板玻璃、铝材等同样可以在流通阶段进行像钢材那样的切断、弯曲、打眼等各种流通加工。

（二）消费资料的流通加工

消费资料的流通加工比起生产资料的加工对象体积缩小，但种类更繁多，而且加工比例逐年上升。有纤维制品的缝制和整烫、贴标签、家具组装等。这种流通加工一方面是为了提高顾客服务水平，另一方面也是为提高物流效率。

三、流通加工管理

组织流通加工的方法和组织运输、交易等方法区别较大，许多方面类似于生产组织和管理。因此，流通加工的管理需要特殊的组织和安排。

（一）流通加工可行性分析

流通加工只是生产加工制造的一种补充形式，是否需要进行流通加工应进行认真的可行性分析。

一是研究是否可以延续生产过程或改造生产方式，使之充分和需求衔接。在技术不断进步的情况下，原来难以实现的多品种灵活生产现在已经可以实现。因此，无须设置流通加工来衔接，只有在生产过程确实不能满足要求或经济效益不好的前提下才可考虑设置流通加工。

二是充分考虑技术进步的因素，研究是否可通过集装、专门装运等方式，而不进行未实现流通的加工。有些加工，如增加防护性运输包装的加工，是在运输技术水平较低情况下所需进行的加工。所以，如果开拓少包装的运输技术，则可以不进行此种加工。

总之，流通加工虽然有许多优越性，但毕竟造成了产需之间的中间环节，也存在许多降低效益的因素。因此，即使在技术上可行，也还要研究效益问题，要进行效益对比以及加工中心本身投资回收的计算等。

（二）流通加工的生产管理

流通加工生产管理内容涉及项目很多，如劳动力、设备、动力、财务、物资等方面的管理，对于套裁型流通加工，其最具特殊性的生产管理是出材率的管理。这种流通加工形式的优势就在于物资的利用率高，出材率高，从而获取效益。为此，要加强消耗定额的审定及管理，并采用科学方法，如数学方法进行套裁的规划和计算。

（三）流通加工的质量管理

流通加工的质量管理是对加工产品的质量控制。由于加工成品一般是国家质量管理上没有的品种和规格，因此进行这种质量控制的依据，主要是用户要求。各用户要求不一，质量宽严程度也不一，流通加工据点必须能进行灵活的柔性生产，才能满足质量要求。此外，全面质量管理中采用的方法也可以在此采用。

（四）流通加工的技术经济指标

衡量流通加工可行性，对流通加工环节进行有效的管理，可以考虑两类指标：第一类是流通加工建设可行性指标。流通加工仅是一种补充性加工，规模、投资都必然低于生产性企业，其投资额较低，投资时间短，建设周期短，投资回收速度快且投资效益较大。因此，投资可行性分析可采用静态分析法。第二类是流通加工日常管理指标。因为流通加工的特殊性，不能全部搬用考核一般企业的指标。

（五）流通加工中心的布局

设置在靠近生产地区，以实现物流为主要目的加工中心。经这里加工过的货物能顺利地、低成本地进入运输、储存等物流环节。如肉类、鱼类的冷冻食品加工中心，木材的制浆加工中心等。

设置在靠近消费地区，以实现销售、强化服务为主要目的的流通加工中心，经这里加工过的货物能适应用户的具体要求，有利于销售。如平板玻璃的开片套裁加工中心等。

第六节 配送管理

一、配送概述

配送是由送货演变而来的物流形态，但是又不仅是单纯的送货，配送更强调满足客户的具体需求。配送是指按照客户的需求，在物流配送中心完成货物的整理工作，然后将货物交至客户手中的过程。配送在现代物流系统中是一个非常关键的环节，直接影响物流系统的进程。

(一）配送的含义

货物配送是社会化大生产和商品经济高度发达条件下的一种先进流通方式。配送的概念既不同于运输，也不同于旧式送货，而有物流大系统所赋予的特点。

无论是学术界还是企业界，对于配送的概念都有不同的理解，表述方法也多种多样。例如，在轻工业比较发达的日本，工业领域将配送表述为："将货物从物流节点送交收货人。"而在1991年，专门关于物流研究的《物流手册》是这样表述的：生产厂到配送中心之间的物品空间移动叫"运输"；从配送中心到顾客之间的物品空间移动叫"配送"。

我国学者对于配送的经典表述是：配送是以现代送货形式实现资源最终配置的经济活动；按用户订货要求，在配送中心或其他物流节点进行货物配备并以最合理方式送交用户。

我国国家标准《物流术语》（GB/T 18354—2006）中，关于配送，做出这样的判断，即遵循用户为上的原则，在一定范围之内的经济区域，根据用户的具体要求，对物品进行拣选、加工、包装、分割、组配等作业，并按时送达指定地点的物流活动。

（二）物流配送的基本理念

物流配送的基本理念主要有以下几部分。

1. 快速反应

快速反应是指在配送过程中，配送方对物流与信息流变化的反应能力很高。

2. 连续补充库存

连续补充库存是指通过供应链管理库存的方式对买方的库存进行连续的补货，以免在生产过程中出现缺货的现象。供应链管理库存是一种卖方通过降低库存的成本、压缩库存量的方式来对买方的库存进行管理的技术。

3. 有效客户反应

有效客户反应是指通过买卖双方的信息共享，实现对市场和客户的需求进行有效反应，从而提高消费者需求的目标。在这种理念下，产销双方拥有一致的目标，在竞争中注重合作是重要的基础。

4. 越库作业

货物的越库作业是指为满足客户的需求，配送企业在一个复杂的物流系统中为构造新的运输单元而进行的一系列的解体活动。采用越库作业的方式，货物在运输过程中就省去了进入库存的步骤，从而对降低库存成本，提高物流系统的运输效率产生了积极作用。

二、配送作业流程

配送业务的具体流程主要包括进货、装卸搬运、仓储、订单处理、拣货、补货、配货、送货等多个步骤。图2-4所示就是配送业务一般的作业流程。

（一）备货

备货是配送活动的基础和前提。备货主要包括筹集货源，并对货物进行采购、验货、收货等过程。备货对整个配送活动都有着重要的影响，备货成本的多少直接影响配送效率的高低。

（二）储存

配送活动中的储存是指按照一定时期的经营要求，对配送资源的保证。在物流的配送环节，库存管理主要包括三方面的内容。

1. 进货入库作业管理

这为整个商品的配送流程打下了基础。商品在入库之后，就统一归配送部门进行管理，因此在入库时，进货人员要对商品在质量、数量、规格等方面进行严格的检查和审核。此外，进货人员还要对企业的进货量、可用库存空间等情况进行详细的掌握，同时，及时同企业各部门人员进行沟通。

2. 在库保管作业管理

库存商品的在库保管作业管理首先是加强对商品的养护工作，保证商品的质量，避免商品在储存期间发生价值损失的问题；其次是加强对储存空间的管理和优化，促进库存的合理化。

3. 库存控制

库存控制的重要内容是保证商品的质量与控制商品的数量。

（三）订单处理

订单处理简单而言就是关于处理订单的事情。具体是指一个企业从接受客户订单开始到将货物送至客户手中的过程。在这个过程中，企业有权也有义务对所有与订单相关的信息进行管理，而这个工作就是订单处理的工作。订单处理具体包括对用户订单和配送需求的记录和理清；核实核对库存的情况；下达关于分擦、组装、输送货物的指令；登记账簿；通知用户以及办理结算等几大部分的内容。

（四）分拣及配货

分拣和配货可以说是物流配送的一个重要特征，是其他物流形式所没有的工序。同时，它也是一项重要的支持性工作，直接影响着配送活动的成败。分拣和配货为配送活动提高运输效率提供保障，是送货形式向高级发展的必然结果。

（五）配装

配装一般发生在当单独的用户配送数量与车辆能负载的重量不成正比的情况下，在这种情况下，不仅要对所要运载的货物总量做一个统计，而且要对订货需求进行合理的搭配和装载，以达到尽可能提高配送效率的目的。

（六）输送

输送是配送活动中相对处于末端的作业流程，配送活动中的输送同普通的运输有着很大的差别。首先,配送活动中输送使用的交通工具通常为卡车;其次,配送中的输送一般都会选择普通的干线运输中没有的线路进行运输;最后,配送运输中的输送一般都是在小区域内进行短距离、频度高的运输。

(七)送达服务

仅仅完成货物的输送工作还不能算配送活动的完成,因为配送方将货物送达并不意味着用户立刻就能收到货物,所以,要完成完整的配送活动,就要实现从货物的运达到用户的接收的过程,这就要求企业对配送活动加强管理,严格执行用户的订单要求。此外,在进行诸如大件货物的配送活动时,要注意做好货物的卸载和安装工作。

(八)配送加工

配送加工是流通加工的一种形式,但是又不同于普通的流通加工,是一种为了满足用户需求而存在的一种目的较为单一的加工形式。

(九)回程

回程就是运输工具完成配送任务回来的过程。在回程中,一般情况下,车辆都是空驶的,但是这样会大大降低运输效率。因此,为了提高运输效率、降低运输成本,可以对车辆的回程进行管理。具体方法是,回程车可以将包装物、废弃物等运回仓库进行集中处理。另外,在回程经过的路线上,可以设置若干货物联络点,使回程车辆顺路带回一些货物,减少空驶的情况。

三、配送系统的构成

配送系统是一个复杂多变的系统,主要由四部分要素构成。

(一)配送主体

配送主体就是指在配送系统中具体实施配送活动的组织,配送主体是配送系统中最基本的要素。配送主体一般包括专业的配送公司和企业专门的配送部门。配送主体的能力在很大程度上决定了配送活动的效率和服务水平。因而,要充分发挥配送主体的主观能动性,实现配送系统的合理化。

(二)配送客体

有了配送主体,当然就有配送的客体,配送客体就是在配送活动中具体被运输的产品。配送客体是特定的针对用户需求的产品,而不是独立的产品,配送活动的具体方法和作业流程取决于用户需求产品的特征。

(三)配送环境

配送环境是指在配送活动的具体实施中面对的客观环境。配送环境包括多方面的内容,如城市的交通状况、车辆状况、人员等。配送是一种外向的物流服务,因此离不开客观环境的影响。

（四）配送设备

配送设备就是指在具体配送活动的实施过程中所使用的设备，包括运输车辆、装卸搬运设备、分拣设备等。配送设备的选择取决于配送对象的特点以及客户的具体要求。

第七节　物流信息管理

一、物流信息管理的内涵

（一）物流信息管理概述

物流信息管理是指运用计划、组织、指挥、协调及控制等基本职能对物流信息进行搜集、检索、研究、报道、交流和提供服务，并有效地运用人力、物力和财力等基本要素以期达到物流管理的总体目标的活动。物流信息管理作为一个动态发展的概念，其内涵和外延随着物流实践的深化和物流管理的发展而不断发展。在物流信息管理的早期，主要采用人工方式进行管理，当计算机出现之后，伴随着信息技术的发展出现了基于信息技术的物流信息系统。物流信息系统是利用计算机技术和通信技术，对物流信息进行搜集、整理、加工、存储、服务等工作的人—机系统。电子计算机和通信系统的运用，使物流信息系统能够迅速进行远距离信息交换并处理大量的信息，并且对商流、会计处理、经营管理也起着非常重要的作用。

（二）物流信息管理的内容

1. 政策制定

为实现不同区域、不同国度、不同企业、不同部门间物流信息的相互识别和利用，实现物流供应链信息的通畅传递与共享，必须确定一系列共同遵守和认同的物流信息规则或规范，这就是物流信息政策的制定，如物流信息的格式与精度、物流信息传递的协议、物流信息共享的规则、物流信息安全的标准、物流信息存储的要求等等，这是实现物流信息管理的基础。

2. 信息规划

信息规划即从企业或行业的战略高度出发，对物流信息资源的管理、开发、利用进行长远发展的计划，确定物流信息管理工作的目标与方向，制定出不同阶段的任务，指导数据库系统的建立和物流信息系统的开发，保证物流信息管理工作有条不紊地进行。

3. 信息搜集

信息搜集即应用各种手段、通过各种渠道进行物流信息的采集，从而反映物流系统及其所处环境的情况，为物流信息管理提供素材和原料。信息搜集是整个物流信息管理中工作量最大、最耗费时间、最占用人力的环节。

4. 信息处理

信息处理工作就是根据使用者的信息需求，对搜集到的物流信息进行筛选、分类、加工及储存等活动，加工出对使用者有用的物流信息。

5. 信息传递

信息传递指信息从信息源发出，经过适当的媒介和信息通道传输给接收者的过程。信息传递的方式有许多种，通常可从不同的传递角度划分。从信息传递的方向来看，有单向信息传递方式和双向信息传递方式。从信息传递的层次来看，有直接传递方式和间接传递方式。从信息传递的时空来看，有时间传递方式和空间传递方式。从信息传递的媒介来看，有人工传递和非人工的其他媒体传递方式。

6. 服务与应用

服务与应用是物流信息重要的特性，信息服务的目的就是将信息提供给有关方面使用，物流信息的服务工作主要包括物流信息发布和传播服务、物流信息交换服务、物流信息技术服务及物流信息咨询服务。

物流离不开信息技术的支持，信息技术是物流的基础，近年来信息技术的成熟以及应用成本的下降促进了物流业信息技术应用的发展，提高物流业的效率和竞争力，改变了传统物流业的发展方向。

二、物流信息系统的建立和维护

（一）物流信息系统建立和维护的基本条件

物流信息系统的建立和维护是一项具有投资风险的系统工程，需要获得必要的人力、物力、资金，以及生产环境、商务环境和应用背景的支持，这些共同构成了物流信息系统的社会基础。

管理水平的提高产生了对计算机的需求，而计算机的应用又要求更高层次管理思想的支持。所以，在发展物流信息系统之前，应首先解决一些物流管理问题，建立必要的物流管理方法、制度和组织机构。

物流信息系统是为管理服务的，主要领导的重视和参与是成功实现物流信息系统的必要条件。而且物流信息系统的建立周期长、投入多，不仅要涉及某些业务流程，甚至会影响到现有的组织机构等一系列全局性问题，必须依赖最高领导来协调和解决。业务人员的积极性也至关重要。在系统开发阶段，需要他们积极配合，介绍业务流程，提供数据，做好需求分析。在系统运行阶段，他们是系统的主要使用者和操作者，他们的业务能力、工作习惯和对新系统的态度，直接关系到物流信息系统的成败。

物流信息系统的建立和维护需要一支由各专业人员组成的系统队伍，至少包括计算机软硬件人才和物流管理人才。

（二）物流信息系统建立的目标和基本要求

1. 物流信息系统建立的目标

物流信息系统的最终目标是提高对客户的服务水平和降低物流的总成本，包括物流作业管理系统和物流控制系统两个方面。物流作业管理系统的目标是：在运输、保管、搬运、包装、流通加工等作业环节中使用种种先进技能和技术，并使生产据点、物流据点、输配送线路、运输手段网络化，从而提高各物流活动的效率。物流控制系统的目标是：在保证订货、进货、库存、出货以及配送等信息畅通的基础上，使据点、通信线路、通信手段网络化水平提高。

2. 物流信息系统的系统分析

企业物流信息系统是具有代表性的物流管理信息系统，现以此为例，简单介绍物流管理人员在企业物流信息系统的系统分析中需完成的主要工作。

（1）需求分析。企业物流信息系统至少应该满足以下两方面的需求：①物流信息共享。为了给客户提供从发货到收货为止的整个物流过程的信息服务，必须提供全面的物流信息共享机制。②订货信息、产品结构信息、库存信息和货物配送信息要充分完整。一个完整的企业物流过程所包括的基本动态信息有订货数据和商品数据、物流单元数据、位置数据和绩效成本数据等。

（2）业务流程分析。企业物流管理部门的业务一般包括市场预测、订货管理、仓库管理、装卸、包装、货物配送、客户服务等等。企业物流管理关键在于为客户提供全方位、一体化的服务。

3. 物流信息系统要解决的主要问题

物流信息系统要解决的主要问题是加强对物流各个环节的监控，通过对物流环节的有效组合以降低综合物流成本和提高对客户的服务水平，具体包括以下内容：①缩短从接受订货到发货的时间；②库存适量化；③提高搬运作业效率；④提高运输效率；⑤使接受订货和发出订货更为省力；⑥提高客户需求处理的精度；⑦防止发货、配送出现差错；⑧调整需求和供给；⑨回答信息咨询。

4. 物流信息系统建立的基本要求

（1）安全性。随着互联网、企业内部互联网、外联网的广泛应用，尤其是网上支付的实现、电子单证的使用，安全性已成为物流信息系统管理不可忽视的主要问题。

内部安全性隐患主要包括：①客户资料如果被泄露给竞争对手，往往会造成巨大损失；②业务数据被篡改后，造成数据的失真，会给企业的运营带来困难和混乱。

因此，资料的输入、修改、查询等功能应根据实际需要赋予不同部门的人员适当的权限。比如，对不同的客户授予不同的权限、设置操作人员进入系统的密码、对操作人员的操作进行记录等。

外部安全性隐患有：系统在接入互联网后，将面临遭受计算机病毒、黑客或者未经授权的非法用户等的攻击而导致系统的安全受到威胁。因此，系统应具备足够的安全性以防止这些外来入侵，如设置互联网与企业内部互联网之间的防火墙等。

（2）检测、预警、纠错能力。物流信息系统需要能够对物流信息进行检测，对潜在的安全隐患具备一定的预警和纠错能力。

（3）为了保证数据的准确性和稳定性，系统应该在各模块中设置一些检测小模块，对输入的数据进行检测，以便把一些无效的数据排斥在外。

①开放性、可扩展性和灵活性。为实现物流企业管理的一体化和资源的共享，物流信息系统应具备可与公司内部其他系统如财务、人力资源管理等系统相连接的性能。更进一步讲，物流管理信息系统不但要在企业内部实现数据的整合，还应具备与企业外部的供应链的各个环节进行数据交换的能力，实现互通互联。另外，还要采纳EDI和电子商务等方面的开放标准，与国际惯例接轨。物流信息系统应具备随企业发展而进步的能力，应充分考虑到企业管理业务发展的需求，具备预定灵活性、可扩展性，以适应企业发展变化的需要。

②协作性。通过网络快捷而方便地和客户、企业内部各部门及社会相关部门（银行、税务机关等）的协作。

第三章 物流实务管理

第一节 物流组织管理

一、物流组织概述

物流组织指的是专门从事物流经营和管理活动的组织机构,它既包括企业内部的物流管理和运作部门、企业间的物流联盟组织,也包括从事物流及其中介服务的部门、企业以及政府物流管理机构。

物流组织的产生和发展是人们对物流认识不断提高的结果。20世纪50年代以前,物流只被看作是生产和流通的附属职能,物流的组织责任遍布企业或工厂的各个部门,企业没有正式统一的物流组织,物流是分散在组织内不同职能中的一系列互不协调的、零散的活动,企业物流处于职能分散化和管理分离化的阶段。20世纪50年代末,企业出现了对物流活动的归类,将两个或更多的物流功能在运作上进行归组,这才真正拉开企业物流组织发展的序幕。从欧美国家物流发展的历史和实践来看,物流组织的演进大体可分为以下四个阶段。

第一,物流功能集成化发展阶段。20世纪60年代初期开始出现的集成很少改变企业传统的部门和组织层次,往往只发生在同一职能部门与组织的直线管理层。20世纪70年代后,随着企业的集成运作、物流成本的降低和物流经验的提高,围绕着客户的物资配送组织地位上升,在企业的组织结构中并行于制造、销售和财务管理部门,并且物资配送和生产组织下的物料管理一体化也得到了发展。

第二,物流功能一体化组织阶段。20世纪80年代初,物流功能一体化组织出现。物流组织结构强调了物流资源计划对企业内部物流一体化的重要作用,同时也强调了各物流支持部门与物流运作部门的直接沟通。但由于集中化物流运作过程中有着各种各样的困难,以及这一类组织结构本身存在的一些缺陷,它的应用还是比较局限,并没有达到普及的程度。

第三,物流过程一体化组织阶段。20世纪90年代以来,在彼得·圣吉的学习型组织理论以及迈克尔·哈默和詹姆斯·钱皮的企业流程再造理论的影响与指导下,扁平化、授权、再造和团队的思想为越来越多的企业所理解及接受,企业的组织进入了一个重构的时代。物流组织不再局限功能集合或分隔的影响,开始由功能一体化的垂直层次结构向以过程为导向的水平结构转换。

第四,虚拟与网络化物流组织阶段。20世纪90年代中期以后,信息和网络技术的快速发展为虚拟与网络化物流组织的产生和发展提供了外部环境,特别是在企业引入了供应链管理的理念后,物流将从单个企业扩展到供应链上的所有企业,虚拟与网络化物流组织将可能成为更加有效的物流组织运作形式。网络化物流组织将单个实体或虚拟物流组织以网络的形式紧密联合在一起,形成了以联合物流专业化资产,共享物流过程控制和完成共同物流目的为基本特性的组织管理形式。

二、物流的组织结构

组织结构是组织的骨架,包括纵向、横向两大系统。纵向是组织上下垂直机构或人员之间的联系,是一种领导与隶属的关系;横向是平行机构或人员之间的联系,是一种分工与协作的关系。

物流组织结构指物流企业及有关物流分支机构为了实现组织目标,使组织内部有效运作以及与环境相互适应,通过分工协作而设置的职能部门和管理层级。

(一)传统物流组织结构

1. 直线型物流组织结构

直线型物流组织结构是最简单的一种组织结构形式,其从最高层到最低层采取垂直、集权的管理模式。

直线型物流组织结构的优点:第一,物流组织结构设置简单,责任明确,可减少工作中扯皮情况的出现;第二,组织权力集中,命令统一,物流活动效率高;第三,物流管理人员少,管理费用少。

直线型物流组织结构的缺点:第一,权力过分集中,物流经理决策的风险较大;第二,组织成员只关心自身或本部门的工作,缺乏横向间的协调。

从其优缺点分析归纳来说,直线型物流组织结构适用业务量少、规模小的物流企业。

2. 直线职能型物流组织结构

直线职能型物流组织结构是企业发展到一定阶段，企业将生产、营销、财务和物流等活动划归到企业的不同职能部门，由物流部门经理具体负责企业相应的物流活动。

直线职能型物流组织结构的优点：第一，既能保持统一指挥，又能发挥专业管理职能部门的作用，决策迅速，容易贯彻到底；第二，按各种业务功能进行管理，能够发挥专业的优势；第三，分工细密，职责分明，可以从劳动分工中获得高效率；第四，可减轻直线管理人员的负担，充分调动各物流部门的积极性。

直线职能型物流组织结构的缺点：第一，组织中的各部门目标不易统一，容易产生本位主义，会增加组织高层管理人员的协调工作量；第二，难以实现各经营阶段的成本计算与控制，无法使组织获得物流系统化带来的经济效益；第三，组织分工细，规章多，反应速度较慢，不易迅速适应组织外部的新情况；第四，组织中的职能管理人员只重视与其有关的专业领域，不利于从组织内部培养能够从宏观上把握全局的管理人才。

从其优缺点分析归纳来说，直线职能型物流组织结构适于业务量和规模中等的物流企业。

3. 事业部型物流组织结构

事业部型物流组织结构的主要特点是"集中决策，分散经营"。

事业部型物流组织结构的优点：第一，有利于组织最高管理者从烦琐的日常行政事务中解放出来，专心致力于组织重大问题的研究和决策；第二，各事业部经理对管辖的范围负完全责任，管理责任明确并容易实施成本控制；第三，可充分调动各事业部经理的积极性，提高了组织经营的灵活性和适应能力；第四，有利于各事业部开展公平竞争，克服组织僵化和官僚作风，能为组织培养独当一面的高层管理人才。

事业部型物流组织结构的缺点：第一，各事业部只重视本部门的利益，本位主义严重；第二，调度和反应不够灵活，不能有效地利用组织的全部资源；第三，管理部门重叠设置，管理费用增加，难以实现组织物流总成本最小化；第四，各事业部具有相对独立性，对事业部一级管理人员的水平要求较高，集权和分权关系敏感，一旦处理不当，会削弱整个组织的凝聚力。

从其优缺点分析归纳来说，事业部型物流组织结构主要适用于物流组织规模较大、实行分权管理的大企业或集团公司。

（二）现代物流组织结构

1. 矩阵型物流组织结构

矩阵型物流组织结构是为了适应在一个组织内同时有几个项目需要完成，而每一个项目又需要具有不同专长的人在一起工作才能完成这一特殊需求而形成的。矩阵型组织结构是兼具直线职能型和事业部型组织结构两者的优点并避免了其各自缺陷的一种二维组织结构。

矩阵型物流组织结构的优点：第一，矩阵型物流组织结构使上下左右集权和分权实现了有效结合，有利于加强各部门间的配合和信息交流，便于集中各部门专门的知识和技能，加速完成某一特定项目；第二，矩阵型物流组织结构可避免各部门重复劳动，加强组织的整体性；第三，矩阵型物流组织结构可随项目起止而组成和撤销项目组，增强了组织的机动性和灵活性。

矩阵型物流组织结构的缺点：第一，各成员隶属于不同部门，项目负责人对他们工作的好坏没有足够的奖励与惩罚手段，项目负责人的责任大于权力；第二，项目负责人和原部门负责人对参加项目的人员都有指挥权，需双方管理人员密切配合才能顺利开展工作，破坏了统一指挥原则，对权力与责任的界定含糊不清，有可能造成管理混乱。

从其优缺点分析归纳来说，矩阵型物流组织结构一般适用于物流服务需求多样化且个性化要求较高的企业。

2. 网络型物流组织结构

网络型物流组织结构是计算机网络技术发展的产物，它是依靠其他组织以合同为基础进行制造、营销、物流或其他关键业务经营活动的组织结构。

网络型物流组织结构的优点：第一，可以利用网络组织和外界合作，迅速获取所需资源；第二，可将有关物流服务职能外包，集中资源做自己最擅长的事；第三，能以高度的灵活性来适应不断变化的市场环境。

网络型物流组织结构的缺点：第一，管理者无法对外包活动进行紧密控制；第二，管理部门需要具有更加有效的协调与沟通能力。

从其优缺点分析归纳来说，网络型物流组织结构既适用于将非核心业务外包的大型物流企业，又适用于中小物流企业。

三、物流组织创新

（一）影响和推动物流组织创新的因素

影响和推动物流组织创新的因素主要包括物流组织内部因素和物流组织外部因素。物流组织内部因素主要包括物流组织结构与资源因素、物流组织文化因素和人才资源因素，而物流组织外部因素主要包括产品与服务的市场变化、政治经济环境和社会文化因素。

1. 物流组织内部因素

第一，灵活的有机式物流组织结构对物流组织创新有正面的影响。在有机式物流组织结构下，其专业化、正规化和集权化程度比较低，有利于提高物流组织的应变能力和跨职能工作能力，从而更易于推动和实施物流组织的创新。

第二，富足的物流组织资源是实现物流组织创新的重要基础。物流组织资源充裕，使管理部门有能力开发创新成果，推行整体性物流组织创新。

第三，多向的物流组织沟通有利于克服物流组织创新的潜在障碍，如委员会、项目任务小组及其他组织机构等，都有利于促进部门间交流，达成共识，采用物流组织创新的解决方案。创新型的物流组织需要具有独特的组织文化，而人才资源是物流组织创新的基本保证。

2. 物流组织外部因素

产品与服务的市场变化是物流组织创新的首要外部因素，其中，最重要的是需求变化。物流组织作为物流市场中的供给方是为了满足需求而存在的。另一个重要的市场变化是竞争变化，激烈的竞争往往使物流组织更倾向于成为适应市场的创新型物流组织，并通过更低的成本和更高的质量赢得竞争优势。

政治经济环境与社会文化因素是推动物流组织创新的重要外部因素。企业经营规模的不断扩大和技术层次的不断提高，使得管理理念与文化价值观的更新日趋急迫，这成为物流组织创新的必要条件。而管理理念与文化价值观在很大程度上受到政治经济环境与社会文化因素变化的制约，如政府的政策、法令、法律、规划、战略等都对物流组织的创新行为具有直接的指导意义和约束力。

（二）物流组织创新的发展趋势

1. 由职能垂直化向过程扁平化转变

传统的企业组织之所以与现代社会的发展显得格格不入，其中不可忽视的一个重要原因就是庞大的中层。这种垂直化必将被扁平化所取代。扁平化就是精简中间管理层，压缩组织结构，尽量缩短指挥链，改善沟通，消除机构臃肿与人浮于事的现象。具体措施包括以下几方面。

第一，注重企业物流信息系统的建设，用以取代原来中层人员的上通下达及搜集整理材料信息的功能，为扁平化组织结构的高效运行提供功能支持。

第二，注重提高组织成员独立工作的能力，为扁平化组织结构的高效运行提供能力保障。

第三，构建物流组织要强调以"物流过程"为核心取代原来的以"物流职能"为核心的组织方式，如以流程为基础构建矩阵式的组织结构。

我国的一些大型生产、流通企业（含物流企业）虽然规模远小于跨国公司，但是物流组织也有三层之多，这严重影响企业的物流效率和竞争力，扁平化将是其物流组织创新的一个重要方向。

2. 由固定刚性化向临时柔性化转变

组织柔性化的目的在于充分利用组织资源，增强企业对复杂多变的动态环境的适应能力，柔性化也将是物流组织发展的必然趋势。

第一，物流组织的柔性化与企业物流的集权、分权度有较大的关系，要适时调整权责结构，适当扩大物流的授权度，正确处理好集权与分权的关系。

第二，建立动态性较大的"二元化组织"是当前物流组织柔性化的有效方法，这主要体现为一方面为完成组织的经常性任务设立比较稳定的物流组织部门，另一方面为完成某个特定的、临时的项目或任务设立动态的物流组织。对一些大型企业或企业集团、国际物流企业、跨国公司等，这种柔性组织将表现出较大的优越性。

3. 由内部一体化向虚拟化、网络化发展

在经济全球化、网络化和市场化日益加剧的背景下，企业为了有效地提高其竞争力，必然会利用外部资源以快速响应市场需求，这将促进物流组织向虚拟化、网络化发展。

企业物流组织要实现由内部一体化向虚拟化、网络化发展，应做到以下两点。

第一，企业应强化内部信息网络化和标准化建设，构建基于Internet（互联网）的管理信息系统（MIS）等，并能够通过Internet、EDI、Intranet（内联网）等实现消费者与企业、企业与企业以及企业内部信息的有效交换，这是物流组织虚拟化及网络化的基础。

第二，要以现代企业组织理论为指导，梳理物流业务，确定物流业务是采取自营、外包还是联盟的方式，并以培育企业的核心竞争力和重塑业务流程为主导构建物流组织，这是实现虚拟化和网络化的前提。

从未来的发展趋势来看，矩阵型、团队型、联盟型、虚拟型以及网络型等物流组织将会越来越多地出现在未来的企业中。

第二节 物流成本管理

一、物流成本概述

（一）物流成本的定义

中华人民共和国国家标准《物流术语》（GB/T1 8354—2006）把物流成本定义为："物流活动中所消耗的物化劳动和活劳动的货币表现，包括货物在运输、储存、包装、装卸搬运、流通加工、物流信息、物流管理等过程中所耗费的人力、物力和财力的总和以及与存货有关的流动资金占用成本、存货风险成本和存货保险成本。"此定义的物流成本包含两个方面的内容：一方面，直接在物流环节产生的支付给劳动力的成本、耗费在机器设备上的成本以及支付给外部第三方的成本；另一方面，包括在物流环节中因持有存货等所造成的潜在成本，如占用资金成本、保险费等等。

（二）物流成本的分类

中华人民共和国国家标准《企业物流成本构成与计算》（GB/T20523——2006）把物流成本分为成本项目类别物流成本、范围类别物流成本和形态类别物流成本三大类。

第一，成本项目类别物流成本。成本项目类别物流成本指以物流成本项目作为物流成本的计算对象，可以分为物流功能成本和存货相关成本。物流功能成本指在包装、运输、仓储、装卸搬运、流通加工、配送、信息处理及物流管理中所发生的物流成本；存货相关成本指企业在物流活动过程中所发生的和存货有关的资金占用成本、物流损

耗成本、保险费和税收成本。

第二，范围类别物流成本。范围类别物流成本指以物流活动的范围作为物流成本的计算对象，包括供应物流、企业内部物流、销售物流、回收物流和废弃物物流等不同阶段所发生的各项成本支出。

第三，形态类别物流成本。形态类别物流成本指以物流成本的支付形态为物流成本的计算对象，包括委托物流成本和企业内部物流成本。企业内部物流成本可以分为材料费（含资材费、工具费、器具费等）、人工费（含工资、福利、奖金、津贴、补贴、住房公积金等）、维护费（含土地、建筑物及各类物流设施设备的折旧费、维护维修费、租赁费、保险费、税金燃料与动力消耗费等）、人工经费（含办公费、差旅费、会议费、通信费、水电费、燃气费等）、特别经费（含存货资金占用费、物品损耗费、存货保险费和税费等）。

二、物流成本管理方法及意义

（一）物流成本管理的方法

1. 纵向法

第一，运用线性规划、非线性规划制订最优运输计划，实现物品运输优化；第二，运用系统分析技术，选择货物最佳配比和配送线路实现货物配送优化；第三，运用存储理论确定经济合理的库存量，实现物资存储优化；第四，运用了模拟技术对整个物流系统进行研究，实现物流系统的最优化。

2. 横向法

对物流成本进行预测和编制计划。预测在计划之前进行，即在对成本进行充分分析的基础上，寻求降低物流成本的经济措施，从而保证物流成本计划的先进性和可靠性。

3. 计算机管理系统法

借助计算机管理系统，通过一次次地循环、计算、评价，使整个物流系统不断优化，最终找出使总成本最低的最佳方案。

（二）物流成本管理的意义

物流成本管理的意义在于通过对物流成本的有效把握，利用物流要素之间的效益背反关系，科学合理地组织物流活动，加强对物流活动过程中费用支出的有效控制，降低物流活动中的各种消耗，从而达到降低物流总成本、提高企业社会效益和经济效益的目的。企业进行物流管理的目的是降低物流总成本，增强企业竞争优势，物流成本管理是企业物流管理的核心。

三、物流成本核算

（一）物流成本核算的概念

物流成本核算是根据企业确定的成本计算对象，采用相应的成本计算方法，按照规定的成本项目，通过一系列物流费用的汇集和分配，计算出各物流环节成本计算对象的实际总成本和单位成本。

物流成本核算是物流成本管理中的重要环节。通过对各项物流活动进行成本核算，可以提高成本信息的准确性，提高企业的经营管理水平和企业的竞争力。因为物流成本信息是物流企业经营决策的重要依据，也是制造企业或商品流通企业进行业务流程改造的重要依据，同时也是国家规划物流产业与制定物流产业发展政策的重要依据。如何用科学的方法对物流成本进行准确的核算，是各国物流产业发展中普遍关注与着力解决的一项重大课题。

（二）物流成本核算的步骤

1. 分类计算物流成本

（1）材料费。材料费是由物流消耗而产生的费用。直接材料费可以通过用各种材料的实际消耗量乘以实际的购进价格来计算。材料的实际消耗量可以按物流成本计算期末统计的材料支出数量计算，在难以通过材料支出单据进行统计时，也可采用盘存计算法，即：

本期消耗量 = 期初结存 + 本期购进 − 期末结存

材料的购进价格应包括材料的购买费、进货运杂费、保险费、关税等。

（2）人工费。人工费是指对物流活动中消耗的劳务所支付的费用。物流人工费的范围包括职工所有报酬（工资、奖金、其他补贴）的总额、职工劳动保护费、保险费、按规定提取的福利基金、职工教育培训费及其他。

在计算人工费的本期实际支付额时，报酬总额按计算期内支付给从事物流活动的人员的报酬总额或按整个企业职工的平均报酬额计算。职工劳动保护费、保险费、按规定提取的福利基金以及职工培训教育费等都需要从企业这些费用项目的总额中把用于物流人员的费用部分抽出来。但当实际费用难以抽出来计算时，也可将这些费用的总额按从事物流活动的职工人数比例分摊到物流成本之中。

（3）公益费。公益费是指对公共事业所提供的公益服务（自来水、电、煤气、取暖、绿化等）支付的费用。严格地讲，每一个物流设施都应安装计数表直接计费。但对没有安装计量仪表的企业，此部分费用可以从整个企业支出的公益费中按物流设施的面积和物流人员的比例计算得出。

（4）维护费。维护费根据本期实际发生额计算，对经过多个期间统一支付的费用（如租赁费、保险费等），可按期间分摊计入本期相应的费用中。对于物流业务中可以按业务量或物流设施来掌握和直接计算的物流费，在可能的限度内直接算出维护费，对于不能直接算出来的，可以根据建筑物面积和设备金额等分摊到物流成本中。

折旧费应根据固定资产原值和经济使用年限，以残值为零，采用使用年限法计算，

计算公式为

固定资产折旧额 = 固定资产原值 / 固定资产预计经济使用年限

对于使用年限长且有价格变动的物流固定资产折旧，可采用重置价格计算。

（5）一般经费。一般经费相当于财务会计中的一般管理费。其中，对于差旅费、交通费、会议费、书报资料费等使用目的明确的费用，直接计入物流成本。对于一般经费中不能直接计入物流成本的，可按职工人数或设备比例分摊到物流成本中。

（6）特别经费。特别经费包括按实际使用年限计算的折旧费和企业内利息等。企业内利息在物流成本计算中采用与财务会计不同的计算方法。企业内部物流利息实际上是物流活动所占用的全部资金的资金成本。因为这部分资金成本不是以银行利率而是以企业内部利率来计算，所以称为企业内部物流利息。

利息在财务会计中是以有利率负债的金额为基础，根据融资期间和规定的利率来计算的。但在物流成本的计算中，企业内部物流利息却是以对固定资产征收固定资产占用税时的计价额为基础，对存货以账面价值为基础，根据期末余额和企业内利率来计算的。

企业内利息仅仅是以管理会计中资本成本形式加到成本中的，实质上是对物流占用资产的一种以整个企业内部平均利息率来计算的资本成本，因而它和实际支付的利息不同。

企业内部利息的计算，对物流作业中使用的固定资产（土地、建筑物、机械设备、车辆等）以征收固定资产占用税时的评估价格乘以企业内利息率，对存货（商品、包装材料等）以账面价值乘以企业内利息率来计算。

（7）委托物流费。委托物流费根据本期实际发生额计算。包括托运费、市内运输费、包装费、装卸费、保管费和出入库费、委托物流加工费等。此外的间接委托的物流费按一定标准分摊到各功能的费用中。

（8）其他企业支付的物流费。其他企业支付的物流费，以本期发生购进对其他企业支付和发生销售对其他企业支付物流费的商品重量或件数为基础，乘以费用估价来计算。

其他企业支付的物流费的计算，必须依靠估价的费用单价，但当本企业也承担与此相当的物流费时，也可用本企业相当的物流费来代替。

2. 编制各物流功能成本计算表

根据计算物流成本的需要，将以上通过计算得出的数据资料编制各物流功能的成本计算表。企业物流的运输费、保管费等每一种功能分别编制一张物流成本计算表。如果把所有的功能都作为成本计算对象，则要编制七张成本计算表。如果只计算其中某几项功能的费用，可根据实际需要填制。

四、物流成本控制

(一) 物流成本控制的原则

1. 物流成本控制与服务质量控制相结合

物流成本控制的目的在于加强物流管理、促进物流合理化。物流是否合理,取决于两个方面:一是对客户的物流服务质量水平,二是物流成本的水平。如果只重视物流成本的降低,有可能会影响到客户服务质量,这是行不通的。一般来说,提高物流服务质量水平与降低物流成本之间存在着一种"效益相反"的矛盾关系。也就是说要想降低物流成本,物流服务水平就有可能会下降。相反,如果提高物流服务质量水平,物流成本又可能会上升。因此,在进行物流成本控制时,必须搞好服务质量控制与物流成本控制的结合。要正确处理降低成本与提高服务质量的关系,从而在二者的最佳组合上,谋求物流效益的提高。

2. 局部控制与整体控制相结合

这里所说的局部控制是指对某一物流功能或环节所耗成本的控制,而系统控制是指对全部物流成本的整体控制。物流成本控制最重要的原则是对总成本进行控制。物流是以整个系统作为本质的,这就要求将整个系统及各个辅助系统有机地结合起来进行整体控制。比如,航空运输比其他运输手段的运费高,但航空运输可以减少包装费、保管费几乎为零,而且没有时间上的损失。因此,从总成本的角度看,不应单看运输费用的削减与否。从一定意义上说,采用总成本控制比局部物流功能的成本控制更为合适。再比如,采取接受小批量订货、小批量发送的方针,交易额能够增加,销售费用也较便宜。但是,小批量会使发货次数增加,运输费用也会随之增加。所以,总成本的系统控制是决定物流现代化成败的决定性因素,物流成本控制应以降低物流总成本作为目标。

3. 全面控制和重点控制相结合

物流系统是一个多环节、多领域、多功能所构成的全方位的开放体系。物流系统的这一特点也从根本上要求我们进行成本控制时,必须遵循全面控制的原则。首先,无论产品设计、工艺准备、采购供应,还是生产制造、产品销售,抑或售后服务各项工作都会直接或间接地引起物流成本的升降变化。为此,要求对整个生产经营活动实施全过程的控制。其次,物流成本的发生直接受制于企业供、产、销各部门的工作,为此要求实施物流成本的全部门和全员控制。再次,物流成本是各物流功能成本所构成的统一整体,各功能成本的高低直接影响物流总成本的升降。为此,还要求实施全功能的物流成本控制。最后,从构成物流成本的经济内容来看,物流成本主要由材料费、人工费、折旧费及委托物流费等因素构成。为此,要求实施物流成本的全因素控制。

4. 经济控制与技术控制相结合

这一原则是要求把物流成本日常控制系统与物流成本经济管理系统结合起来,进行物流成本的综合管理。物流成本是一个经济范畴,实施物流成本管理,必须遵循经济规律，广泛地利用利息、奖金、定额、利润等经济范畴和责任结算、绩效考核等经济手段。同时，物流管理又是一项技术性很强的工作。要降低物流成本，必须从物流技术的改善和物流管理水平的提高上下功夫。通过物流作业的机械化和自动化，以及运输管理、库存管理、配送管理等技术的充分应用，从而提高物流效率，降低物流成本。

5. 专业控制与全员控制相结合

对与物流成本形成有关的部门（单位）进行物流成本控制是有必要的，这也是这些部门（单位）的基本职责之一。如运输部门对运输费用的控制，仓储部门对保管费用的控制，财会部门对所有费用的控制等。有了专业部门的物流成本控制，就能对物流成本的形成过程进行连续的全面的控制，这也是进行物流成本控制的一项必要工作。有了全员的成本控制，形成严密的物流成本控·制网络，从而可以有效地把握物流成本过程的各个环节和各个方面，厉行节约、杜绝浪费、降低物流成本，保证物流合理化措施的顺利进行。

（二）物流成本控制的内容

在实际工作中，物流成本的控制可以按照不同的对象进行。通常来说，物流成本的控制对象可以分为以下形式。

一是以物流成本的形成过程为控制对象。即从物流系统（或企业）投资建立，产品设计（包括包装设计），材料物资采购和存储，产品制成入库和销售，一直到售后服务，凡是发生物流成本费用的各个环节，都要通过各种物流技术和物流管理方法，实施有效的成本控制。

二是以包装、运输、储存、装卸、配送等物流功能作为控制对象，也就是通过对构成物流活动的各项功能进行技术改善和有效管理，从而降低其所消耗的物流成本费用。

除了以上两种成本控制对象划分形式之外，物流系统还可以按照各责任中心（运输车队、装卸班组、仓库等）各成本发生项目（人工费、水电气费、折旧费、利息费、委托物流费等）等进行成本控制，而这些成本控制的方式往往是建立在前面所述的物流成本管理系统的各种方法基础上的，需要和物流成本的经济管理技术有效结合起来运用。

（三）物流成本控制的程序

严格来说，应将物流成本控制贯穿于企业生产经营的全过程。物流技术的改善、物流管理方法的改变以及物流信息系统的运用等，都是为达到提高物流服务水平和降低物流成本的目的。因此，在物流技术的应用和物流管理过程中，实施全过程、全员参与的物流成本管理是十分必要的。

1. 物流成本的全过程控制观念

（1）事前控制。物流成本事前控制是指在进行物流技术或物流管理改善前，预测每种决策方案执行后的物流成本情况，对影响物流成本的经济活动进行事前的规划、审核，确定目标物流成本。它是物流成本的前馈控制。

（2）事中控制。物流成本事中控制是在物流成本形成过程中，随时对实际发生的物流成本与目标物流成本进行对比,及时发现差异并采取相应措施予以纠正,以保证物流成本目标的实现,它是物流成本的过程控制。

物流成本事中控制应在物流成本目标的归口分级管理的基础上进行,严格按照物流成本目标对一切生产经营耗费进行随时随地的检查审核,把可能产生损失、浪费的苗头消灭在萌芽状态,并把各种成本偏差的信息及时地反馈给有关的责任单位,以利于及时采取纠正措施。

(3)事后控制。物流成本事后控制是在物流成本形成之后,对实际物流成本的核算、分析和考核。它是物流成本的后馈控制,这也是对各项物流决策的正确性和合理性做出事后评价的重要环节。

通常来说,物流成本的事后控制通过对决策执行前和决策实行后发生的实际物流成本进行比较,也可以和预计的物流成本或其他标准进行比较,确定物流成本的节约或浪费,并进行深入的分析、考虑决策的正确性,并查明物流成本节约或超支的主、客观原因,确定其责任归属,对物流成本责任单位进行相应的考核和奖惩。通过物流成本分析,为日后的物流成本控制提出积极改进意见和措施,进一步修订物流成本控制标准,改进各项物流成本控制制度,从而达到降低物流成本的目的。

2. 物流成本控制的基本程序

(1)制定成本标准。物流成本标准是物流成本控制的准绳,是对各项物流成本开支和资源耗费所规定的数量限度,是检查、衡量、评估实际物流服务成本水平的依据。物流成本标准包括物流成本计划中规定的各项指标,这些指标通常都比较综合,不能满足具体控制的要求,这就必须规定一系列具体的标准。确定这些标准可以采用计划指标分解法、预算法、定额法等。在采取这些方法确定物流成本标准时,一定要进行充分的调查研究和科学计算,同时还要正确处理物流成本指标与其他技术经济指标的关系(如和质量、生产效率等的关系),从完成企业的总体目标出发,经过综合平衡,为防止片面性,必要时还应进行多种方案的择优选用。

(2)监督物流成本的形成。根据控制标准,对物流成本形成的各个项目,经常地进行检查、评比和监督,就形成了监督物流成本。不仅要检查指标本身的执行情况,而且要检查和监督影响指标的各项条件,如物流设施设备、工具、工人技术水平、工作环境等,所以物流成本控制要与企业整体作业控制等结合起来进行。

物流相关费用的控制不但要有专人负责,而且要使费用产生的执行者实行自我控制,还应当在责任制中加以规定。只有这样,才能调动全体员工的积极性,使成本的控制有群众基础。

(3)及时揭示并纠正不利偏差。揭示物流成本差异即核算确定实际物流成本脱离标准的差异,分析差异的成因,明确责任的归属。针对物流成本差异发生的原因,分析情况的轻重缓急,提出改进措施,加以贯彻执行。对于重大差异项目的纠正,一般采用以下几个步骤。

第一,提出降低物流成本的课题。从各种物流成本超支的原因中提出降低物流成本的课题。这些课题首先应当是那些成本降低潜力大、各方关心、可能实行的项目。

提出课题的要求，包括课题的目的、内容、理由、根据和预期达到的经济效益。

第二，讨论和决策。课题选定以后，应发动有关部门和人员进行广泛的研究和讨论。对重大课题，可能要提出多种解决方案，然后进行各种方案的对比和分析，从中选出最优方案。

第三，确定方案实施的方法、步骤及负责执行的部门和人员。第四，贯彻执行确定的方案，在执行过程中也要及时加以监督检查。方案实现以后，还要检查其经济效益，衡量是否达到了预期的目标。

第三节　物流质量管理

一、物流质量管理概述

（一）物流质量的概念

物流质量是供应链上一个满足客户要求的环节，是物流服务满足客户要求的特性。物流质量是物流产品（对象）质量、物流服务质量、物流工作质量以及物流工程质量的总和。

1. 物流产品（对象）质量

物流对象是具有一定质量的实体，即有合乎要求的等级尺寸、规格、性质、外观。这些质量是在生产中形成的，物流过程主要在于转移和保护这些质量，把商品完好地交给客户，从而实现对客户的质量保证。

2. 物流服务质量

物流具有很强的服务性质，提高物流服务质量是物流管理的主要目标。物流服务质量因客户要求不同而各异，因而必须了解和掌握客户对物流服务的要求，主要包括：商品质量的保持程度；流通加工对商品质量的提高程度；批量及数量的满足程度；配送额度、间隔期及交货期的保证程度；配送、运输方式的满足程度；成本水平及物流费用的满足程度；相关服务（如信息提供、索赔及纠纷处理）的满足程度。

3. 物流工作质量

物流工作质量指物流各环节、各工种、各岗位的具体工作质量。物流工作质量和物流服务质量是两个有关联但又不大相同的概念，物流服务的质量取决于各个具体工作的质量。所以，物流工作质量是物流服务质量的某种保证和基础。重点抓好物流工作质量，物流服务质量就有一定程度的保证。

4. 物流工程质量

物流工程是支撑物流活动的工程系统。物流质量不但取决于工作质量，而且取决于工程质量。在物流过程中，把对产品质量产生影响的各因素（人的因素、体制的因素、设备因素、工艺方法因素、计量与测试因素、环境因素等）统称为"工程"。很明显，提高工程质量是进行物流质量管理的基础工作，能提高工程质量，就能做到"以预防为主"的质量管理。

（二）物流质量管理的概念及特点

物流质量管理是用一定的质量标准对物流质量进行控制。物流质量管理的目的是在成本尽可能低的前提下，向客户提供尽可能高的物流服务质量。

物流质量管理主要有以下三个特点：第一，管理的对象全面。物流质量管理不仅管理物流对象本身，而且还管理工作质量和工程质量，最终对成本及交货期起到管理作用，具有很强的全面性。第二，管理的范围全面。物流质量管理对流通对象的包装、装卸搬运、储存、运输、配送、流通加工等若干过程进行全过程的质量管理，同时又是对产品在社会再生产过程中进行全面质量管理的重要一环。在这一过程中，必须一环不漏地进行全面管理才能保证最终的物流质量，达到目标质量。第三，全员参加管理。物流质量取决于有关环节的所有部门和所有人员，绝不是依靠某个部门和少数人就能搞好的，必须依靠相关环节中各部门和广大职工的共同努力。物流管理的全员性是由物流的综合性及物流质量问题的重要性和复杂性决定的，反映了质量管理的客观要求。

二、物流质量管理的主要指标

（一）服务水平指标

满足顾客的要求需要一定的成本，并且随着顾客服务达到一定的水平时，再想提高服务水平时，企业往往要付出更大的代价，所以企业出于利润最大化的考虑，往往只满足一定的订单，由此便产生了服务水平的指标。由此可见，服务水平越高，企业满足订单的次数与总服务次数之比就越高。

（二）物流吨费用指标

物流吨费用指标即单位物流量的费用（元/吨），该指标比同行业的平均水平低，说明运送相同吨位货物费用较低，则此公司拥有更高的物流效率，其物流质量较高。

（三）交货期质量指标

交货期质量指标衡量的是满足交货的时间因素的程度，即实际交货和规定交货期相差的日数（天）或时数（时）。

（四）满足程度指标

服务水平指标衡量的是企业满足订单的次数的频率，但由于每次订货数量的不同，所以仅以此来衡量是不完全的，于是就产生了满足程度指标，即企业能够满足的订货数量与总的订单的订货数量之比。

（五）商品完好率指标

保持商品的完好程度对于客户来说是很重要的，即交货时完好商品量或缺损商品量与总交货商品量的比率。例如，宝洁公司在进入中国市场初期，其货物都是通过铁路运输的，由于中国缺乏专业的物流公司，因而其商品完好率很低。也可以用"货损货差赔偿费率"来衡量商品的破损给公司带来的损失，对一个专业的物流公司来说，由于自身的服务水平有限导致商品的破损，要付出一定的赔偿金额，这部分金额占同期业务收入总额的比率即是"货损货差赔偿费率"。

（六）交货水平指标

时间的准确性对于物流来说，是衡量其质量的重要方面，因此建立交货水平指标也很重要。它是指按期交货次数与总交货次数的比率。

三、提高物流质量管理的路径选择

（一）准确把握客户的需求

客户的需求满足与否是衡量物流质量管理的一项重要指标，因此物流企业必须要予以重视。客户的需求包括公司内部客户需求和公司外部客户需求。物流过程涉及的公司内部运营部门和人员，都是物流服务供应环节的内部客户，必须了解他们对公司执行具体物流合同的需求。不能因为他们是内部人员，就理所当然地认为他们的作业质量达到合格标准。对公司的外部客户，要定期调查他们的质量要求，定期监测市场的变化。另外，了解竞争对手的状况，把握竞争对手的质量执行标准，也可以使企业对整体的市场质量标准有充足的认识。当以竞争对手的质量标准为参考时，可以节省同等级物流质量标准的支出。

（二）物流标准与物流成本的均衡

物流企业不可能不计成本地维持高质量的物流服务水准。经过客户需求与物流运作成本比较后，对于不同成本的物流质量实行差别化对待，以合适的资源对应合适的客户，实现正确的质量要求。

（三）物流质量过程的控制

在物流运作过程中，控制物流质量是物流系统管理的关键，对于物流运行时间、物流活动所需资源和物流作业人员进行有效地控制，才能最终控制物流质量的具体过程。

（四）利用物流信息工具提高物流质量

第一，通过数据库和管理信息系统（MIS）掌握物流质量的实时状态；第二，在物流作业过程中，采用电子订货系统（EOS）、物料需求计划（MRP）、全球定位系统（GPS），在码头和仓库中安装电子监控系统，提高对物流质量事故的快速反应能力。

第四节　物流战略管理

物流战略管理是指通过物流战略设计、战略实施、战略评价与控制等环节，调节物流资源、组织结构等，最终实现物流系统宗旨和战略目标的一系列动态过程的总和。在物流发展中，物流战略管理具有重要作用和意义，随着我国物流行业的不断发展，加强物流战略管理是必然选择。

一、物流战略概述

（一）物流战略的目标

1. 改进服务

战略通常认为企业收入取决于所提供的物流服务水平。尽管提高物流服务水平将大幅度提高成本，但收入的增长可能会超过成本的上涨。要使战略有效果，应制定与竞争对手截然不同的服务战略。

2. 减少资本

减少资本是指战略实施的目标使物流系统的投资最小化。该战略的根本出发点是投资回报最大化。例如，为避免进行存储而直接将产品送达客户，放弃自有仓库选择公共仓库，选择适时供给的办法而不采用储备库存的办法，或者是利用第三方供应商提供物流服务。与需要高额投资的战略相比，这些战略可能导致可变成本增加，但投资回报率可能会得以提高。

3. 降低成本

降低成本意味着战略实施的目标是将运输和存储相关的可变成本降到最低。通常要评价各备选的行动方案，如在不同的仓库位置中进行选择或者在不同的运输方式中进行选择，以形成最佳战略。服务水平一般保持不变，与此同时，需要找出成本最低的方案。利润最大化是该战略的首要目标。

（二）物流战略的作用

1. 有效提升企业家素质

实施物流战略，使企业家能够集中精力于企业环境分析，思考和确定企业经营战略目标，战略思想、战略方针及战略措施等带有全局性的问题，造就一大批社会主义企业家和战略人才。

2. 促进企业的健康快速成长

通过制定战略规划可以使企业经营者对企业物流当前和长远发展的经营环境、经营方向和经营能力，有一个全面正确的认识，全面了解企业自身的优势和劣势、机会和威胁，做到"知己知彼"，采取相应办法，从而不失时机地把握机会，利用机会，扬长避短，求得生存和发展。

3. 增强管理活力，降低经营风险

实行战略管理，就可以围绕企业经营目标进行组织等方面的相应调整，理顺内部的各种关系；还可以顺应外部的环境变化，随时审时度势，正确处理企业目标与国家政策、产品方向与市场需求、生产与销售、竞争与联合等一系列的关系。

4. 明确企业生产经营的目的

管理学中有一个公式：工作成绩＝目标×效率。西方学者认为"做对的事情"要比"把事情做对"重要。因为"把事情做对"是个效率问题，而从一开始就设立正确目标，"做对的事情"才是真正的关键。战略规划就像战争中的战略部署，在开战之前，就基本决定了成败。从而中国古代兵书有"运筹帷幄，决胜千里"之说。制定战略规划，就使企业有了发展的总纲，有了奋斗的目标，就可以进行人力、物力、财力以及信息和文化等资源的优化配置，创造相对优势，解决关键问题，以保证生产经营战略目标的实现。

（三）物流战略的框架

1. 基础性战略

基础性战略的主要作用是为保证物流系统正常运行提供基础性的保障，包括以下几个方面：①政策与策略；②组织系统管理；③基础设施管理；④信息系统管理。

信息系统是物流系统中传递物流信息的桥梁。库存管理信息系统、配送分销系统、用户信息系统、EDI/Internet数据交换与传输系统、电子资金转账系统（EFT）、零售销售点终端（POS）信息系统等都对提高物流系统的运行起着关键的作用，所以，必须从战略的高度进行规划与管理，才能保证物流系统高效运行。

2. 结构性战略

结构性战略的内容包括渠道设计和网络分析。渠道设计是供应链设计的一个重要内容，包括重构物流系统、优化物流渠道等。通过优化渠道，企业能够提高物流系统的敏捷性和响应性，使供应链的物流成本最低。网络分析是物流管理中另一项重要的战略工作，它为物流系统的优化设计提供参考依据。网络分析的内容主要包括：①物流信息传递及信息系统的状态分析。它是指通过分析，提高物流信息传递过程的速度，增加信息反馈，提高信息的透明度。②库存状况的分析。它是指通过对物流系统不同环节的库存状态分析，找出降低库存成本的改进目标。3运输方式和交货状况的分析。它是指通过分析，使运输渠道更加合理化。④合作伙伴业绩的评估和考核。⑤用户服务的调查分析。它是指通过调查和分析，发现用户需求和获得市场信息反馈，找出服务水平和服务成本的关系。

3. 全局性战略

物流管理的最终目标是满足用户需求，因此用户服务应该成为物流管理的最终目标，即全局性战略目标。良好的用户服务可以提高企业的信誉，使企业获得第一手市场信息和用户需求信息，增加企业和用户的合力并留住顾客，从而使企业获得更大的利润。

物流企业想要真正实现用户服务的战略目标，一个关键就在于建立科学有效的用户服务的评价指标体系，如平均响应时间、订货满足率、平均缺货时间、供应率等。虽然目前对于用户服务的指标还没有统一的规范，对于用户服务的定义也不同，但企业可以根据自己的实际情况建立提高用户满意度的管理体系，通过实施用户满意工程，全面提高用户服务水平。

4. 功能性战略

功能性战略的内容包括：①运输管理，如运输工具的使用与调度；②仓库管理，如仓库的作业管理等；③物料管理，如采购与供应、库存控制的方法与策略等。

二、物流战略管理过程

物流战略管理就是依据企业外部环境和内部资源的状况及其变化制定物流发展战略，实施物流发展战略，并根据对实施过程与结果的评价和反馈来调整制定新的物流发展战略的过程。

第一步，进行战略环境分析。战略环境分析就是为战略制定提供基础条件，使现代企业的物流发展目标与环境变化和现代企业资源能力实现动态平衡，一般包括外部环境分析和企业资源评价。

第二步，根据战略环境和企业自身情况设计与选择战略。选择战略目标和优选战略方案是一个完整的系统分析过程，主要包括四个要素：确定现代企业的经营领域；寻找现代企业竞争优势；决定现代企业战略方案；设立评价战略方案的标准。

第三步，根据前两步制定政策。战略的全部含义要由指导战略实施的详细政策来进一步阐明，政策可以看成是指导人们实施战略的纲要。

第四步，根据战略需要适当地调整组织结构。现代企业物流发展战略必须通过组织去贯彻执行，所以必须建立有效的组织结构。调整组织结构主要是解决组织的集权化问题、专业化问题等刚性问题。

第五步，战略实施。战略实施是未来贯彻执行已制定的物流发展战略所采取的一系列措施和活动。

三、物流发展的主要战略及其实施途径

（一）物流发展的主要战略

1. 专业化战略

专业化战略就是要把物流独立出来，建立自己的物流体系，企业的专业化物流不仅为自己的物资资源服务，而且对外进行营业服务。专业化的物流系统要求企业有自己的配送中心、服务团队、配送工具以及强有力的领导核心和良好的企业形象等。对于生产型企业来说，走专业化物流战略的企业一般要求实力雄厚，同时物流成本占企业成本的比例较大。

2. 系统化战略

企业的物流活动一端连接着生产，一端连接着消费，是一个复杂的系统，物流系统是由物流人员、物流设施、待运物资和物流信息、生产企业、消费者等要素构成的具有特定功能的有机整体。物流系统化既不是要将全国的物流构成一个总的系统，也不是按照区域规划将区域内、区域间的物流构成一个总的系统，而是作为微观物流组织者的生产、流通企业进行物流系统革新的总目标，即要将生产，流通企业的包装、装卸、运输、储存、配送、流通加工、物流信息这些以前分开管理的物流活动作为一个总体系统来构造、组织和管理。随着市场竞争的加剧，各企业间已经转变成既竞争又合作的关系，这就为物流系统化打下了基础。

3. 信息化战略

信息化是降低物流成本，实现物流增值的关键，也是现代企业有效运作和参与市场竞争的最重要的基础环节。物流管理在很大程度上是对信息的处理，如物资订单、采购、销售、存储、运输等物流活动的信息管理和传送，也包括对物流过程中的各种决策活动，如进销存、供应商的遴选、顾客分析、顾客服务审计等提供决策支持，并对其实地情况进行监控，以便采取优化资源的措施，大大降低了生产成本，提高生产效率，增强企业竞争优势。

4. 国际化战略

企业物流发展需要从全球范围和国际化的高度进行思考，确立国际化战略。首先是供应链的全球化，这种全球化是供应链外延的扩展，即将全球有业务联系的供应商、生产商、销售商看成是一条供应链上的成员，这就要求企业间的相互协作更加紧密，要求在满足不同地区消费者的多样化需求上不断提升供应链综合物流管理的协调能力。其次是组织全球物流，要求物流的战略构造和总体控制必须集中，以获得全球的成本最优；顾客服务的控制与管理必须本地化，以适应特定市场的需要。

(二) 物流战略的实施途径

1. 拓展战略渠道，培养专业人才

必须加强宣传引导，使人们具有认识物流、接受物流的理念。加强理论研究和实践探索，使物流的理论知识与社会的实践活动有机结合起来。加强人才培养，造就一大批熟悉物流运作规律并有开拓精神的管理人员和技术专家。政府部门、广大企业应加强与科研院校、咨询机构、社团组织的联系，充分发挥他们在理论研究和人才培养方面的优势，共同推动我国企业物流的发展。

2. 创造政策条件，营造良好市场环境

认真研究并制定支持、促进我国现代企业物流发展的政策与措施，努力创造公平竞争、规范有序的市场环境；努力建设规范的物流市场竞争机制，采取有效措施努力改变系统内的部门、条块分割状况，适当开放物流市场；根据WTO的要求，按国际惯例建立物流市场竞争机制；加强物流行业协会的建设，发挥其桥梁纽带作用。

3. 加强物流设施建设，提高行业技术水平

企业物流发展必须紧紧依靠技术进步，积极配合有关部门抓紧制定既适合我国特点，又与国际的物流技术标准接轨，为提高企业物流系统的效率创造技术条件。积极研制开发运输、装卸、仓储、包装、条码和标志印刷、信息管理等物流技术装备，提高了企业各物流环节的技术含量。

4. 完善物流管理体系，加强管理创新

现代企业要积极引导和改变传统的物流管理观念和方式，从而降低物流成本和提高售后服务质量为目标，用系统的方法分析及重组企业物流业务，优化企业供应链管理，实现企业物流系统整体成本最小，效益最大的目标。通过推行企业物流管理创新，促进企业物流健康发展，增加对社会物流服务的有效需求。

第四章 第三方物流

第一节 第三方物流的基础认知

进入21世纪,随着现代物流业的迅猛发展,国内的物流公司如雨后春笋般涌现,进而形成了第三方物流产业。相比传统的物流公司,第三方物流更专业化,综合成本更低,配送效率更高,已经成为了国际物流业发展的趋势、社会化分工和现代物流发展的方向。

一、第三方物流的定义

（一）国外对于第三方物流的定义

第三方物流的概念来源于国外。在1988年美国物流管理委员会的一项顾客服务调查中,首次提出了"第三方服务提供者"的说法,在1989年发表的后续研究成果中,对用户服务活动进行了新的探讨,这一说法得到重视和普遍应用。但至今为止,国外对"第三方"这一术语也并未给出明确的统一定义。

有的学者从服务提供者的角度将第三方物流定义为"拥有一定技术和专业知识,提供如交通、运输管理、承运人管理、仓储、配送等物流活动中部分或者全部环节的服务,从而满足客户需求的第三方公司"。有的学者认为第三方物流是一种关系,认为第三方物流是"货主和第三方公司之间的一种关系,和传统的基础服务相比,提供更加广泛的、为客户定制的服务,其特点表现为一种长期的,互利的关系"。

美国的有关专业著作将第三方物流提供者定义为"通过合同的方式确定回报,承担货主企业全部或一部分物流活动的企业"。所提供的物流形态可以分为与运营相关的服务,与管理相关的服务以及两者兼而有之的服务三种类型。无论哪种形态都必须高于过去的公共运输业者和契约运输业者所提供的服务。

日本的一些著作对第三方物流有两种解释:一种解释是,第三方物流是指为第一方生产企业和第二方消费企业提供物流服务的中间服务商组织的物流运作;另一种解释是,第三方物流是指为客户提供包括物流系统设计规划、解决方案以及具体物流业务运作等全部物流服务的专业物流企业运作的物流业务。

美国物流管理协会于2002年10月1日公布的《物流术语词条2002升级版》的解释是:第三方物流是将企业的全部或部分物流运作任务外包给专业公司管理经营,而这些能为顾客提供多元化物流服务的专业公司称第三方物流提供商。它们的存在加速原材料和零部件从供应商向制造商的顺畅流动,更为产成品从制造商向零售商的转移搭建了良好的平台。它们所提供的集成服务涵盖了诸多业务,如运输、仓储、码头装卸、库存管理、包装、货运代理等。

(二)国内对第三方物流的定义

"第三方物流"这一术语于20世纪90年代中期传到我国。目前,国内学术界和实务界对这一概念的理解也不尽相同。

国内一些学者从对外委托的角度来分析第三方物流,进而明确分析第三方物流的概念,认为第三方物流形态与目前我们所了解的物流形态是有区别的,而且区别的关键点在于以什么方式提供物流服务,提供什么样的物流服务。"第三方物流"取决于企业物流的对外委托形态,即由货主企业以外的专业企业代替其进行物流系统设计并对系统运行承担责任的物流形态才是真正意义上的"第三方物流"。这种观点认为,第三方物流与传统的对外委托有着重要的不同之处。传统的对外委托形态只是将企业物流活动的一部分,比如货物运输、货物保管交由外部的物流企业去做,而库存管理、物流系统设计等物流管理活动以及一部分企业内物流活动仍然保留在本企业。同时,物流企业是站在自己物流业务经营的角度,接受货主企业的业务委托,以费用加利润的方式定价,收取服务费。那些能够提供系统业务的物流企业,也是以使用本企业的物流设施、推销本企业的经营业务为前提,而并非是以货主企业物流合理化为目的设计的物流系统。而第三方物流则是站在货主的立场上,以货主企业的物流合理化为设计物流系统和系统运营管理的目标,并且,第三方物流企业不一定要确保有物流作业能力,也就是说可以没有物流设施和运输工具,不直接从事运输、保管等物流作业活动,只是负责物流系统设计并对物流系统运营承担责任。具体的物流作业活动可以采取对外委托的方式由专业的运输、仓储企业等去完成。第三方物流企业的经营效益是直接同货主企业的物流效率、物流服务水平和物流系统效果紧密联系在一起的。

国内也有学者将第三方物流分为广义的第三方物流概念和狭义的第三方物流概念。广义的第三方物流是指为商品买卖双方之外的第三方提供物流服务的形式。按照这种理解,无论是买方承担的物流还是卖方承担的物流都不是第三方物流,除此之外的任何一方承担的物流都是第三方物流。实际上，广义的第三方物流是相对于自营物流而言的。狭义的第三方物流是以物流服务或物流交易为参照，主要有两种表述。一种是指物流的实际需求方（假定为第一方）和仓储运输等基础物流服务的供给方（假定为第二方）之外的第三方向第一方提供部分或全部物流服务的物流运作模式。另一种是指由物流劳务的供方、需方之外的第三方去提供物流交易双方的部分或全部物流功能的物流运作模式。虽然不同学者对于狭义的第三方物流的认定标准基本一致，但在概念解释理论和实际运作方面还存在一些差异。

2001年4月17日由国家质量技术监督局发布，并于2001年8月1日实施的国家标准《物流术语》对第三方物流给出的定义是：第三方物流是由供方与需方以外的物流企业提供物流服务的业务模式。《物流术语》国家标准于2006年12月获国家标准化管理委员会批准发布，并于2007年5月起正式实施。《物流术语》对第三方物流给出的定义是：独立于供需双方以外为客户提供专项或全面的物流系统设计或系统运营的物流服务模式。这主要是指在物流渠道中，由中间商以合同的形式在一定期限内向供需企业提供所需要的全部或部分物流服务。第三方物流企业在货物的实际供应链中并不是一个独立的参与者，而是代表发货人或收货人，通过提供一整套物流活动来服务供应链。第三方物流企业本身不拥有货物，而是为其外部客户的物流作业提供管理、控制和专业化服务的企业。由此可见，这两个国家标准给出的是广义的第三方物流定义，是以商品交易为参照的。

二、第三方物流的兴起与发展

1. 第三方物流兴起的原因

第三方物流是随着物流发展而产生的一种物流专业化的管理方式，是企业物流业务外包的重要形式，它的兴起源于以下几方面的原因。

（1）企业竞争环境不断变化

20世纪90年代以来，科学技术不断进步，全球经济不断发展，全球信息网络和全球化市场逐步形成，技术变革速度不断增快，消费者需求越来越多样化，这使得企业竞争环境越来越复杂。围绕新产品的市场竞争日益激烈。技术进步和需求多样化使产品生命周期不断缩短，企业面临着缩短交货期，提高产品的质量，降低成本和改进服务的压力，所有的这些都要求企业对不断变化的全球化市场做出快速反应，源源不断地开发出满足用户需求的定制的"个性化产品"去占领更大的市场，但也可能因为竞争失利而被市场淘汰，企业面临着日益激烈和日益残酷的市场竞争。

（2）企业越来越关注核心竞争力

随着市场竞争的日益加剧，各生产企业为了在严峻的市场竞争环境中生存发展，必须提高资源配置效率，以赢得竞争优势。由于任何企业所拥有的资源都是有限的，不可能在所有业务中都存在竞争优势，因此必须将企业有限的资金、人力、物力等都投入到其核心业务中，寻找企业化分工协作带来的效率和效益的最大化。专业化分工的结果导致许多非核心业务从企业的生产经营活动中分离出来，委托给其他企业完成,物流业务便是其中一项。生产企业将物流业务委托给第三方专业公司负责,这样既可以集中精力发展自身核心竞争力,又能利用物流服务商的优势来降低物流成本。

(3) 管理理念的不断创新

20世纪90年代以来,信息技术不断发展,社会分工日益细化,这推动了管理思想理念和技术的不断更新,由此产生了供应链、虚拟企业等一系列新型管理理念和思想,既增加了物流活动的复杂性,又对物流活动提出了零库存、准时制、快速反应等一系列更高的要求,使一般企业难以承担此类业务,因而对专业化物流服务的需求越来越强烈。在这种环境下,第三方物流的思想产生。该思想不仅满足了企业对物流个性化服务的需求,也实现了进出物流的整合,提高了物流服务质量,加强了对供应链的全面控制和协调,促使供应链达到整体最佳。

(4) 信息技术的不断发展

信息技术是第三方物流产生和发展的基础,第三方物流服务是建立在现代电子信息技术基础上的电子物流。第三方物流企业利用电子化的手段,尤其是利用互联网技术来完成物流全过程的协调、控制和管理,实现从供应链网络最前端到终端客户的所有中间过程服务,最显著的特点是各种软件技术与物流服务的融合应用。物流服务过程中,信息技术的发展实现数据的快速、准确的传递,提高了仓库管理、装卸运输、采购、订货、配送发运、订单处理的自动化水平,使订货、包装、保管、运输、流通、加工实现一体化,供应链节点企业可以更方便地使用信息技术与第三方物流企业进行交流与协作,企业间的协调和合作有可能在短时间内迅速完成,这就使得客户企业可以随时了解自身物流情况,因而放心地把自身物流业务交由第三方管理。

(5) 综合物流业务的需求

随着经济自由化和贸易全球化的发展,越来越多的企业基于成本和服务水平的考虑,倾向于将其大部分物流业务委托给专业的物流服务提供商。另外,物流企业间的竞争日益激烈,这促使其不断扩展物流服务内涵和外延,物流也越来越呈现出一种高度专业化、综合化的趋势。这是自用物流无法达到的,因此发展第三方物流成为必然趋势。

2. 第三方物流的发展历史

Chrisoula 和 Douglas(1998)按照第三方物流所提供的服务类型、实时控制的水平以及在企业战略重要性等方面所扮演的角色,将第三方物流的发展分为五个阶段,分别为导入期、知晓期、需求期、整合期和差别化期。

(1) 导入期

20世纪初到50年代晚期为第三方物流的导入期。在导入期,第三方物流的观念刚刚萌芽,只有当第三方物流公司具有显著成本优势或运输紧张时,企业才考虑采用第三方物流服务,并且在该时期,第三方物流企业所提供的物流服务比较单一。

(2) 知晓期

20世纪50年代晚期到60年代中期为第三方物流发展的知晓期。在知晓期,第三方物流观念得以流行,企业开始考虑采用第三方物流公司作为存货控制和成本削减的替代选择，以提高企业竞争力，增加企业利润。但是第三方物流仍未引起企业界对缺乏物流控制权的担忧。该时期，第三方物流公司提供独立服务。

（3）需求期

20世纪60年代中期到70年代晚期是第三方物流发展的需求期。在需求期，重要市场和法律的变更增加了产品配销的复杂度，导致有配销专长的第三方物流公司的协助成了企业的必需。第三方物流的观念开始得到企业界的认可与采纳。在该时期，第三方物流企业提供集成服务。

（4）整合期

20世纪70年代晚期到80年代晚期为第三方物流发展的整合期。在整合期，第三方物流的观念吸引了越来越多的公司，国际化以及分销渠道的复杂性增加等因素使企业转向第三方物流。在该时期，第三方物流公司提供综合服务。

（5）差别化期

20世纪80年代晚期到90年代晚期为第三方物流的差别化期。在差别化期，第三方物流的观念被认为是企业核心竞争力方向的一个区分器，国际化的趋势以及日益重要的伙伴和联盟关系，使得企业将第三方物流作为增加竞争力的必需功能，以支持企业使命。在该时期，第三方物流提供组合服务。

三、第三方物流的特征

1. 关系契约化

第三方物流是通过契约形式来规范物流经营者和物流消费者之间关系的。物流经营者根据契约的要求，提供多功能直至全方位一体化物流服务，并以契约来管理所有提供的物流服务活动及其过程。其次，第三方物流发展物流联盟也是通过契约的形式来明确各物流联盟参加者之间权责利关系的。第三方物流服务的用户与经营者间的战略联盟要求打破传统业务束缚，彼此之间信息更加透明，从"业务关系"转变为"伙伴关系"。这种关系可以帮助参与各方实现共赢，是提高系统可靠性、改善服务质量以及提高工作效率的保证。

2. 服务个性化

现代第三方物流企业一般都是站在货主的立场上，以货主企业的物流合理化为目标来设计和运行物流系统。不同行业、不同企业的物流服务需求方的业务流程各不相同，这就要求第三方物流根据不同物流服务需求方在企业形象、业务流程、产品特征、顾客需求特征、竞争需要等方面的不同要求，提供针对性强的个性化物流服务和增值服务。其次，从事第三方物流的物流经营者也因为市场竞争、物流资源、物流能力的影响需要形成核心业务，不断强化所提供物流服务的个性化和特色化，以增强物流市场竞争能力。所以，从服务的内容上看，个性化的物流服务是指物流企业从客户的具体需求出发，选择和整合仓储、运输、包装、配送、信息处理、流通加工等物流基本活动和增值活动；从技术层面上看，物流服务的个性化体现在根据物品在价值、密度、形状、易腐性、危险性等方面的性状，选择适宜的运输工具、运输路线、堆放方式和包装方法等。个性化物流服务的实质是物流企业在合理的利润水平条件下，实现客户"满意度"最大化。与传统物流活动相比，现代物流的最大革新不在于服务内容的拓展，而在于物流管理理念的确立和物流运作方式的变化。

3．功能专业化

第三方物流所提供的是专业的物流服务。从物流设计、物流操作过程、物流技术工具、物流设施到物流管理必须体现专门化和专业水平，这既是物流消费者的需要，也是第三方物流自身发展的基本要求。第三方物流功能专业化主要体现在：建立门对门的服务方式；以市场需求为导向提供专业化物流服务；建立先进的物流信息系统和运作网络；建立高素质的专业人才队伍等。

4．信息网络化

现代第三方物流的一个最大特点是依托信息化网络技术，对国内外物流资源进行组合，以最少的投入取得最佳的经济效益。信息技术是第三方物流发展的基础和必要条件，具体表现为物流信息的商品化、物流信息收集的数据化和代码化、物流信息处理的电子化和自动化、物流信息传递的标准化和实时化、物流信息储存的数字化等。信息化能更好地协调生产与销售、运输、储存等各环节的关系。

5．管理系统化

第三方物流应具有系统的物流功能，这是第三方物流产生与发展的基本要求，第三方物流需要建立现代管理系统才能满足运行和发展的基本要求。从系统的角度看，物流系统的组成要素包括软件要素、硬件要素、人员要素以及信息技术要素等等。

四、第三方物流的优势

第三方物流是经济发展和社会分工的产物，自产生以来便以其独特魅力受到了企业青睐，很多企业将自身物流业务外包给第三方，从而节省物流成本，提高物流效率及物流服务水平。第三方物流之所以受到各方面高度关注，也是因为其本身具有一定优势。第三方物流的优势主要表现在以下几个方面。

1．规模效益优势

第三方物流企业引入多客户运作，集中多家客户的物流业务于一身，也就是在多客户间共享资源，这样便可以充分利用企业的物流设施、人力、物力、财力等多种资源，采用专用设备、设施等，形成规模效用，降低成本，提高运作效率。

2．专业化优势

第三方物流企业一般都是专业化物流企业，其具有高水平运作技能，因为其业务量大，物流作业可以实现专业化，从而降低成本，提高物流服务水平。

3．信息优势

第三方物流，尤其是非资产性第三方物流，其运作主要依靠信息优势，具备了信息优势，才能比货主（外包物流服务人和收货人）更了解市场行情、物资资源的分布和流向、相关制度和政策等。第三方物流的信息优势还来自由它组织运作的物流系统，这种优势主要针对客户变化的需求，客户不可能就每一次临时的需求变化都建立自己的信息优势，所以，这时就需要依靠第三方物流。

4. 系统协调优势

系统协调是指第三方物流企业在其占有的供应商群及其各自的客户群中进行的协调活动，这样的系统协调可以提高运作效率，降低运作成本。

5. 服务优势

第三方物流不仅可以为企业节约成本，还能提高客户服务水平，使得企业获得竞争性战略优势。因为第三方物流能够根据客户特点和需求提供定制化物流服务。第三方物流与客户之间的关系是合作共赢关系，这种共赢观念，是服务伙伴建立的前提，也是形成服务优势的重要条件。现在，企业越来越关注客户服务水平，客户服务是推动第三方物流成长的驱动力，优质的客户服务水平也是第三方物流具备的优势。

五、第三方物流企业的类型

1. 根据第三方物流的客户数量和服务内容的集成度分类

根据第三方物流的客户数量和服务内容的集成度分类，可将第三方物流企业分为以下四种类型。

（1）针对少数客户提供低集成度物流服务的第三方物流企业

针对少数客户提供低集成度物流服务的第三方物流企业可能存在两种情况。一种是成长阶段的物流企业。该阶段企业正处于发展初期，服务能力还不完善，能够提供的物流服务集成度有限。另一种情况是服务商的市场定位就是第一类的第三方物流企业。这些第三方物流企业的能力有限，只能为有限客户提供物流服务。

（2）同时为较多客户提供低集成度物流服务的第三方物流企业

目前很多第三方物流企业属于这一类型，如宝供物流、虹鑫物流等。这些物流企业同时为较多客户提供服务，但是服务集成度较低。从国内物流业的发展和国外实践来看，这类物流企业将成为未来物流市场的主流。

（3）针对少数客户提供高集成度物流服务的第三方物流企业

这是西方物流服务的典型形式。值得注意的是，在操作具体客户时，采用同客户共同投资新物流公司的形式，全面管理客户的物流业务，就这个新公司而言，就是专门为特定客户提供高集成度的物流服务的典型。这种高集成度的物流服务个性化很强，物流企业参与客户的运营程度很深，通常不适合大规模运作，即一家物流企业很难为多个客户提供高集成度的物流服务。

（4）同时为较多客户提供高集成度的物流服务的第三方物流企业

高集成性物流服务不适合大规模运作，具有很强的排他性，且市场需求不多，这使得同时为多家企业提供高集成性物流服务的第三方物流企业即使在西方发达国家也很少见。

2. 根据第三方物流企业提供的主要服务不同分类

按照国家《物流企业分类与评价标准》的规定,以及提供的主要服务功能的不同,可以将物流企业划分为以下三种类型。

（1）运输型物流企业

运输型物流企业拥有一定数量的运输设备,并具备网络化信息服务功能,可以利用信息系统对运输货物进行状态查询、监控。这类企业可以为客户提供门到门运输、门到站运输、站到门运输、站到站运输等一体化运输服务,从而实现货物运输为主的一体化物流服务。

（2）仓储型物流企业

仓储型物流企业拥有一定规模的仓储设施、设备、运输车辆、飞机等,拥有网络化信息服务功能,可以利用信息系统对货物进行状态查询、监控等。这类企业可以为客户提供货物存储、保管、中转等仓储服务,为客户提供配送服务为主,为客户提供商品经销、流通加工等增值服务。

（3）综合服务型物流企业

综合服务型物流企业自有或租用必要的运输设备、仓库等设施,具有一定运营范围的货物集散和分拨网络,拥有网络化信息服务的能力,应用信息系统对物流服务整个过程的信息进行状态查询和有效监控等。这类企业能够为客户提供运输、货运代理、配送等多种服务,并能为客户提供一类或几类产品契约性一体化物流服务,为客户制定整合物流资源的解决方案。

3. 根据第三方物流企业的核心能力和历史因素分类

根据第三方物流企业的核心能力和历史因素的不同,第三方物流企业可以分为资产型物流企业和非资产型物流企业。

（1）资产型物流企业

资产型第三方物流的资产有两种类型：第一种类型的资产是指从事实物物流活动,具有实物物流功能的资产,如机械设备、运输工具、仓库、港口、车站等；第二种类型的资产是指信息资产,包括信息系统硬件、软件、网络及相关人才等等。根据第三方物流所拥有的资产不同,又分为以提供运输服务为主的物流企业、以提供仓储服务为主的物流企业。

以提供运输服务为主的物流企业大都是大型运输公司的分公司,其主要的优势是利用母公司的运输资产（其资产包括车队、船队、飞机、仓库、装卸搬运机械等）提供综合性的物流服务。

以提供仓储服务为主的物流企业主要是过去从事公共或合同仓库与配送物流的供应商,它们以传统的业务为基础,进一步开展存货管理、仓储及配送等物流活动。对于拥有物流设施的公司来讲,它们转为综合物流服务更为容易。

（2）非资产型物流企业

这类企业不拥有（或租赁）物流资产,一般通过系统数据库和咨询服务来提供物流管理服务。它们提供人力资源和系统、专业管理顾客的各种物流功能。非资产型物流企业可分为：以提供货物代理为主的物流公司、以提供信息和系统服务为主的物流公司、提供物流增值服务为主的物流公司、第四方物流公司。

六、第四方物流

随着科学技术的不断进步，以及市场的逐渐统一，供应链中的很多供应商和大企业将物流业务外包给第三方物流服务商，以降低物流成本，提高物流效率。但价值全球化趋势使得供应链的网络范围不断扩展，而大部分第三方物流自身能力有限，在物流信息和技术等方面不能满足系统全面整合的需要，这使得第三方物流企业与咨询机构、技术开发商展开合作，以提高企业竞争力，以此，第四方物流产生。

1. 第四方物流的定义

第四方物流（Fourth Party Logistics，4PL）是1998年美国埃森哲咨询公司率先提出的，指专门为第一方、第二方和第三方提供物流规划、咨询、物流信息系统、供应链管理等活动的物流服务。第四方并不实际承担具体的物流运作活动，它是一个供应链的集成商，是供需双方及第三方物流的领导力量。它不是物流的利益方，而是通过拥有的信息技术、整合能力以及其他资源提供一套完整的供应链解决方案，以此获取一定的利润。它可以帮助企业降低成本和有效整合资源，并且依靠优秀的第三方物流供应商、技术供应商、管理咨询以及其他增值服务商，为客户提供独特和广泛的供应链解决方案。

2. 第四方物流的特征

（1）第四方物流提供一套完整的供应链解决方案

第四方物流有能力提供一整套完善的供应链解决方案，能够有效适应需方多样化和复杂化的需求，集成所有资源为客户提供完善的解决方案，是集成管理咨询和第三方物流服务的集成商。第四方物流和第三方物流不同，不是简单地为了企业客户的物流活动提供管理服务，而是通过对企业客户所处供应链的整个系统或行业物流的整个系统进行详细分析后提出具有指导意义的解决方案。第四方物流服务供应商本身并不能单独地完成这个方案，而是要通过物流公司、技术公司等多类公司的协助才能将方案得以实施。

第三方物流服务供应商能够为企业客户提供相对于企业的全局最优，却不能提供相对于行业或供应链的全局最优，因此第四方物流服务供应商就需要先对现有资源和物流运作流程进行整合和再造，从而达到解决方案所预期的目标。

①供应链再建。通过供应链的参与者将供应链规划与实施同步进行，或者利用独立的供应链参与者之间的合作提高规模和总量。供应链再建改变了供应链管理的传统模式，将商贸战略与供应链战略连成一线，创造性地重新设计了参与者之间的供应链，使之达到一体化标准。

②功能转化。第四方物流的功能主要有销售和操作规划、配送管理、物资采购、

客户响应以及供应链管理等。通过战略调整、流程再造、整体性改变管理和技术，使客户间的供应链运作一体化。

③业务流程再造。第四方物流将客户和供应商信息和技术系统一体化，把人的因素和业务规范有机结合起来，使整个供应链规划和业务流程能够有效地贯彻实施。

④开展多功能、多流程的供应链业务。第四方物流的范围远远超出传统外包运输管理和仓储运作的物流服务。企业可以把整条供应链全权交给第四方物流运作，第四方物流可为企业提供完整的服务。

（2）第四方物流通过对整个供应链产生影响来增加价值

第四方物流是通过对整个供应链产生影响的能力来增加价值的。第四方物流服务供应商可以通过物流运作的流程再造，使得整个物流系统的流程更合理、提高运作效率，从而使得整个供应链利益增加，之后第四方物流将产生的利益在供应链的各个环节之间进行平衡，使每个环节的企业客户都可以受益。

①利润增长。第四方物流的利润增长将取决于服务质量的提高、实用性的增加和物流成本的降低。因为第四方物流关注的是整条供应链，而非仓储或运输单方面的效益，因此其为客户及自身带来的综合效益会大幅增加。

②运营成本降低。第四方物流可以通过提高运作效率、增加流程和降低采购成本，即通过整条供应链外包达到节约的目的。流程一体化、供应链规划的改善和实施将使运营成本和产品销售成本降低。

③工作成本降低。第四方物流采用现代信息技术、科学的管理流程和标准化管理，使存货和现金流转次数减少，从而可望实现工作成本的大幅降低。

④资产利用率提高。客户通过第四方物流减少了固定资产的占用，提高了资产利用率，使客户通过投资研究设计、产品开发、销售与市场拓展等获得经济效益的提高。

3. 第四方物流与第三方物流的比较

第四方物流是在第三方物流不能满足客户日益增长的高质量要求、多方位物流需求的情况下产生的，它是现代物流管理运营模式的新发展，与第三方物流存在很大不同，主要表现在以下几个方面。

（1）服务目的不同

第三方物流的服务目的主要是降低了单个企业的物流运作成本，而第四方物流则要降低整个供应链的物流运作成本，提高整个供应链的物流服务能力。

（2）服务范围不同

第三方物流主要针对单个企业的采购物流或销售物流的全部或部分物流提供服务，而第四方物流为客户提供一整套完善的供应链解决方案。

（3）服务内容不同

第三方物流主要负责单个企业的采购或销售物流系统的设计、运作，比如物流信息系统、运输管理、仓储管理，以及其他增值服务等。而第四方物流着眼于企业的战略分析、业务流程重组、物流战略规划、衔接上下游企业的综合一体化物流方案。

（4）与客户的合作关系不同

第三方物流主要是一般合同关系、契约关系，而第四方物流与企业则是长期的战略合作关系，一般有较长期的合作协议。

（5）运作特点不同

第三方物流功能单一，专业化程度高，但集成化低。而第四方物流则是多功能，集成化高，物流单一功能运作的专业化低。

（6）服务对象不同

第三方物流的服务对象是各类型企业。而第四方物流的服务对象主要是大中型物流企业。

（7）服务支持不同

第三方物流主要提供运输、仓储、配送、加工、信息传递等增值服务。而第四方物流则侧重于企业物流系统的设计、管理、企业信息系统的搭建、综合物流业务运作技能，以及企业管理方式变革等等。

第二节　第三方物流的运作模式

运作模式是影响企业经营成败的重要因素，成功的运作模式不仅是企业盈利的基础，也是企业核心竞争力的体现。所谓第三方物流运作模式是指第三方物流企业为实现物流服务定位而建立的一整套运作体系，具体来说，就是其在实现物流服务的全过程中所涉及的软、硬件等一系列环节与手段的集合。

一、第三方物流企业运作的基本条件

（1）在供应链中至少拥有一个关键环节

第三方物流存在的必要条件是其在供应链中至少拥有一个关键环节，即在采购制造、装配或配送等某一个或多个领域具有核心能力。这表明企业有超越其他物流企业、为客户增值的能力。

（2）客户规模

第三方物流的客户在一定的地理范围内形成规模，具有规模经济的效用。

（3）信息处理能力

要想帮助客户管理供应链上的许多业务，第三方物流必须在相关的信息处理方面拥有较强大的能力，尤其是随着企业和供应链全球化的发展，第三方物流的客户在开发全球市场的销售和采购渠道时，更加需要第三方物流的支持。

（4）物流联盟

即第三方物流与其客户之间建立亲密、长期的合作关系。在物流联盟之中，如果合作双方基于理解客户物流需求而进行合作，共同设计和研究物流解决方案，同时这

种合作是建立在规范化的合作约束基础上，那么这样的关系会导致合作双方交易成本的大大减少，最终实现共赢。

（5）品牌建设

在市场经济条件下，品牌是第三方物流企业发展的基石，因为合约的不完备性容易导致交易成本较高，所以需求方往往选择信誉和服务质量好的第三方物流企业，以此降低交易的成本。

二、第三方物流企业运作模式分类

根据第三方物流企业的核心能力和历史因素分类，第三方物流企业可以分为资产型物流企业和非资产型物流企业。这两类物流企业的运作模式有所不同，下面将分别予以介绍。

1. 资产型物流企业的运作模式

资产型物流企业的运作模式主要有三种，即传统外包型物流运作模式、战略联盟型物流运作模式和综合型物流运作模式。

（1）传统外包型物流运作模式

传统外包型物流运作模式是比较低级的第三方物流企业运作模式，它是指生产制造业和商贸流通业分别以契约形式把自己部分或者全部物流业务外包给一家或多家第三方物流企业，第三方物流独立承包一家或多家企业的部分或全部物流业务。

这种模式以客户为中心，第三方物流企业通过契约承包物流业务，而物流流程及方案设计都由客户自己完成。目前，我国大多数物流业务就是采用这种模式，实际上这种模式和传统的运输、仓储并没有太大区别。该模式最大的缺点就是生产企业、销售企业与第三方物流企业之间缺少沟通的信息平台，会造成生产的盲目和运力的浪费或不足，以及库存结构的不合理。这种结构已经不能满足需求多变的物流客户的要求，将逐渐被淘汰。

（2）战略联盟型物流运作模式

战略联盟型物流运作模式是指由运输、仓储和信息经营者等以契约形式结成战略联盟。联盟内部可以信息共享，相互协作，优化资源，形成第三方物流网络系统。战略联盟中可以包括多家同地和异地的各类运输企业、场站、仓储经营者等。从理论上讲，联盟规模越大，可获得的总体效益就会越大。这种合作联盟的基础包括三点，分别是信息共享、技术共享和业务能力共享。通过共享可以实现资源的高效利用，降低整体运营成本，而且在联盟中有了从事信息服务的成员加入，可以更合理调度资源，减少运作的盲目性。

虽然战略联盟物流运作模式相较于第一种模式来说有了一定改善，但是也存在一定缺陷，例如，成员大多从自身利益出发，实行独立核算，存在"效益悖反"，在彼此利益不一致时，很难实现资源更大范围的优化。

（3）综合型物流运作模式

综合型物流运作模式是第三方物流发展的一种高级形式，是指组建综合物流公司或集团。综合物流公司将仓储、运输、配送、信息处理和其他一些物流的辅助功能集中在一起，大大扩展了物流服务范围，对上游的供应商可提供产品代理、管理服务和原材料供应等，对下游的经销商可全权代理为其配货和送货等业务。同时，综合型物流运作模式可以完成商流、信息流、资金流和物流的有效传递。

综合型物流项目必须进行整体网络设计，即确定每一种设施的数量、地理位置以及各自承担的工作。其中，信息中心的系统设计和功能设计以及配送中心的选址流程设计都是非常重要的工作。配送中心是综合物流的体现，它衔接物流运输、仓储等各环节，地位非常重要。现在综合型物流公司或集团的网络结构主要有两种：一是大物流中心加小配送网点的模式。该模式适合商家用户比较集中的小地域，选取一个合适地点建立综合物流中心，在各用户集中区建立若干小配送点或营业部，采取统一集货、逐层配送的方式。二是连锁经营的模式。在业务涉及的主要城市建立连锁企业，负责该城市以及周围地区的物流业务，地区间各连锁店实行协作。该模式适合地域性物流或全国性物流。

2．非资产型物流企业运作模式

非资产型物流企业的运作模式主要有两种，即综合物流代理运作模式、软件技术及信息服务型运作模式。

（1）综合物流代理运作模式

综合物流代理是第三方物流服务的高级运作模式，是由一家在物流管理经验、人才理念上均有一定优势的第三方物流企业，对供应链中的所有物流活动进行全权代理的业务活动。这种模式以物流过程管理为强项，不进行大的固定资产投入，将主要的成本部门及产品服务生产部门的大部分工作委托他人代理，注重自己的物流管理网络，实行特许代理制，将协作单位纳入自己的业务轨道，借助传统运力和资源，通过自己的组织和管理，整合优化资源，提高物流的服务质量。

（2）软件技术及信息服务型运作模式

这类企业主要是为客户提供个性化的物流系统流程设计及管理方案，或者为其定制物流管理软件，或者通过发达的信息网络系统，为客户及其他资产型物流企业提供及时、有效的物流信息。

第三节　第三方物流的决策与选择

一、第三方物流的决策

1. 第三方物流决策的必要性

经济及信息技术的不断发展造就了第三方物流，第三方物流对于供应链各环节都带来了极大的便利和好处，但同时也伴随着一些风险。同自营物流相比，第三方物流具有一定优势,但这种优势也是相对的,不是任何情况下都能体现出来。在现实中,物流运作模式有多种,并不是任何企业都适合采用第三方物流。第三方物流与自营物流都存在各自的优缺点。

(1) 自营物流

所谓自营物流模式就是企业自身经营物流业务,建设全资或是控股物流子公司,完成企业物流配送业务,即企业自己建立一套物流体系。自营物流主要是一些大型制造企业依据发展的需要,引进 JITT、ERP 等管理技术,整合企业的物流供应链,为提高企业的配送能力、市场反应速度及售后服务水平而构建的物流系统;另外还有一些资金雄厚和业务规模较大的商业企业及电子商务企业,为了实现控制物流供应链、降低成本和满足顾客多变的需求而投资组建的物流配送体系。

自营物流的优点主要包括:一是安全性高,即企业自营物流可以控制从采购、生产到销售的全过程,有效协调物流活动各环节,所有环节信息由自己掌握,不会有第三方物流企业触及,能够有效保护企业的商业机密。二是有效性强,即自营物流可以有效利用企业原来的资源,为企业开阔更多利润空间。但是自营物流也存在很多缺点,如投资多、风险大、增加企业管理难度等。

(2) 第三方物流

第三方物流服务可以使企业集中力量培养其核心能力,且有利于企业运营的柔化。物流外包有部分外包和第三方物流两种模式。部分物流外包是企业决策的短期行为,即在特定时期企业需借助外部物流能力,因而是临时性的购买第三方物流服务,以弥补企业自身不足的物流系统,其必然趋势是和合适的第三方物流进行长期的战略联盟型的合作。

使用第三方物流能够为企业带来一定利益,主要包括:一是企业可以集中精力于核心业务;二是企业可以减少固定资产投资,加速资本周转;三是企业可以获得更加专业、良好的物流服务,为顾客创造更多价值;四是第三方物流企业可以灵活运用新技术,实现以信息换库存,降低成本。但如果第三方物流选择不当,则同样会给企业带来一些弊端,如生产企业对物流的控制能力降低,客户关系管理风险,连带经营风险等。

可见,企业应该结合自身的经营特点进行第三方物流决策,即确定是否使用第三方物流,以及多大程度上使用第三方物流。

2. 第三方物流决策模型

第三方物流决策模型大体经历了三个阶段,即传统决策模型、现代二维决策模型和基于"战略-能力"思路的综合决策模型,其中,后一个决策模型都是对前一个决策模型的修正或者改进。

(1) 传统决策模型

传统决策模型依据的是企业是否有能力自营物流。如果企业有设备设施、资金、技术,那就可以自营物流。如果某项物流功能自营有一定困难就可以外包。

企业在进行这种自营与外包决策时,物流的总成本与顾客服务水平是次要考虑的，而首要考虑的因素是自身的能力。而且，通常的物流外包是企业向运输公司购买运输服务或向仓储企业购买仓储服务。这些服务都只限于一次或一系列分散的物流功能，而且需求是临时性的。物流公司不必按照企业独特的业务流程提供独特的物流服务，也就是说物流服务与企业价值链是松散的联系。

企业采用这种模型来进行第三方物流决策的主要原因包括：

①企业各职能部门的本位作风。企业各部门从局部利益出发，从本位出发，不希望物流外包给自身带来不必要的麻烦。如库存管理部门为避免缺货、方便管理，希望拥有自己的仓库；采购运输部门为了方便提货、配送，倾向于拥有运输设备；财务部门讨厌物流外包所导致的频繁的财务手续，因而偏向于企业自营物流；人事部门考虑到员工稳定与和谐关系更愿意企业不要把物流业务外包；生产部门为了方便生产、安排调度计划，不愿仓库地理位置不固定等。由于求人不自由，企业总是尽量采用自营物流的方式，然而这却削弱了企业的竞争力。

②企业缺乏对物流战略意义的认识。企业总是倾向于自营物流，是因为管理人员在对外购物流的理解上，缺乏对物流战略意义的认识，不清楚哪些物流功能的自营会对本企业的发展有战略影响。管理人员面对的是未知的技术、不可控的经济环境、服务提供方的易变性等一系列未能确定的因素，而这些不确定因素导致管理人员对决策的偏见。管理人员不清楚哪些是核心物流功能，缺乏对物流做战略分析的打算和信心。

（2）现代二维决策模型

随着信息技术的飞速发展，非物流企业与物流企业之间的关系也在发生变化。物流企业从提供传统的公共物流服务转向提供第三方物流服务，非物流企业则强调供应链管理、各职能部门的高度集成，非物流企业与物流企业更倾向于优势互补、结成联盟关系，企业间的欺诈背叛行为将会受到制约。所以，第三方物流决策模型也随着这种服务关系的转变而发生了改变。美国物流专家Ballow注意到了传统决策模型的局限性，提出了二维决策模型。

Ballow认为，自营还是外包物流服务主要基于两个基本因素，即物流对企业成功的影响程度和企业对物流的管理能力。如果物流对企业成功的重要度较高，企业处理物流的能力相对较低，则采用第三方物流；如果物流对企业成功的重要度较低，同时企业处理物流的能力也低，则外购公共物流服务；如果物流对企业成功的重要度很高，且企业处理物流的能力也高时，则采用自营物流。现代二维决策模型的最大特点是围绕企业战略目标，寻求物流子系统自身的战略平衡。但该决策模型没有考虑成本的影响。

（3）基于"战略-能力"思路的综合决策模型

针对现代二维决策模型没有考虑成本的问题，国内学者提出基于"战略-能力"思路的综合决策模型。在进行第三方物流决策时，应从物流在企业的战略地位出发，在考虑企业物流能力的基础上，进行综合成本评价。

对第三方物流进行决策时，首先要考虑物流子系统的战略重要性。决定物流子系统是否构成企业核心能力，一般可从以下几个方面进行判明：它们是否高度影响企业业务流程？它们是否需要相对先进的技术，采用此种技术能使企业在行业中领先吗？它们在短期内是否不能为其他企业所模仿？如能得到肯定回答，那么就可断定物流子系统在战略上处于重要地位。

因为物流系统是多功能的集合，各功能的重要性和相对能力水平在系统中是不平衡的，因此还要对各功能进行分析。某项功能是否具有战略意义，关键要看它的替代性。如果其替代性很弱，很少有物流公司能完成或物流公司很难完成，几乎只有本企业才具备此项能力，那么企业就应保护好、发展好该项功能，使其保持旺盛的竞争力。反之，若物流企业也能完成该项功能或物流子系统对企业而言并非很重要，那就需要从企业物流能力的角度决定外包还是自营。企业物流能力在这里指的是顾客服务水平，顾客是个泛指的概念，它既可以是消费者，也可以是下道工序。如企业不具备满足一定顾客服务水平的能力，就要进行外包，在外包时采用何种服务，是租赁公共物流服务还是组建物流联盟，这就要由物流子系统对企业成功的重要性来决定。在物流子系统构成企业战略子系统的情况下，为了保证物流的连续性，就应该与物流公司签订长期合同，由物流公司根据企业流程提供定制服务，也就是实施第三方物流。如果物流子系统不构成企业战略子系统，那么采用何种服务方式就要在顾客服务水平和成本之间寻找平衡点了。

企业具备了物流能力，并不意味着一定要自营物流，还要与物流公司比较在满足一定顾客服务水平的情况下，谁的成本最低。只有在企业的相对成本较低的情况下，选择自营物流才有利；否则，企业应把该项功能分化出去，实行物流外包。如果物流子系统是企业的非战略系统，企业还应寻找合作伙伴，向其出售物流服务，以免资源浪费。当然这种物流服务收入不是企业的主营收入。

二、第三方物流服务的选择

1. 影响第三方物流服务选择的因素

（1）企业产品所具有的物流特点

不同的产品表现出不同的特性，这就需要根据不同产品所具有的物流特点来选用不同的物流方式。

（2）第三方物流企业的核心竞争力

第三方物流公司想要生存则需要在供应链中至少拥有一个关键环节，并且在该环节上具有强大的核心竞争力，它表明这家公司有超越其他公司为客户提供增值服务的能力。

（3）第三方物流企业服务的地理范围

根据服务的地理范围的不同，第三方物流企业可分为全球性、国际性、地区性和地方性四种。企业在选择第三方物流企业时，要考虑本企业的业务范围，选择服务地理范围与企业的业务范围相一致的第三方物流企业，以减少转移成本。

（4）第三方物流企业是资产型物流企业还是非资产型物流企业

资产型物流企业拥有自己的设备、运输工具、仓库等，从事实实在在的物流操作。

它们有较大的规模、丰富的人力资源、先进的系统、雄厚的客户基础和较高的专业化水平。但是其灵活性有限，它们的工作倾向于自己决定，存在官僚作风，决策周期较长。非资产型物流企业不拥有硬件设施或只租赁运输工具等少量资产，它们主要从事物流系统设计、库存管理和物流信息管理等职能，而将货物运输和仓储保管等具体作业活动交由其他的物流企业承担，但对系统运营承担责任。这类公司运作灵活，对于企业所提出的服务内容可以自由组合，调配供应商。但是因为其资源有限，物流服务价格较高，企业应根据自己的需求选择合适的第三方物流企业。

（5）第三方物流企业的客户服务能力

选择第三方物流服务时要重点考虑第三方物流为本企业及企业客户提供服务的能力。

2. 第三方物流服务选择的流程

当企业决定使用第三方物流服务时，将面临如何正确选择第三方物流提供商的问题。如果第三方物流服务提供商选择不当，不仅不会为企业降低物流成本，提高运作效率，反而可能导致大量的资源浪费。所以，企业需要选择合适的第三方物流服务提供商，这样才能真正使物流服务成为企业的竞争优势。企业可以按照下列过程来正确选择物流服务提供商。

（1）组建跨职能选择团队

在进行第三方物流供应商选择决策时，企业物流部门一般明显地参与其中，除此之外，企业其他部门，例如财务、制造、营销、信息系统、人力资源等也常常参与其中。另外，公司总裁参与选择决策也是常见的。美国田纳西大学对谁是外包的主要支持者或促进者的调查结果表明，物流与运输经理占64%，财务部占58%，总裁占50%，制造部占24%，销售部占20%，因此，企业应该从其财务、营销、制造、质量控制、信息系统以及物流等部门抽调人员组成跨职能选择团队，并使每个人都能参与整个选择过程。

（2）设定物流外包目标

第三方物流服务选择团队组建之后，团队就应设定物流外包的目标。设定的物流外包目标就是选择第三方物流服务供应商的指南，也将作为后来的第三方物流服务供应商绩效评价的重要依据。

（3）确定物流需求

第三方物流服务选择团队应对企业内部和外部环境进行调查，从而确定当前物流的优势和存在的问题，明确企业自身的物流需求，并把它们明确地表达出来，成为对潜在第三方物流服务供应商的服务需求。由于大多数第三方物流决策对实现企业的目标关系重大，所以一般对物流的需求分析需要花费较长时间。

（4）制定第三方物流服务选择准则

在选择第三方物流服务提供商时，首先要制定科学、合理的选择准则，选择准则应与企业的物流外包目标和企业自身的物流需求相联系。目前，企业在进行第三方物流服务提供商选择时主要考虑其物流服务质量、成本、效率、可靠性等方面。McGinnis 和 Kohn（1993）认为，在选择第三方物流企业时，除了受到企业竞争敏感度、环境对立及环境变动的影响外，还需要考虑价格、管理能力、错误率、应变能力、配送能力、附加值活动、任务达成能力、良好的计算机系统、发货中心个数等因素。

（5）列出候选企业名单

候选者应具有与企业相似的业务方向，并能提供必需的地理覆盖范围的服务。为了选出合适的潜在的合作伙伴，第三方物流服务选择团队可以与专业组织联系，与供应商和顾客交流，甚至在互联网上查找等。从欧美500家最大的工业企业的经验来看，寻找候选企业的途径主要有两种：一种是与其他物流同行的交流，另一种是对第三方物流服务供应商的销售拜访。另外，专业刊物上的广告、物流会议、咨询项目等也是一些获取信息的渠道。

（6）候选企业征询

确定了候选企业名单后，第三方物流服务选择团队应向候选者发出征询信，询问对方有无兴趣投标。信中应包含企业的信息、物流外包项目的信息，同时要求候选企业提供其企业及服务能力的基本信息。

（7）发出招标书及收回投标书

企业向有资格的且对该项目感兴趣的第三方物流服务供应商发出招标书。招标书应详细说明企业的物流外包目标及物流需求，且对各个潜在卖方一视同仁。当然，为了便于竞标者编制预算，还要说明工作范围、产品流程、交易信息、最终客户需求、信息技术需求、场所和专门设备需求、附加价值服务需求、服务成本等基本的专业信息。应选者的投标书中应包括一些特定信息，比如组织结构、能力、现有顾客、报价模式和选择等。

（8）初评及现场考察

在初步评审投标书的基础上，将候选者范围缩至4～5家，现场考察其作业情况。通过考察让团队了解候选者的管理设施、程序和职员情况。在考察时应依据标准的检查表，并派相同的团队成员对候选者的能力进行一对一的对比。

（9）候选企业资格评审

第三方物流服务选择团队应研究有关资料和投标书细节，使用检查单和现场考察完成的调查表，评审候选企业的财务状况、信息技术能力、服务柔性和企业战略等的符合程度及经营理念。

（10）对第三方物流服务供应商进行综合评价和选择

在此过程中，选择团队应选择合理的评价方法来进行第三方物流服务选择。合理、有效的评价方法是正确选择第三方物流服务的前提。目前科学及有效的评价方法较多，如层次分析法、仿真方法、模糊综合评判法等。通过这些评价方法可以确定2～3家第三方物流服务供应商，之后对物流服务提供商进行实地考察，最后对供应商所提出来的物流方案进行权衡，选出最终的第三方物流服务供应商。

第五章 电子商务与国际物流管理

第一节 电子商务概念分析

在世界范围内，电子商务运动早已如火如荼的开展起来并取得了显著成效。通过结合物流管理技术，现代电子商务以其方便性、快捷性为人们提供一个低成本的交易环境，赢得了越来越多的商贸企业的青睐。

电子商务的优势要在经济活动中得到体现，必须建立一个有别于传统仓储、运输模式的现代物流管理系统，需要对原有的物流要素进行升级。企业在建立电子商务系统的工作中，就需要把物流管理涉及的仓储、采购、运输、企业物流标准等要素和电子商务系统实现和谐对接，物流系统不能脱离电子商务环境单独建设。

电子商务和物流技术的运用也成为了中国企业在未来市场竞争中取胜的必然选择。

一、电子商务的概念

电子商务是利用计算机技术、网络技术和远程通信技术，实现整个商务过程的电子化、数字化和网络化。

人们不再是面对面的、看着实实在在的货物以及靠纸介质单据进行买卖交易。而是通过网络，通过网上琳琅满目的商品信息、完善的物流配送系统和方便安全的资金结算系统进行交易。

事实上，整个交易的过程可以分为三个阶段：

（一）信息交流阶段

1. 对于商家来说

此阶段为发布信息阶段。主要是选择自己的优秀商品，精心组织自己的商品信息，建立自己的网页，然后加入名气较大、影响力较强以及点击率较高的著名网站中，让尽可能多的人们了解和认识。

2. 对于买方来说

此阶段是去网上寻找商品以及商品信息的阶段。主要是根据自己的需要，上网查找自己所需的信息和商品，并选择信誉好、服务好、价格低廉的商家。

（二）签订商品合同阶段

1. 作为商家对商家来说

这一阶段是签订合同、完成必需的商贸票据的交换过程。要注意的是，数据的准确性、可靠性、不可更改性等复杂的问题。

2. 作为商家对个人客户来说

这一阶段是完成购物过程的订单其他签订过程，顾客要将已选好的商品、自己的联系信息、送货的方式、付款的方法等在网上签好后提交给商家，商家在收到订单其他后应发来邮件或电话核实上述内容。

（三）按照合同进行商品交接、资金结算阶段

这一阶段是整个商品交易最关键的阶段，不但涉及资金在网上的正确、安全到位，同时也涉及商品配送的准确、按时到位。在这个阶段有银行业、配送系统的介入，在技术上、法律上、标准上等方面有更高的要求网上交易的成功与否就决定于这个阶段。

二、电子商务的功能与特性

（一）电子商务的功能

电子商务可提供网上交易和管理等全过程的服务，主要具有以下功能：

1. 网上订购

网上的订购通常都是在产品介绍的页面上提供十分友好的订购提示信息和订购交互格式框。当客户填完订购单后，通常系统会回复确认信息单来保证订购信息的收悉，订购信息也可采用加密的方式使客户和商家的商业信息不会泄漏。

2. 广告宣传

电子商务可凭借企业的 Web 服务器和客户的浏览，在互联网上发布各类商业信息。客户可借助网上的检索工具迅速地找到所需商品信息，而商家可以利用网站主页和电子邮件在全球范围内做广告宣传。

与以往的各类广告相比，网上的广告成本最为低廉，而给顾客的信息量却最为丰富。

3. 咨询洽谈

电子商务可借助非实时的电子邮件、新闻组和实时的讨论组来了解市场和商品信息、洽谈交易事务，如有进一步的需求，还可用网上的白板会议来交流即时的图形信息。

网上的咨询和洽谈能超越人们面对面洽谈的限制、提供多种方便的异地交谈形式。

4. 网上支付

电子商务要成为一个完整的过程，网上支付是重要的环节，客户和商家之间可采用信用卡账号实施支付。

在网上直接采用电子支付手段可省略交易中很多人员的开销。网上支付将需要更为可靠的信息传输安全性控制，以防止欺骗、窃听、冒用等非法行为。

5. 服务传递

对于已付了款的客户，商家应将其订购的货物尽快地传递到他们手中。而有些货物在本地，有些货物在异地，电子邮件将在网络中进行物流的调配。最适合在网上直接传递的货物是信息产品，如软件、电子读物以及信息服务等，它能直接从电子仓库中将货物发到用户端。

6. 电子账户

网上的支付必须有电子金融来支持，即银行或信用卡公司及保险公司等金融单位要为金融服务提供网上操作的服务。电子账户管理是电子商务基本的组成部分。信用卡号或银行账号都是电子账户的一种标志，其可信度需配以必要技术措施来保证。如数字凭证、数字签名、加密等手段的应用提供电子账户操作的安全性。

7. 交易管理

整个交易的管理涉及人、财、物多个方面，以及企业和企业、企业和客户及企业内部等各方面的协调和管理。因此，交易管理是涉及商务活动全过程的管理。电子商务的发展，将会提供一个良好的交易管理的网络环境及多种多样的应用服务系统。这样就能保障电子商务获得更广泛的应用。

8. 意见征询

电子商务能十分方便地采用网页上的"选择""填空"等格式文件来收集用户对销售服务的反馈意见。这样使企业的市场运营能形成一个封闭的回路。客户的反馈意见不仅能提高售后服务的水平，而且能使企业获得改进产品和发现市场的商业机会。

（二）电子商务的特性

电子商务的主要特性如下：

1. 整体性

电子商务能够规范事务处理的工作流程，将人工操作和电子信息处理集成为一个不可分割的整体，这样不仅能提高人力和物力的利用，也可以提高系统运行的严密性。

2. 普遍性

电子商务作为一种新型的交易方式,将生产企业、流通企业以及消费者和政府带入了一个网络经济、数字化生存的新天地。

3. 方便性

在电子商务环境中,人们不再受地域的限制,客户能以非常简捷的方式完成过去较为繁杂的商务活动,如通过网络银行能够全天候地存取资金、查询账户信息等,同时使得企业对客户的服务质量可以大大地提高。

4. 协调性

商务活动本身是一种协调过程,它需要客户与公司内部、生产商、批发商、零售商间的协调。在电子商务环境中,它更要求银行、配送中心、通讯部门、技术服务等多个部门的通力协作,电子商务的全过程往往是一气呵成的。

5. 安全性

在电子商务中,安全性是一个至关重要的核心问题,它要求网络能提供一种端到端的安全解决方案,如加密机制、签名机制、安全管理、存取控制、防火墙、防病毒保护等等,这与传统的商务活动有很大的不同。

三、电子商务的模式

电子商务主要有五类模式:B2B、B2C、C2C、B2M、M2C,具体指:

(一)B2B 指的是 Business to business

商家对商家的电子商务,即企业与企业之间通过互联网进行产品、服务及信息的交换。

通俗的说法是指进行电子商务交易的供需双方都是商家,它们使用了互联网的技术或各种商务网络平台,完成商务交易的过程。这些过程包括:

第一,发布供求信息;

第二,订货及确认订货;

第三,支付过程及票据的签发、传送和接收;

第四,确定配送方案并监控配送过程等。

有时写作 BTOB,但为简便干脆用其谐音 B2B。使用 B2B 模式的典型案例如阿里巴巴、中国制造网、慧聪网等。

(二)B2C 指的是 Business to customer

B2C 模式是我国最早产生的电子商务模式,以 8848 网上商城正式运营为标志。B2C 即企业通过互联网为消费者提供一个新型的购物环境—网上商店,消费者通过网络在网上购物、在网上支付等。

由于这种模式节省了客户和企业的时间和空间,大大提高交易效率,特别是对于工作忙碌的上班族,这种模式可以为其节省宝贵的时间。

（三）C2C 指的是 Consumer To Consumer

C2C 同 B2B、B2C 一样，都是电子商务的几种模式之一。不同的是 C2C 是用户对用户的模式，C2C 商务平台就是通过为买卖双方提供一个在线交易平台，使卖方可以主动提供商品上网拍卖，而买方可以自行选择商品进行竞价。C2C 的典型案例如淘宝网等。

（四）B2M 指的是 Business To Manager

B2M 是相对 B2B、B2C、C2C 的电子商务模式而言，是一种全新的电子商务模式。这种电子商务相对于以上三种有着本质的不同，其根本的区别在目标客户群的性质不同。前三者的目标客户群都是作为一种消费者的身份出现，而 B2M 所针对的客户群是该企业或者该产品的销售者或者为其工作者，而不是最终消费者。

（五）M2C 指的是 Manager To Consumer

M2C 是针对 B2M 的电子商务模式而出现的延伸概念。B2M 环节中，企业通过网络平台发布该企业的产品或者服务，职业经理人通过网络获取该企业的产品或者服务信息，并且为该企业提供产品销售或者提供企业服务，企业通过经理人的服务达到销售产品或者获得服务的目的。而在 M2C 环节中，经理人将面对 Consumer，即最终消费者。

要实现完整的电子商务还会涉及很多方面，除了买家和卖家外，还要有银行或金融机构、政府机构、认证机构、配送中心等机构的加入才行。

由于参与电子商务中的各方在物理上是互不谋面的，因此整个电子商务过程并不是物理世界商务活动的翻版，网上银行、在线电子支付等条件和数据加密、电子签名等技术在电子商务中均发挥着重要的不可忽视的作用。

第二节　电子商务与现代物流

一、电子商务与物流的关系

电子商务与物流的关系主要体现在：

（一）物流是电子商务概念的重要内容

自从 1998 年开始，电子商务就成为一个热门的话题，特别是与电子商务沾得上一点边的企业上市筹资，都获得了成功。但是慢慢地电子商务开始降温了，最主要的还是一个物流和配送的瓶颈问题。

从电子商务降温之后就开始了物流热，物流作为一个年轻的行业，发展潜力很大。国家领导人也一再强调发展物流行业是中国经济新的增长点，降低物流成本也是企业的第三利润源泉。在这样一个政府支持的软环境下，物流的发展空间会更大。

（二）物流是实现电子商务的保证

1. 物流保障生产

无论在传统的贸易方式下，还是在电子商务下，生产都是商品流通之本，而生产的顺利进行需要各类物流活动支持，具体体现在以下几个方面：

第一，生产的全过程从原材料的采购开始，便要求有相应的供应物流活动，确保所采购的材料到位，否则，生产就难以进行；

第二，在生产的各工艺流程之间，也需要原材料、半成品的物流过程，即所谓的生产物流，以实现生产的流动性；

第三，部分余料、可重复利用的物资的回收，就需要所谓的回收物流；第四，废弃物的处理则需要废弃物物流。

由此可见，整个生产过程实际上就是系列化的物流活动。

2. 物流服务于商流

在商流活动中，商品所有权在购销合同签订的那一刻起，便由供方转移到需方，而商品实体并没有因此而移动。

在传统的交易过程中，除了非实物交割的期货交易，一般的商流都必须伴随相应的物流活动即按照需方的需求将商品实体由供方以适当的方式、途径向需方转移。

而在电子商务下，消费者通过上网点击购物，完成商品所有权的交割过程，即商流过程。但电子商务的活动并未结束，只有商品和服务真正转移到消费者手中，商务活动才告以终结。

在整个电子商务的交易过程中，物流实际上是以商流的后续者和服务者的姿态出现。

（三）物流是实现"以顾客为中心"理念的根本保证

电子商务的出现，在最大程度上方便了最终消费者。消费者不必再跑到拥挤的商业街，一家又一家地挑选自己所需的商品，而只要坐在家里，在互联网上搜索、查看、挑选，就可以完成购物过程。

一句话：电子商务的发展需要物流做基础，物流是实现"以顾客为中心"理念的根本保证。

（四）电子商务服务于物流信息化

电子商务必须以信息化为基础，离开信息化，电子商务将成为无源之水，无本之木。物流信息化表现为物流信息的商品化、物流信息收集的数据化和代码化、物流信息处理的电子化和计算机化、物流信息传递的标准化和实时化以及物流信息存储的数字化等。

随着电子商务的发展，它将在我国物流业中将得到普遍的应用。

二、电子商务下物流管理的内容

电子商务下的物流管理,主要包括对电子商务下的物流系统、电子商务下的物流过程、电子商务下的物流技术、电子商务下的物流费用的管理和电子商务下的物流管理方法等内容,具体体现在:

(一)电子商务物流系统

1. 含义

电子商务物流系统是指在实现电子商务特定过程的时间和空间范围内,由所需位移的商品、包装设备、装卸搬运机械、运输工具、仓储设施、人员和通信联系设施等若干相互制约的动态要素所构成的具有特定功能的有机整体。

2. 目的

电子商务物流系统的目的是实现电子商务过程中商品的空间效益和时间效益,在保证商品满足供给需求的前提下,实现各种物流环节的合理衔接,并取得最佳经济效益。电子商务物流系统既是电子商务系统中的一个子系统或组成部分,又是社会经济大系统的一个子系统。

3. 功能

电子商务物流系统与一般系统一样,具有输入、转换和输出三大功能,主要体现在:

第一,通过输入和输出使物流系统与电子商务系统及社会环境进行交换,并相互依存;

第二,输入包括人、财、物和信息;

第三,输出可以包括效益、服务、环境的影响以及信息等;

第四,实现输入到输出转换的则是电子商务物流的各项管理活动、技术措施、设备设施和信息处理等。

(二)电子商务物流过程

电子商务物流基本业务流程通常都包括进货、进货检验、分拣、储存、拣选、包装、分类、组配、装车及送货等。

(三)电子商务物流技术

电子商务物流技术是指在电子商务物流活动中把商品进行移送和储存,为社会提供无形服务的技术。

它的作用是把通过电子商务方式提供的各种商品从生产者一方转移给消费者。物流技术水平的高低直接关系到电子商务物流活动各项功能的完善和有效实现。

电子商务物流技术包括硬技术和软技术两个方面:

1. 硬技术

硬技术主要包括:

(1)与电子商务物流密切相关的基础设施。如仓库、公路、车站、港口以及机场等。

（2）机械技术。如装卸机械、分拣机械、包装机械以及运输机械等。

（3）物流信息与通信技术。如与客户和供应商保持联系的计算机系统与通信网络等技术。

（4）材料技术。如集装材料和包装材料等。2. 软技术

2. 软技术主要包括：

（1）规划技术。对流通形态和硬技术进行规划研究与优化改进的工作。

（2）运用技术。对运输工具的选择使用、装卸方法、库存管理、资源与劳务调配等。

（3）评价技术。成本控制与核算以及系统绩效评价等等。

（四）电子商务物流费用

电子商务物流在将商品由生产者手中移送至消费者的过程中，必然产生大量物流费用，因此，控制和降低物流费用将成为电子商务物流管理中最为关键的环节之一，也是人们利用电子商务的一个主要目的。

实现电子商务物流现代管理，要做到以下两点：

第一，要全面、准确地把握包括电子商务系统内外发生的各项物流成本在内的整体物流成本，也就是说，要降低物流成本必须以系统整体成本为对象；

第二，在努力消减物流成本的同时，还应当注意不能因为降低物流成本而影响对用户物流服务的质量水准。

（五）电子商务下的物流管理方法

电子商务下的物流系统要达到的目标并非只是简单的送货和库存，它需要的也不仅仅是车队和仓库，最重要的还是对整个物流系统的优化设计以及对物流全过程的科学管理。

比如要使物流配送系统能在满足电子商务销售目标的前提下花费最少的物流成本，这并不意味着要求单一的送货费用最少或者库存费用最少，而是要使整个物流的总成本最小化，这一目标只有在现代物流理论的指导下，实现了对物流的科学化管理才能达到。

三、电子商务对物流的影响

（一）电子商务助推了物流技术的革新

现代的物流技术包括各种规划技巧、管理技能和操作方法等，如物品包装技术、物品标识技术、物品流通加工技术、物品实时跟踪技术等。物流技术也包括物流规划、物流设计、物流评价及物流策略等。随着电子商务的飞速发展，物流技术中又整合了更多新兴的技术，如全球卫星定位系统、地理信息系统、条形码、电子数据交换技术等。现代物流技术水平的提高，迅速提升了物流系统的快速反应能力。通过优化电子商务系统的物流中心、配送中心网络，重新设计适合电子商务的流通渠道，可以有效减少物流环节，简化物流过程，提高物流系统的快速反应能力。

(二)电子商务丰富了物流企业的服务内容

电子商务拓展了传统经营方式中的地理范围限制,使其服务范围迅速扩展,在电子商务为众多企业拓展市场边界的同时,对于企业的物流配送也提出了全球化服务的要求。物流全球化的趋势必然要求物流组织的网络化,促使物流企业必须在全球范围内设立物流组织,物流企业只有不断地完善自己的物流网络和配送渠道,形成反应灵敏、步调一致、信息沟通快捷的物流运作体系,才能适应电子商务提出的"三准原则",即在准确的时间,将准确的货物送到准确的地点,并以尽可能低的成本和尽可能短的时间为全球客户提供优质、高效的物流服务。

(三)电子商务推进物流标准化的进程

物流标准化是指以物流为一个大系统,制订系统内部设施、专用工具、机械装备等的技术标准和包装、装卸、运输、配送等各类作业的作业标准和管理标准,以及作为现代物流突出特征的物流信息标准,并且形成全国以及和国际接轨的标准化体系,推动物流业的发展。

(四)电子商务贯穿现代物流的全过程

传统的物流是把物流分割成运输、仓储、包装、装卸等若干个环节,以商流为中心,从属于商流活动。现代物流的运作则是以信息为中心,为企业提供包括运输、仓储、装卸和包装的服务,还提供包括加工、分发和配货等服务,使物流成为连接生产企业和用户的重要环节。在现代物流运作的整个过程中,通过网络上的信息传递,实现对物流的实时控制,电子商务将物流的各个环节作为一个完整的系统进行统筹协调、合理规划,使物流服务的功能多样化可以更好地满足。

四、物流对电子商务的作用

(一)物流的畅通是完成电子商务活动的保证

在电子商务过程中,消费者通过网络平台购物,完成了商品所有权的交割过程及商流过程。但电子商务的活动并未结束,只有商品和服务真正转移到消费者手中,商务活动才告以终结。在整个电子商务的交易过程中,物流实际上是以商流的后续者和服务者姿态出现的,没有现代化的物流,如何进行轻松的商流活动都将成为一纸空文,而"以顾客为中心"的理念也将无法得到保证。

(二)物流配送制约着电子商务的推进

用"成也配送,败也配送"来形容电子商务和物流的关系是再恰当不过的了。当人们庆幸终于可以实现网上订货、网上支付的同时,也无可奈何地抱怨网上订了货、账单也被划走,可是货却迟迟不来。为了送货,有的网站动用了EMS,有的网站动用了快递公司,有的网站甚至打起了居委会大妈的主意。而这只是电子商务在网上购物过程中遭遇的尴尬。众所周知的世界直销大王——戴尔电脑公司在进入中国时,面临的最大问题也是物流方面的问题,在收到顾客的要货订单后,如何及时采购到电脑的各种零配件,电脑组装好了以后如何及时送到顾客手中,这些都需要一个完整的物流系统来支持,而迅速成长的戴尔公司缺乏的也正是这个。正如海尔集团物流推进本部的周行先生所说"电子商务是信息传送的保证,物流是执行保证,没有物流,电子商务只能是一张空头支票。"

(三)物流是电子商务的重要组成部分

在电子商务中,一些电子出版物,如软件、CD 等可以通过网络以电子信息的方式送达客户手中,但绝大多数商品仍要通过其他各种方式完成为购买者的送货。消费者网上浏览后,通过轻松点击完成了网上购物,但所购买物品有时却迟迟不能送到客户手中,电子商务的跨地域及时效优势就一点也没有了,其结果可想而知,消费者势必会放弃电子商务,选择更为安全可靠的传统购物方式。

所以,物流与电子商务相互依赖、相互促进。物流是电子商务运作的前提和保障,而电子商务的发展又进一步促进了物流的发展,使物流走向信息化、网络化、现代化和集成化。

在电子商务飞速发展的环境中,有些物流企业逐步集成了管理咨询和现代物流的能力,通过优秀的现代物流企业、技术专家和管理顾问的联盟,融入了企业电子商务管理之中,包括和企业商务活动深层次的协调集成,了解企业客户的专业技术和专业知识,为客户提供一整套完善的供应链解决方案,管理企业电子商务的整个供应链,满足最终消费者的独特需求,与企业共同分享电子商务里供应链管理的利益和风险等,物流与电子商务形成相互依赖以及相互促进的良性循环。

五、电子商务下物流发展的途径与前景

(一)途径

在电子商务条件下物流的发展可以采取如下途径:

1. 必须提高全社会对电子商务物流的认识

要把电子商务与电子商务物流放在一起进行宣传,电子商务是商业领域内的一次革命,而电子商务物流则是物流领域内的一次革命。

要改变过去那种重商流和轻物流的思想,把物流提升到竞争战略的地位,把发展社会电子化物流系统安排到日程上来。

2. 加强电子商务物流人才的培养

电子商务物流人才是一种复合型的高级人才,这种人才要既懂电子商务,又懂物流;既懂技术,又懂管理。所以企业要做到:

第一,可以引进电子商务物流人才;

第二,可以把有潜力的人才派出去学习。

3. 国家与企业共同参与,共建电子化物流系统

形成全社会的电子化物流系统,需要政府和企业共同出资,政府要在高速公路、

铁路、航空、信息网络等方面投入大量资金，以保证交通流和信息流的通畅，形成一个覆盖全社会的交通网络和信息网络，为发展电子商务物流提供良好的社会环境。

4. 结合我国的实际情况，多方面吸取经验

我们可以吸取别国物流管理的研究成果，向电子商务物流发达的国家学习，鼓励理论界与实务界研究电子商务物流中的难题，少走弯路，加快我国电子商务物流的发展步伐。

（二）前景

电子商务将是一场商务大革命，它打破了区域和国界，开辟了巨大的网上商业市场，作为保证电子商务运作的电子商务物流将有大发展。发展电子商务物流是我国企业参与国际竞争的需要，是缩短与发达国家物流业差距的一次机遇，具有良好的前景，具体体现在：

1. 电子商务物流在我国具有广阔的发展空间

尽管我国电子商务起步较晚，但发展势态很好，国家和企业都十分重视发展电子商务，并在电子商务方面也取得了巨大的成绩，可在电子商务物流方面却还几乎处于空白状态。

电子商务的大发展必然带动我国电子商务物流的大发展。此外，电子商务贸易无国界，互联网可以在瞬间使处于全球任何范围内的双方达成交易，但是买物的交易速度还得依赖于电子商务物流的发展。

2. 信息技术与物流技术的发展为电子商务物流提供了基础 主要体现在以下三个方面：

第一，最近几年来，我国的交通状况得到了很大的改观。高速公路网、铁路网、海运网络、航空网络的发展保证了物流的快速运输；

第二，我国的"金桥""金卡""金关"等"金字工程"为发展电子商务物流提供了良好的基础；

第三，大量涌现的物流企业以及先进的物流理论和现代物流技术将推动电子商务物流系统的发展。

3. 大力发展第三方物流的增值服务

随着社会分工的不断细化和专业化程度的不断提高，第三方物流服务将借助电子商务的发展，在发展的形式、速度和范围上有更大的突破。

作为一种战略概念，供应链也是一种产品，而且是可增值的产品，其目的不仅是降低成本，更重要的是提供用户期望以外的增值服务，如配货、配送和各类提高附加值的流通加工服务项目，以及其他按客户的需求提供的服务。

电子商务涉及企业流程的再造和资源的重新配置，所以在进行物流信息系统需求分析时，需综合考虑合同、保险、单证、语言等诸多因素。

具体来说，电子商务环境下的第三方物流企业应做好以下工作：

（1）综合应用电子信息技术，从顾客需求出发，开展第三方物流流程重新设计。

（2）注重综合集成管理，重视联运代理的组织功能，为"全能"型企业提供电子商务环境下的物流流程再造，为供应商和消费者提供灵活高效的物流服务。

4. 发挥大规模数字化定制经济，必须发展电子商务物流

随着买方市场的逐步形成，以及电子信息技术的高速发展及其在商务领域的广泛应用，大规模数字化定制经济正在迅猛发展。

大规模数字化经济是以满足顾客需求为目的的全新的产业组织形式，它从根本上改变企业的组织管理形式、厂商与消费者的关系、竞争者之间的竞争方式以及企业之间的分工协作方式，是21世纪产业组织形式的主流。

在大规模定制经济中，企业之间的竞争焦点在于速度，企业能否取得竞争优势的关键在于能否缩短向顾客提供产品和服务的时间，因此，企业必须保持其物流的通畅，这就要求企业内部及其供应链伙伴之间通过信息传输系统和电子化物流网络系统来保证企业对其物流的控制。

因此，电子商务物流不但为网络交易进行配送服务，而且也是未来企业竞争战略的核心内容。

六、电子商务下物流管理的特点

（一）全面性特点

从管理的范围看，它依托电子商务企业，不仅沟通买卖双方，实现所有权的转接，而且还囊括了物流供应链上的各个环节；从其覆盖的领域上看，它涉及生产、消费、服务、营销、信息和技术等众多领域的管理；从管理的方式方法来看，它兼容传统的管理方法和新兴网络商务的过程管理及虚拟管理。

（二）技术性特点

电子商务下的物流体现了新经济的特征，它以物流信息为其管理的出发点和立足点。电子商务活动本身就是信息高度发达的产物，对信息活动的管理是一项全新的技术性挑战，也是对传统管理的优化和提升。如物流要不断适应因电子商务而改变的人际交往、交易方式，因此需要不断实现物流服务的移动化、终端化以及实时化等。

（三）智能型特点

电子商务下物流的实物位移自动化、半自动化程度高，物流供应链的过程处于实时监控之中，而物流系统中的传统管理内容，如人事、财务、计划和物流控制等全过程都是智能化，故电子商务下物流管理的重点是这些自动化、智能化的设计创造过程。一个智能化的电子商务物流管理系统可以模拟现实，可以发出指令、实施决策，根据物流过程的特点采用对应管理手段，真正实现电子商务物流管理柔性化和智能化。

七、电子商务下物流管理的内容

电子商务下物流业务的范围可以进行更加全面的拓展和延伸，涵盖的物流业务包

含了仓储保管、装卸搬运、包装、流通加工、运输、协同配送以及物流信息等基本过程，其对应的管理也涉及这些方面。

（一）电子商务下的物流运输配送管理

配送是电子商务物流典型的表现模式，它是指物流企业按用户订单或配送协议进行配货然后通过科学统筹规划，选择经济合理的运输路线和运输方式，在用户指定的时间内，将符合要求的货物送达指定地点的一种商品供应方式。电子商务物流管理首先就涉及物流运输配送管理。要搞好配送服务，就必须根据配送的特点，加强这项业务的计划、组织、指挥、协调及控制。配送管理的基本流程如下：

1. 充分掌握、透析服务区内的服务诉求。深入本经济区的用户，进行周密细致的调查研究。掌握和了解各用户的基本情况，在此基础上，进行科学的预测，并通过网络、在线和物流信息系统建立用户配送档案。明确配送的目标和方向，为进行配送服务提供良好的条件。

2. 加强配送的计划管理。生产的连续性和计划性决定了配送有很强的计划性以及需求的多样性和随机性。从配送业务本身看，这是一项需要多方面密切协调配合的工作，需要有严密的计划。这就要求在掌握用户需求的基础上，制定发展配送的总目标和分阶段目标以及实施步骤和措施，做到有计划地分期订货和采购，确定合理的库存储备。

3. 科学的组织配送。要按经济区来规划配送的半径和范围，在保证按用户要求及时齐备地组织配送的前提之下，按电子商务物流供应链的要求，科学地确定配送路线和批量，在用户比较集中的地区做到定线送货，降低了配送成本。在组织配送作业时，要科学地安排人力、物力和财力的比例关系，衔接各环节的作业活动，合理调度和指挥各要素的运动，使整个配送业务过程迅速、协调地进行。

4. 建立与配送相适应的组织结构。一定的组织结构是搞好配送的组织保证。一是应逐步在一些中心城市改造和建立一批购销、储运、加工、配送一体化的配送中心组织；二是要在企业建立与配送相适应的组织结构。

5. 争取各方面的协作和支持。配合是一项系统工程，涉及资源单位、用户和运输部门等有关部门和单位，需要得到各方面的支持，才能做好这项工作。物流企业要协调好各方面的关系，争取他们的协作和配合，共同搞好配送活动。为使配送正常运行和发展，有关管理部门还要研究和指定保证配送的政策、法规、管理措施和办法使配送逐步规范化。

（二）电子商务物流仓储保管管理

物流企业仓储作业流程是指商品仓储部门从接运商品开始，经过验收入库和保管保养，直到将商品供应到用户指定的地点为止，按照一定程序进行作业的整个过程，其中包括：

1. 商品入库管理

商品进入仓库储存时所进行的商品接收、卸货、搬运、清点数量、检查质量和办理入库手续等。包括商品接运、商品验收和建立商品档案三方面。要求保证入库商品数量准确，质量符合要求，包装完整无损，手续完备清楚，入库迅速。

2. 商品保管业务管理

商品保管业务管理包括：合理储存、科学养护。要求确保商品在保管期间质量完好、数量准确、降低损耗、节约费用及提高仓容利用率。

3. 商品出库业务管理

根据使用单位或业务部门开出的商品出库凭证，按其所列的商品名称、规格、数量、时间和地点等项目，组织商品出库登账、配货、复检、点交、清理、送货等。要求保证先进先出、近期失效先出，把好出库审核关，以完备的手续将质量完好数量准确、包装牢固、标识正确清晰的商品及时准确地发运给收货单位。

4. 电子商务下物流仓库管理

包括以下四个方面：

（1）管理理念现代化

仓储管理的目标是"零库存"、要求仓储管理树立"没有仓库的仓储""一体化仓储"等理念，充分利用电子商务物流的信息优势与运输、配送和流通加工等，共同实现物流效益。

（2）管理方式的智能化

物流仓库库存管理中的 ABC 分类法、库存控制理论、决策论、线性规划、动态规划和图论等数学方法和信息论等方法与物流信息系统完全融合，实现仓储管理的自动化、智能化、网络化和在线化。仓储人员的主要工作将过去的出入库、保管等转向人机对话和仓储参数的改变、控制等管理工作上。

（3）仓库管理人员高素质化

重视和加强对仓库管理人员的培训和考核，培养一支专门从事仓库建设和仓储管理的、具有现代化科学管理水平和掌握现代管理技术的队伍。

（4）仓储作业技术的自动化

以作业机械设备配套为基础，以自动化操作为中心，最大限度地减少了作业人员的体力和脑力劳动消耗，实现仓储作业的高效率和高效益。

八、我国电子商务物流发展中存在的问题及对策

（一）电子商务物流发展中存在的问题

1. 观念和服务模式落后

我国的电子商务还处在初级发展阶段，其功能主要局限于信息交流，电子商务和现代物流之间相互依赖、相互促进的关系还没有得到普遍的认识。现代物流与电子商务脱节，重电子商务轻物流，导致配送效率低下，经常出现拖延交货期、出错等现象，无法满足现代社会人们对快速、准确、及时的现代物流服务要求。

2. 电子商务和现代物流发展相关的制度和政策法规尚未完善

与企业发展息息相关的融资制度、产权转让制度、税收制度等方面的改革还远不能适应企业发展的需要。现代物流企业跨区域开展物流业务时常常受地方保护主义困扰，发生经济纠纷时，有关的金融法规及行业标准对当事人之间的经济责任难以确认。

3. 基础设施落后，电子化、信息化程度较低

电子商务要求相对均衡的运行环境，要求企业有足够的后台支持系统来响应对方的即时服务请求。目前，市场达不到应有的经济网络规模，网络基础薄弱，网速慢、出口带宽不足资费过高，而现代物流配送基础设施和配送管理手段更是落后，道路的建设、配送中心的规划与管理、仓储设施的现代化配置、配送运输工具的更新换代、物流管理模式和经营方式的优化等问题都亟须解决。

4. 物流领域人才的不足

国外电子商务和现代物流的发展实践表明，从业人员是否具有较高的电子商务和现代物流知识和操作经验，直接影响到企业的生存与发展。国外的物流经过多年发展，已形成了定规模的物流教育系统，许多高校设置了与物流相关的课程，为物流行业培养并输送了大批实用人才。相比之下，我国在这方面的教育还相当落后，人才严重缺乏，无法为电子商务和现代物流的协同发展提供足够的智力支持。

（二）我国电子商务和现代物流协同发展的对策

1. 必须提高全社会对电子商务和现代物流的认识

电子商务是商业领域内的一次革命，而现代物流则是物流领域内的一次革命。国家与企业共同参与，共建电子信息化环境。同时，企业要通过信息网络进行商贸活动，为客户提供快捷的服务，吸引更多的制造企业和商业企业上网，提高企业的竞争力和盈利水平，从而促进电子商务和现代物流的发展。

2. 选择适应电子商务发展的现代物流发展模式

实现现代物流配送体系的产业化及社会化。在我国目前条件下电子商务企业不宜采用自建物流中心的物流模式，应与第三方物流公司签订长期稳定的合作关系，建立共同配送模式，削减物流企业间的不当竞争，从整体上提高供方取得价格优惠的能力，并实现优势互补，促进企业走向联合的规模经济之路。

3. 整合业务流程，提供优质的多样化和个性化服务

电子商务的个性化、多样化特点，企业在商品生产、经营和配送上充分对应不同区域，不同时间和不同消费需求的客户需要，客观上也要求多品种、少批量、大频度的现代物流服务，通过电子化、集成化现代物流管理把供应链上各环节紧密联系起来，对顾客的个性化需求做出快速反应，如采用电子商务的"量身定制"方式，客户可以利用计算机或手机来决定商品何时送达目的地，收到后，信息将自动反馈到客户指定的计算机或者手机上。

4. 建立以信息化为核心的信息平台

搭建信息平台是运用互联网对企业业务流程的重新设计，电子商务是信息流、商流、资金流和物流的高度对称、融合与互动，信息流贯穿于商务活动的始终，引导着商务活动的发展，现代物流是商流的继续，是商务活动中实际的物资流通过程，同样需要信息流的引导和整合。现代物流朝着信息化、自动化、网络化、智能化、柔性化方向发展，具有良好的信息处理和传输系统才能快速、准确地获取销售反馈信息和配送货物跟踪信息，从而大大提高现代物流企业的服务水平，提高电子商务的效率，得到客户信赖，并不断降低成本。

5. 制定一套电子商务与现代物流发展的可行性方案

根据消费者的收入、需求偏好、地理分布等条件的不同，合理定位销售区域，对不同的销售区域采取差别性的物流服务政策；认真筛选销售品种，确定最适合销售的商品，将品种限制在一定范围之内，减少流通中的过多费用；再由专业人员精心策划配送方案。

6. 高度重视物流专业人才培养，把国外先进物流的经验与本土化人才有机结合起来

加强电子商务和现代物流人才的培养，要培养从事现代物流理论研究与实务操作的专门人才。懂电子商务理论和实务的专门人才，既懂IT技术又懂电子商务的网络经济人，既懂电子商务又懂现代物流的有创新思想的复合型人才，市场的竞争就是人才的竞争，应该注重人才的培养和教育，加深对电子商务和现代物流协同发展的研究。

第三节 国际物流管理

一、国际物流的发展历程

第二次世界大战以后，国际之间的经济交往越来越活跃，范围也越来越大。尤其在20世纪70年代的石油危机以后，原有为满足运送必要货物的运输观念已不能适应新的要求，系统物流就是在这个时期进入到国际领域。

20世纪70年代中后期，国际物流领域出现航空物流大幅度增加的新形势，同时出现了更高水平的国际联运。船舶大型化的趋势发展到一个高峰，出现了50万吨的油船、30万吨左右的散装船。

20世纪80年代前中期国际物流的突出特点，是在物流量基本不继续扩大情况下出现了"精细物流"，物流的机械化、自动化水平提高，同时，伴随新时代人们需求观念的变化，国际物流着力于解决"小批量、高频度、多品种"的物流。

20世纪80年代、90年代在国际物流领域的另一大发展，是伴随国际联运式物流出现的物流信息与电子数据交换系统，可以说，国际物流已进入了物流信息时代。

20世纪90年代国际物流依托信息技术发展，实现了"信息化"，信息对国际物

流的作用，依托互联网公众平台，向各个相关领域渗透，同时又出现了全球卫星定位系统、电子报关系统等新的信息系统，在这个基础上，构筑了国际供应链，形成了国际物流系统，使国际物流水平得到进一步提高。

二、国际物流的特点

（一）物流环境存在差异

国际物流的一个非常重要的特点是各国物流环境的差异，尤其是物流软环境的差异，迫使个国际物流系统需要在几种不同法律、人文、习俗、语言、科技、设施的环境下运行，无疑会大大增加物流的难度和系统的复杂性。

（二）物流系统范围更加广泛

国际物流要在传统复杂的物流系统基础上增加不同国家的要素，这不仅是地域的广阔和空间的广阔，而且所涉及的内外因素更多，所需要的时间更长，广阔范围带来的直接后果是难度和复杂性增加，风险增大。

（三）国际物流的流量结构正在发生重大调整和转移

国际物流的流量结构正在由密集型升华到技术知识密集型。这种演变规律使得各国进出口商品的结构不断地调整，国际物流的流量结构也必须随之进行调整与转移。

（四）国际物流的运输形式主要以海运为主

因为距离远、运量大，考虑输送成本，国际物流主要以海上运输为主。此外国际物流对物流基础设施有特殊要求，如在货物运输中以集装箱运输为主。

（五）国际物流要求有高效率的信息系统

由于国际市场瞬息万变，如果没有高效率的信息传递渠道，就会影响物流功能的正常发挥因此，国际物流对信息的要求更高，必须建立高效率的信息系统。

（六）国际物流客观上要求缩短物流中转过程

由于国际物流是两个不同国家的物流公司或企业相互提供的不同服务，因此，客观上要求缩短物流的中转过程，于是直达运输便成为货物运输的一种有效途径。

（七）国际物流的标准化要求极高

要使国际物流畅通起来，统一标准是非常重要的。可以说，如果没有统一的标准，国际物流水平是无法提高的。国际物流的基本业务国际物流是跨国间进行的物流活动，它主要包括发货、国内运输、出口国保管、国际运输、进口国报关、国外运输等业务环节，主要涉及的单证有设备交换单、装箱单、站场收据以及提单等。下面介绍相关的概念：

1. 国际货物运输：国际物流的核心业务环节。整个物流过程可以委托一家国际物流提供商完成，也可以分包给各仓储企业、运输企业和货代企业来完成。

2. 商品检验：指根据商品标准规定的各项指标，运用一定的检验方法和技术，综合评定商品质量优劣，确定商品品级的活动。

3. 报关：指商品进出境时，由出口货物的收发货人或其代理人，按照海关规定格式填报《进出口货物报关单》，随附海关规定应交验的单证，请求海关办理货物进出口手续。

4. 国际货物储存：从商品流通规律来看，商品流通过程是一个不断由分散到集中，再由集中到分散的过程，从而暂时的停滞是必需的。如跨国交易的商品从生产地集中运到装运港后有时需储存一段时间，等待装船入舱。国际货物储存一般是在保税区或报税仓库中进行。

5. 国际货运业务代理：根据客户的指示，为客户的利益而揽取货物的人，其本人并非承运人。国际货运代理业务可以依据这些条件，从事与运送合同有关的活动，如储货、报关、验收、收款等。

6. 理货：指船方或货主根据运输合同在装运港和卸货港收受或交付商品时，委托港口的理货机构代理完成的在港口对商品进行计数、检查商品残损、指导装舱积载及制作有关单证等工作。

三、国际物流的运营方式

国际物流的运营方式包括货主企业的国际化物流运营和物流企业的国际化物流运营。

（一）货主企业的国际化物流运营

货主企业的国际化物流运营主要是由于其国际物流活动需要而产生的。国际物流活动主要表现为跨国采购、跨国生产和跨国销售。跨国采购、跨国生产和跨国销售，使跨国公司迫切需要发展国际性物流系统来实现产品的顺利跨国流动。目前，物流已经成为众多跨国经营企业的战略性工具，有效的国际物流运营方式已经成为跨国公司降低经营成本、扩大销售市场、增加市场份额的有效手段。

（二）物流企业的国际化物流运营

中国物流企业的国际化物流运营策略主要体现在以下几个方面：

1. 树立现代物流经营理念

首先，要增强现代物流企业的市场意识，以用户需求为己任，紧贴市场，准确确立物流企业的市场定位，根据需求并结合自身的情况，对企业进行资产、人员、业务的充实，形成和市场需求相适应的服务系统；其次，要增强现代物流业的开放意识，与现发达国家相比，中国的物流企业既要看到自己的特色，更要看到差距。加强国际物流合作，积极引进外国的资金、技术、经验是实现国际化战略的捷径。

2. 立足核心主业，拓展全程物流服务

物流供应链服务是跨地区、跨部门、跨行业的一项庞大的系统工程，物流企业的系统能为客户做更多的事情，进入更多的物流服务环节，但各家企业的资源毕竟是有限的。我国的物流企业也只有在充分挖掘自己核心能力的基础上，利用信息网络等技术，与供应链上的各节点企业进行合作，向综合物流拓展，才能形成逐步发展、以点带面的发展战略。做好一环再进入多环，才能在与国际以及国内同行竞争中保持优势。

3. 强化国际业务能力，建立和完善国际网络

物流企业在战略制定上，必须突破地域、行业的限制，以全球为着眼点，只有这样，才能最大限度地抓住机遇、规避风险。在具体战略的选择上，首先应以中国市场为主要拓展市场，获得本地竞争优势，再由近至远，争取全球竞争优势。物流企业可以依托多年来在国内发展已经形成相当规模的网络优势，以及在国内市场享有较高知名度和品牌效应的优势，通过与实力雄厚的国外物流公司合作，引进资金、现金的物流技术和管理经验，达到提高国内物流市场占有率，并快速跻身国际物流市场的目的。

4. 开展虚拟经营，实施战略联盟，争做联盟中心

物流企业为发挥自身的优势，弥补自身的不足，只有结成联盟与其他企业合作进行虚拟经营，实现物流供应链全过程的有机融合，形成一股强大的力量。战略联盟能够在组织上突破有形的界限，实现企业的精简与高效，从而增强企业的竞争能力和生存能力。在缔结联盟的过程中，要争做联盟中心掌握主动以免成为附庸。

5. 建立全球性的物流信息网络

随着世界经济一体化发展，物流业正向全球化、信息化、一体化方向发展。高新信息管理也越来越同世界接轨，国际互联网的应用使物流效率得到了大幅度的提高。目前，国外许多大型物流企业都建立了全球物流信息网络，并取得了良好的效果。全球性的信息网络可以系统、有效、快速地组织管理好物流的各个环节。我国物流企业要参与国际物流服务市场的竞争，首先也必须逐步建立和完善自身的全球性物流信息网络，并且努力提高全员的物流信息网络化意识，使自身的物流信息网络系统不断向世界先进水平迈进。

6. 培养物流管理人才，建立富有创新机制的企业文化

物流企业能否向现代物流提升与转型，物流专业人才才是关键。物流管理者对每一个物流环节都有足够的了解，不仅是运输专家，还应熟知财务、市场营销和采购工作，必须具备对于物流诸环节进行协调的能力。物流市场的国际化不仅要求物流管理者能够管理现有系统，更要求具有创新意识，包括知识创新和服务创新，用创新为企业提供技术支持，保证顾客服务在本行业的领先地位；利用创新来产生良好的用人机制，保障物流企业在激烈的竞争中立于不败之地。

四、国际物流的主要运输方式

（一）国际海洋货物运输

国际海洋货物运输是利用天然海洋航道进行的国际物流运输方式，简称海洋运输。它是国际物流运输中使用最广泛的一种运输方式。国际物流运输总量的80%以上、

中国进出口货运量的 90% 左右，都是通过海洋运输完成的。

1. 海洋运输的基本要素

海洋运输包括船舶、航线及港口三要素。

2. 海上货物运输运作流程

货物先集中到出口港口，按积载图装上已订船舱位，按航线至进口港，按港口的高度指令将货物至指定位置，完成货物海上运输流程。

3. 国际海洋运输主要参与者

国际海洋运输主要参与者包括国际航运企业、港口服务企业、国际船舶理货企业、国际货运代理企业和国际航运经纪人等等。

4. 海洋运输方式

海洋运输方式可分为班轮运输和租船运输。

（1）班轮运输

班轮运输是指在固定的航线上，以既定的港口顺序，按照事先规定的船期表航行的水上运输方式。它是在不定期船运输的基础上逐步发展起来的，是当今国际海洋运输中不可缺少的运输方式之一。

（2）租船运输

租船运输又称为不定期运输。是指根据协议，租船人向船舶所有人租赁船舶用于货物运输，并按商定运价向船舶所有人支付运费或租金的水上运输方式。它与班轮运输方式不同，没有预订的船期表，船舶经过的航线和停靠的港口也不固定，船舶航行的路线和停靠的港口、运输货物的种类及航行时间等，都按照承租人的要求，由船舶所有人确认，运费或租金也由双方根据租船市场在租船合同中的内容加以约定。租船运输的方式主要有定程租船、定期租船、光船租赁和包运租船四种。

（二）国际铁路货物运输

我国铁路运输包括国际铁路联运、内地铁路运输和专门针对港澳地区货物的铁路运输三个组成部分。此外，还涉及铁路运输进口货物交接与核放、铁路进口货物单据周转程序。

1. 国际铁路联运

国际铁路联运是指使用一份统一的国际铁路联运票据，由跨国铁路联运人办理两国或两国以上铁路的全程运输，并承担运输责任的一种连贯运输方式。

目前，中国对朝鲜和俄罗斯的大部分进出口货物，和对东欧一些国家的小部分进出口货物都是采用国际铁路联运方式运送的。

2. 内地铁路运输

对外贸易货物的内地铁路运输是指海运进口货物，由港口经铁路转运到各地用货部门，或者海运出口货物，由产地经铁路集运到港口装船，以及各省、市、自治区之间外贸物资的调拨供应运输。它们都是按我国铁道部颁布的《内铁路货物运输规程》

的规定办理的。

3. 对港澳地区货物的铁路运输

鉴于"一国两制"政策的约束，对港澳地区货物的铁路运输，不属于国际铁路货物联运，需遵照特有的港澳地区铁路运输政策执行。

4. 铁路运输进口货物交接与核放

（1）依据相关国际铁路货物联运规章，进口货物的交接工作在交付站与接收站之间进行。

（2）运至本国的联运货物由口岸代理人办理。

（3）代理人将有问题的货物在口岸进行处理。

5. 铁路进口货物单据周转程序

当进口物品抵达国境站后，由交付站和接收站双方交接人员到国境交接站内检查车辆，办理交接手续。由交付站将票据按交接单移交给接收站，由接收站人员填制"联运货物换装清单"，交接人员核对交接单所载运单批数、项目无误后，将票据交给铁路人员，由铁路人员直接持票据向海关申报。海关检查无误后，铁路人员登记并通知口岸代理人签领自己代理的票据。

（三）国际公路货物运输

国际公路货物运输是指国际货物借助一定的运载工具，沿着公路作跨及两个或者两个以上国家或地区的移动过程。目前世界各国的国际货物运输通常以汽车作为运输工具，所以它实际上也就是国际汽车货物运输。既是一个独立的运输体系，也是车站、港口和机场集散物资的重要手段。

1. 国际公路运输的特点

运量少，机动灵活；直达性能好，可以实现"门到门"的运输；适应性较强，受气候条件影响较小且运行范围广，可以穿街巷、进山区、到工厂、下田间，直接把物资运到仓库、商店、工矿企业和乡村田头，可以广泛地参与其他运输方式的联运中，是港口、铁路以及车站物资集散的必要手段。

2. 当今国际公路运输服务贸易发展的主要经验

欧美各国和日本等工业发达国家，依靠公路运输的蓬勃发展极大地推动并促进经济结构变化和国民经济的发展。归纳起来分析，当今国际公路运输服务贸易发展的主要经验有以下几点：

（1）各国对公路运输在经济发展中的重要性认识不断深化。

（2）重视公路网的规划，增加对公路建设的投资。

（3）多渠道筹集公路建设资金。

（4）集中专用资金，强化国道主干线，发展调整公路。

（四）国际航空货物运输

国际航空货物运输是指由跨国航空承运人办理两国之间空运的全程运输，并承担运输责任的一种现代化运输方式。

1. 航空运输的组织方式

航空运输的组织方式主要有班机、包机、集中托运和快件运输四种。

（1）班机

班机是指定期开航的定航线、定始发站、定目的站和途经站的飞机。一般航空公司都使用客货混合型飞机，既搭载旅客，又可以运送货物。一些较大的航空公司在一些货源较为充足的航线上开辟定期的货运航班，使用全货机运输。

班机固定航线和停靠站，定期开航，定点到达，所以国际之间货物流通采用班机方式，可以使收、发货人确切掌握货物起运和到达时间，保证货物安全、准时地成交。这对市场上急需的商品、鲜活易腐货物及贵重商品的运送是非常有利的由于班机一般是客货混装，所以一般货舱舱位有限，不能满足大批货物的运输要求，只能分期分批运输。因此，大批货物的航空运输应采用其他方式。

（2）包机

包机运输方式又可分为整架包机和部分包机两类。包机方式使用的范围比较狭窄，因为各国政府为了保护本国航空公司的利益，往往对别国航空公司的业务实行各种限制，如申请入境、通过领空和降落地点等，均必须得到有关国家的批准同意。随区域经济合作的不断加强，包机这种运输方式将会得到越来越广泛的运用。

（3）快件运输

快件运输即航空快递，是指具有独立法人资格的全业将进出境货物或物品从发件人所在地通过自身或代理的网络运达收件人的一种快速运输方式。采用快件运输的进出境货物、物品称快件。

快件运输主要的三种形式："门到门"服务、"门到机场"服务、专门派送。

2. 航空货物进出口运输代理程序

（1）进口运输代理业务程序包括代理委托、交接单证与货物、理货与仓储、到货通知、制单与报关、收费与发货、送货与转运仓储等环节。

（2）出口运输代理业务程序包括市场销售、委托运输、审核出口货物单证、预配舱与预订舱、接受单证、填制货运单、接受货物、对货物标记亏贴标签、配舱与订舱、出口报关、交接发运、航班跟踪及费用估算等环节。

（五）国际多式联运

国际多式联运又称国际联合一贯制运输，是在集装箱运输的基础上产生并发展起来的一种新型运输方式，一般以集装箱为媒介，把海、陆、空各种单一运输方式有机结合起来，组成国际间的连贯运输。

1. 国际多式联运的主要方式

目前，国际多式联运的方式非常多，事实上目前五大运输技术的任意组合只要符合多式联运的规定，就可以被认为是多式联运。目前较为常见的组合有以下四种：

（1）海河联运

海河联运一般由船公司提供，虽然经由不同的船舶和不同的实际承运人，但是运输合同只有一份，运费标准统一，承运人即运输合同人。典型的海河联运有由我国长江流域各港口对海外各港口的联合运输，欧洲莱茵河各港口对世界各港口的货物运输，美国密西西比河以及五大湖地区对世界各港口的运输等。

（2）海铁联运

这是目前运用较多的又一种国际多式联运方式，又称际桥运输。目前较为成功的应用范例是北美大陆桥运输和北美小陆桥运输。人们一直期待的西伯利亚大陆桥目前因为政治、经济和技术等各方面的因素，没有得到充分的发展。

（3）海公联运

几乎所有的海运集装箱都涉及公路运输，从这一点出发，可以认为这是目前国际多式联运中最普遍的运输方式。

（4）公空联运

空运一般无法将货物直接运往货主的仓库，总需要使用道路运输实现"门到门"服务。提供这种"门到门"服务的航空公司承运人就可以被认为是在开展公空联运。这也是目前得到广泛应用的多级多式联运的一种方式。

2. 国际多式联运的优越性

国际多式联运是国际货物运输的一种较高组织形式，它集中了各种运输方式的优点，扬长避短地融为一体，组成连贯运输，达到简化货运环节、加速国际货物周转、减少货损货差、降低运输成本、实现合理运输的目的。和传统的单一运输方式相比，具有以下优越性：

（1）责任统一、手续简便

与单一运输方式的分段托运和多头负责相比，多式联运不仅手续简便，而且责任明确。在全程运输过程中，不论距离多远，使用多少种运输工具，也不论途中要经过多少次转运，一切运输事宜都由多式联运经营人统一负责办理，而货主只要办理一次托运，签订一个合同，支付一笔全程单一运费，取得一份联运单据，多式联运经营人就履行全部责任。因为责任统一，一旦发生问题，只要找多式联运经营人便可解决问题。

（2）提高货物运输效率

在利益驱动下，多式联运经营人在接受货物以后，凭借自己在运输领域的专业知识，在集中多方货主的情况下，可以充分利用已有的运输资源，高效率的完成运输任务。多式联运经营人的优势就在于此。

（3）减少中间环节、降低运输成本

国际多式联运可有效地减少中间环节，缩短货运时间，降低货损货差，提高货运质量。同时，由于中间环节减少，也能有效地降低运输成本，节省运杂费，有利对外贸易的开展。

（4）有效实现"门到门"运输

采取多式联运，可以把货物从发货人所在地仓库运至收货人所在地仓库，为实现"门到门"的直达连贯运输奠定了基础。

(5)有效保证货运安全

根据《联合国国际货物多式联运公约》的规定,多式联运经营人将承担远远大于海运承运人的责任,因此多式联运经营人将比海运承运人更加关心运输途中的货物安全,关心的方法和途径也比货主更为专业,防范风险的手段也更加有效。

(六)集装箱运输

集装箱运输是20世纪货运技术的重要发展,也是一次运输革命,目前已成为国际上占有支配地位的运输方式。集装箱运输是以集装箱为运输单位进行货物运输的种现代化运输方式,它适用于海洋运输、铁路运输及国际多式联运等等。

1. 集装箱运输的方式

根据货物装箱的数量和方式,可以把集装箱运输分为整箱运输和拼箱运输两种:

(1)整箱运输

整箱运输是指以一个集装箱为单位的运输。一般的做法是由承运人将空箱运到货主指定的地点,在海关人员监督下,由货主把货物装入箱内,加箱封后交承运人并取得站场收据,最后凭站场收据换取提单。货到目的地后,将集装箱直接运到收货人指定的地点,打开箱封,将货物交给持有提单的收货人,运人收回提单,收货人将货物从集装箱内取出。

(2)拼箱运输

拼箱运输是指一票不足一整箱货物的运输。一般的做法是承运人或代理人在承运人指定的集装箱货运站接受货主托运的数量不足以装满整箱的小票货物后,直接签发代理提单或联运提单,然后根据货物性质和目的地进行分类、整理、集中,将来自不同货主的多票货物集中装在个集装箱内进行运输。货到目的地后,运人在目的地代理实际承运人取得集装箱,运到承运人指定的集装箱货运站进行拆箱,收货人凭代理提单或联运提单向承运人提取货物。

2. 集装箱空箱回运

收货人和集装箱货运站掏箱后,及时将空箱运至集装箱码头空箱堆场。集装箱运输涉及的主要单证。

(1)装箱单

由装箱人填制,详细记载每一集装箱内所装货物的名称、数量、包装种类、标志着货运资料和积载情况的单证。装箱单的主要作用是向承运人、收货人提供箱内货物的明细清单;是向海关申报的主要单证;是货方、港方船方之间货箱交接的凭证;是船方编制船舶积载计划的依据。

(2)站场收据

由承运人发出、证明已收到托运货物并开始对货物负责的凭证。战场收据是在托运人订舱、与船公司达成货物运输协议,船务代理确认订舱后由托运人或货代填制,在承运人委托集装箱货运站收到整箱或拼箱货后签发生效,托运人凭站场收据向船务代理换取已装船或待装船提单。

（3）集装箱提单

在码头用收据换取的收货待运提单。集装箱提单与普通船舶的货运提单不同，后者是在货物装船完毕后经船方在收货单上签署，表明货物已装船，发货人凭经船方签署的收货单要求船司或代理公司换取已装船提单。

4. 集装箱运输的优点

集装箱运输之所以能如此迅速的发展，是因为同传统海运相比，它具有以下优点：

（1）提高装卸效率和港口的吞吐能力，加速了船舶的周转和港口的疏港。

（2）减少了货物装卸次数，有利提高运输质量，减少货损货差。

（3）节省包装费、作业费等各项费用，降低货运成本。

（4）简化货运手续，便利货物运输。

（5）把传统单一运输串联成为连贯的成组运输，从而促进了国际多式联运的发展。

（七）国际陆桥运输

陆桥运输只要是指国际集装箱过境运输，是国际集装箱多式联运的一种特殊形式。陆桥运输包括大陆桥运输、小陆桥运输和微型陆桥运输。陆桥运输是一种主要采用集装箱技术，由海运、铁路、公路以及航运组成的现代化多式联合运输方式，是一项系统工程。

1. 陆桥运输的特点

与其他各种国际货物运输方式相比，陆桥运输主要具有以下特点：

（1）属大陆桥运输范畴，采用海陆联运方式，全程由海运段和陆运段组成。

（2）陆桥运输比全程海运运程短，但需增加装卸次数，所以在某一区域大陆桥运输能否存在和发展，主要取决于它和全程海运相比是否有在运输费用和运输时间等方面的综合竞争力。

2. 陆桥运输的运输路线方式

（1）西伯利亚大陆桥

东端由原来的日本发展到韩国、菲律宾、东南亚、中国香港和中国台湾，西端由英国发展到整个欧洲大陆和伊朗、中东各国。

（2）美国小陆桥

本质上是海陆联运，即利用陆上铁路作为桥梁将美国西海岸和东海岸以及墨西哥连接起来的运输方式，所以称小陆桥运输，它比大陆桥运输少了一段海上运输。

（3）美国大陆桥

主要包括两种路线，第一条：远东、中国、东南亚、美国西海岸、美国东海岸、欧洲，全长 3200 千米，运输方式为"海运—铁路—海运"。第二条：远东、中国、东南亚、美国西海岸、墨西哥湾、南美洲，全长 500 千米至 1000 千米，运输方式为"海运—铁路—海运"。

（3）新亚欧大陆桥

新亚欧大陆桥东起中国江苏边连云港、山东日照等沿海港口城市，西至荷兰鹿特丹、比利时安物普等欧洲口岸,是横跨亚欧两大洲,连接太平洋和大西洋,实现"海—陆—海"统一运输的国际大通道。

3. 陆桥运输的优越性

(1) 缩短了运输里程。
(2) 降低了运输费用。
(3) 加快了运输速度。
(4) 简化了货物的包装及作业手续。
(5) 保证了运输安全。

五、国际物流的新趋势

由于现代物流业对国家经济发展、国民生活提高和竞争实力增强有着重要的影响。所以,世界各国都十分重视物流业的现代化和国际化的发展,从而使国际物流发展呈现出一系列新的趋势。

(一) 标准更加趋同化

国际物流的标准化是以国际物流作为一个大系统,制定机械装备、专用工具、系统内部设施等各个分系统的技术标准;制定各系统内分领域的包装、装卸、运输、配送等方面的工作标准;以系统为出发点,研究各分系统与分领域中技术标准与工作标准的配合性;按配合性要求,统一整个国际物流系统的标准;最后研究国际物流系统与其他相关系统的配合问题,谋求国际物流大系统标准的统一。

(二) 配送更加精细化

在市场需求瞬息万变和竞争环境日益激烈的情况下,要求物流在企业和整个系统必须具有更快的响应速度和协同配合的能力。更快的响应速度,要求物流企业必须及时了解客户的需求信息,全面跟踪和监控需求的过程,及时、准确、优质地将产品和服务递交到客户手中。协同配的能力,要求物流企业必须与供应商和客户实现实时的沟通与协同,使供应商对自己的供应能力有预见性,能够提供更好的产品、价格和服务;使客户对自己的需求有清晰的计划性,从而满足自己生产和消费的需要。

(三) 系统更加集成化

国际物流的集成化是将整个物流系统打造成一个高效、通畅、可控制的流通体系,以此来达到提高流通的效率和效益的目的,以适应在经济全球化背景下"物流无国界"的发展趋势。当前,国际物流向集成化方向发展主要表现在两个方面:一是大力建设物流园区;二是加快物流企业整合。物流园区建设有利实现物流企业的专业化和规模化,发挥它们的整体优势和互补优势;物流企业整合,特别是一些大型物流企业跨越国境展开"横联纵合"式的并购,或形成物流企业间的合作并建立战略联盟,有利于拓展国际物流市场,争取更大的市场份额,加速该国物流业深度地向国际化方向发展。

（四）园区更加便利化

物流园区一般选择靠近大型港口和机场兴建，依托重要港口和机场，形成处理国际贸易的物流中心，并根据国际贸易的发展和要求，提供更多的物流服务。例如报税仓库、港口24小时作业、国际空运货物24小时运营，在通关和其他办证方面，也提供了许多便利。

（五）运输更加现代化

国际物流的支点离不开运输与仓储。而要适应当今国际竞争快节奏的特点，仓储和运输都要求现代化，要求通过实现高度的机械化、自动化、标准化手段来提高物流的速度和效率。为提高物流的便捷化，当前世界各国都在采用先进的物流技术，开发新的运输和装卸机械，大力改进运输方式，总之，融合了信息技术与交通运输现代化手段的国际物流，对于世界经济运行将继续产生积极的影响。

第四节 电子商务与物流协同发展的策略

促进电子商务的发展，需要高效的现代物流。我国的物流业随着我国改革开放的深入，在了解自我、找出差距、不断学习、不断完善中发展壮大。这必将对我国的电子商务发展产生积极的影响，并推动我国经济跨入新的时代。

虽然我国电子商务物流具有很好的发展前景，但机遇与挑战同在。随着我国加入WTO，外国物流企业如盛丰、通联、普洛斯等涌入中国市场，这将给我国的物流业带来很大的竞争压力。能否形成完善的社会电子化物流体系将直接关系到我国物流业在国际竞争中的成败，也会影响到我国网络企业在产品的价格、交货、服务等方面的竞争优势。为此，必须制定可行措施和有力对策，缩小和发达国家物流业之间的差距，满足我国电子商务发展的需要。

一、提高全社会对电子商务和现代物流的认识

电子商务是商业领域内的一次革命，而现代物流则是物流领域内的一次革命。国家与企业共同参与，共建电子信息化环境。同时，企业要通过信息网络进行商贸活动，为客户提供快捷的服务，吸引更多的制造企业和商业企业上网，提高企业的竞争力和盈利水平，从而促进电子商务与现代物流的发展。

二、国家加大支持力度，出台协同发展政策 1. 推进电子商务实施工作

继续参与并推进《中华人民共和国电子商务法》的实施和电子商务相关法律的修

订完善，立足商务工作职能有效发挥作用。贯彻执行《网络零售第三方平台交易规则制定程序规定》，保证交易相关方充分参与交易规则制定和修订，防止平台企业滥用市场支配地位，保障行业健康发展。推动出台"网上商业数据保护办法"。

1. 开展电子商务与物流协同发展试点

指导试点城市落实试点工作方案，建立健全试点工作领导机制，开展电商物流规划编制、管理制度改革、标准规范制定等工作，统筹规划基础设施建设，促进运营车辆规范化，解决末端配送难题，加强从业人员的基本技能培训。总结评估试点经验，及时宣传推广。

2. 健全电子商务标准体系

推动出台"跨境电子商务服务规范""移动电子商务服务规范""基于网络零售开放平台的第三方服务标准""电子商务信用信息共享规范"。根据电子商务与网络零售标准规范框架体系研究成果，继续开展基础性关键标准的研究。地方商务主管部门要重视电子商务标准化工作，加强《电子商务信用评价指标标准》等各项标准规范的宣传贯彻和推广应用，鼓励推动研究机构、中介组织、骨干企业研究起草地方性电子商务标准。

3. 加强电子商务统计和信用体系建设

研究制订商务领域大数据应用工作方案，推动开展试点应用。推进电子商务信息管理分析系统的全面深度应用，建立数据共享机制。研究提出电子商务信用建设方案，加快信用基础数据库建设。积极推动建立部门信息共享和协同监督机制，推动建立面向第三方信用服务机构的信用信息采集、共享与使用机制，形成政府主导、多方参与及标准统一的电子商务信用体系。

4. 推进服务业应用电子商务创新发展

支持养老家政、健康服务、信息服务、旅游休闲等生活服务业应用电子商务开拓市场，通过线上线下互动结合，满足和带动多样化、个性化的居民服务消费需求。支持研发设计、商务咨询、服务外包、检验认证等生产性服务业深入应用电子商务，推动产业结构优化调整和转型升级。完善电子商务服务生态链，培育一批国内外市场知名的综合性、专业性第三方电子商务平台，支持电子商务领域信息技术、营销推广、支付融资及人才培训等专业服务业发展。

5. 深入推进电子商务示范创建工作

总结推广示范基地、示范企业典型案例，适时组织工作经验交流，促进东中西部地区电子商务全面平衡发展。示范城市要结合自身特点和优势，积极开展重点区域和特色领域的电子商务创新应用，探索促进和规范电子商务发展的政策创新。示范基地要发挥产业集聚优势，加快建设电子商务生态链，促进传统产业的转型升级。

6. 推动跨境电子商务健康发展

加快建立健全适应跨境电子商务的监管服务体系，提高各环节便利化水平。支持企业运用跨境电子商务开拓国际市场，推动建立电商企业"走出去"的境外支撑服务体系，引导跨境电子商务产业集群综合发展，培育一批互联网时代中国企业抢占国际市场的"航空母舰"和"排头兵"。加强知识产权及消费者权益保护，促进跨境电子商务规范发展。

三、重视人才的培养

人才的缺失一直是电子商务和物流业发展面临的困境之一。国外的发展历史表明，从业人员对于电子商务和现代物流知识的了解程度对于企业的生存和发展的影响是巨大的。无论是电子商务还是物流业，都需要这种既精通电子商务又熟知现代物流的复合型人才，而这些人才的培养要通过政府、学校和企业三方共同努力才能实现。

1. 政府方面

加强电子商务人才培养。创新电子商务人才培养机制，建立科学合理的分级分层培训体系，培养一批电子商务高端人才、紧缺人才和专业技能人才，促进高校毕业生就业创业。推进国家电子商务专业人才知识更新工程，支持有条件的地方建设电子商务人才继续教育基地。加快人才教育基地建设，指导电子商务示范基地加大人才培训力度，加强实训，开展岗位对接。建立健全从业人员资格认证体系，提高行业整体的规范性和专业性。

2. 企业方面

高校大学生知识水平有限，而我国电子商务与物流企业正处发展初期阶段。这两个方面的因素导致企业不愿意为大学生提供实习岗位。建议企业为电子商务或物流业专业人才提供实训基地，协助政府开展工作，开放实习岗位。与高校联手，提升专业人才的素质。在此过程中选择选拔高素质人才，提高企业本身的竞争力。高校和企业可以借鉴德国的"双元制"教学方法。德国的学生一方面在学校接受教育，学习理论知识，另一方面在企业中学以致用和接受培训。中国可以创新激励机制，如表现优秀的学生可以直接成为公司正式员工等。

3. 高校方面

设置与电子商务和物流相关的课程，推动两种专业的交流；加大关于电子商务和物流业的学术研究；增加与发达国家高校交流合作的机会；提高对发达国家电子商务与物流业的研究水平，并将发达国家的先进经验本土化，以适应本国国情；设置模拟实验室或者虚拟网络运作平台，以缓解大学生实习难的问题。

四、企业分三个层次促进协同发展

（一）战略层面

1. 电商与物流两者应建立协同战略目标

电商与物流业之间的利益争夺使得两者的信息交互受阻碍，信息交互受阻就会导致各自业务目标与管理任务的不对等。电子商务企业应根据企业自身发展状况，积极与物流企业做好沟通，制定科学的物流外包政策，与上下游企业建立长期的合作关系，减少合作过程中的分歧，形成共享利益、共担风险的经济共同体。物流业应该加快自身改革和发展的步伐，适应现代经济发展现状，为电子商务提供优质的多样化和个性化服务，努力提升电子商务企业的专业化程度和服务水平。

2. 实现供应链的合作机制

在电子商务产业链背景之下，建立供应链一体化的合作模式，使商流、物流、信息流、资金流在原材料供应商、产品生产商、服务客户之间畅通流动，从而提高电子商务供应链的效率和效益。所以，要加强电商和物流之间的合作，优势互补，才能保证供应链各个环节的高效运转。

3. 完善责任分配

电商与物流业两者分工明确，责任清晰。这样就有利于各项业务的开展，也避免了责任纠纷，有利于合作的长久维持。

（二）政策层面

一方面，建立信息交互平台，加强电子商务与物流业的信息交互。另一方面，全面推进基础设施建设，建立健全的信用管理制度。

（三）运作层面

1. 网络协同

网络协同的主要目的在于提高电子商务和物流业开展业务过程中的信息交互水平，具体体现为提升快递网络的覆盖率，完善物流信息系统，整合社会方面物流资源。

2. 服务协同

构建配套服务体系。电商与物流实现协同发展解决了双方长久以来面临的许多问题，构建配套服务体系有利于两者展开深入的合作，占有更多的市场份额；建立健全信息服务水平评价制度。以双方合作目标为基础，制订完成各项工作的规划和电子商务、物流服务评价的标准体系，并以此为依据对双方进行业务评价，及时发现存在的问题并加以改进，为两者的长久发展提供保障；共同促进仓配一体化建设。在此之前，电子商务和物流业都面临着仓储的问题，共同促进仓配一体化建设无论是对电子商务还是物流业的直接推动都是显而易见的。

3. 规范协同

我国电子商务和现代物流业都处于初期发展阶段，行业内部混乱，缺乏统一的服务标准。两者通过采用专业的技术设备，建立统一的服务标准使企业本身专业化程度提高，从而促进自身的发展。

五、结合我国的实际情况，多方面吸取经验

我国可以吸取别国物流管理研究的成果，向电子商务物流发达的国家学习，鼓励理论界和实务界研究电子商务物流中的难题，少走弯路，尽量走捷径，加快我国电子

商务物流的发展步伐。

六、加强物流基础设施建设和合理布局

国家除了加快对公路、铁路、港口、机场等基础设施的建设外,各物流企业应加强物流中心的建设和科学布局。各地政府应统筹规划,正确引导物流企业布局和物流中心建设,包括物流仓库、配送中心、通信网络基础等。只有科学合理地布局物流中心,才能提高物流速度和物流效率。例如,我国大型物流企业——中储物流,就已经分别在上海、郑州、南京、洛阳、无锡、天津、沈阳、石家庄、武汉、西安、重庆、成都、大连等交通中心和经济发达地区建立了主要的大型仓库和物流配送中心,这是我国物流企业在继承原有基础设施并进行重新合理布局的典型案例之一。

七、建立第四方物流

第四方物流(Fourth party logistics 即 4PL,FPL)是一个供应链的集成商。一般情况下,政府为促进地区物流产业发展领头搭建第四方物流平台提供共享及发布信息服务,是供需双方及第三方物流的领导力量。第四方物流不是物流的利益方,而是通过拥有的信息技术、整合能力以及其他资源提供一套完整的供应链解决方案,以此获取一定的利润。它帮助企业实现降低成本和有效整合资源,并且依靠优秀的第三方物流供应商、技术供应商、管理咨询以及其他增值服务商,为客户提供独特的和广泛的供应链解决方案。一般情况下,供方将物资提供给需方即完成了物流服务,而第三方物流(Third Party Logistics 即 3PL,TPL))是指以物流服务的供方和需方之外的第三方去完成物流服务为特征的物流运作方式。以航运或航空运输、铁路或公路运输为依托的企业,目前所发展的就是这种第三方物流。第四方物流负责第三方物流安排之外的功能整合,因为全球性供应链管理,单靠第三方物流来组织、整合,不可能做到包罗万象,除了要保持速度及有效运作,它必须围绕本身性质和重点来经营,采用合作而不是直接控制的方法,来获得能力。所以,需将单个组织以外的知识与资源纳入第四方物流。与第三方物流注重实际操作相比,第四方物流更多地关注整个供应链的物流活动。

发展提高第三方物流的服务功能和地位是发展第四方物流的关键。发展第四方物流,首先,应加大宣传力度,提升现代物流意识,必须充分认识发展现代物流的战略意义。宣传须有针对性地分为几个层次进行,从而达到强化意识、了解知识的目的,进而促进企业观念更新、方式转变,帮助企业实施现代物流。其次,出台系列扶持政策,推进物流外包发展进程。在原有现代物流业和第四方物流扶持政策基础上,进一步加大对物流外包企业的政策倾斜,扶持物流外包企业做强做大。制定相应政策激励货源企业发展物流外包,然后,鼓励货源企业加盟四方平台通过财政补助、平台免费、规模采购、减少环节及环保物流等措施,能有效地降低物流成本,让物流和货源企业得到更多的实惠,尤其能激发货源企业加盟积极性,为第四方物流的可持续发展增添动力。

为加强物流基础设施的规划和建设,政府应该统筹规划,整合物流资源,加强协

调,加大物流基础设施的投资力度,并积极地引导社会各方力量涉足物流业的投资建设,为物流和配送打好基础。要提高我国物流业水平,从容应对跨国物流企业的竞争,应利用网络技术建立物流行业的公共信息平台,通过信息技术和网络技术整合物流资源。同时应大力引进和培育掌握现代物流知识的复合型人才,形成一支适应现代物流业发展地高素质人才队伍,从而促进和保障未来第四方物流在我国的发展,提升我国物流业整体水平。

八、完善电子商务环境下的物流标准

与其他产业不同,物流企业具有其自身的特点,即点与点的物流作业要一致,并且还要有系统性,如果只依靠市场竞争是无法达到这样的标准的,因此政府有关部门的强制力对其很重要。除此之外,对我国的物流业的法律法规还应该和国际接轨。利用国际电子数据交换标准来强制实施信息交流,加快数据传递,精确数据内容,提高整体物流水平。还要加强对物流的流通速度的管理,使管理标准化、一致化。我国政府可以借鉴其他国家和地区的先进经验,利用立法来规范物流业的运作,加快物流流动,降低物流成本,提高物流的效率。

九、建设物流管理信息系统

物流管理信息系统的建设对于我国电子商务环境下的物流发展作用重大,能够促进物流管理工作胜任各种任务。以联想为例,该公司建立了核心业务管理应用系统和电子商务网站,为改善内部管理,提高工作效率,联想利用ERP来完善企业的供货流程,该系统将公司内部的原材料采购、生产计划、制造、订单处理与支付等环节密切地联系在了一起,让企业能够更加科学、高效、规范地管理供货流程。联想通过R/3系统的实施,建立了统一的信息平台,并利用该平台统一规划和建设公司的信息流。

我国的电子商务和物流业都处于初期发展阶段,各自存在着很多问题。这些问题在两者快速发展的过程中也显露出来。物流业在推动电子商务发展的同时也成了电子商务发展的"瓶颈",电子商务在为物流业提供发展机遇的同时也限制了它的发展。双方通过协同发展寻找出路,虽然在协同发展的路上遇到了很多困难,但是,协同发展的前途是光明的,也是双方的必经之路。电子商务企业和物流业只有整合社会有利资源,加强协作,才能实现共赢。

十、虚拟物流企业的构建

随着Internet的发展、全球信息资源的共享,建立在企业自身核心竞争力基础上的基于虚拟企业的电子商务物流配送模式成为一种发展趋势。回顾发达国家物流发展的历史,可发现在物流的发展过程的初期,通过虚拟化的方式整合社会资源能够确保充分利用社会资源,为社会提供满意的服务,既可以降低物流经营的风险,同时也能够保证物流产业的平稳发展,是一条物流产业发展过程中被证明了的有效途径。

以计算机网络技术进行物流运作与管理,实现企业间物流资源共享和优化配置的虚拟物流是利用日益完善的通信网络技术及手段,将分布于全球的企业仓库虚拟整合为一个大型物流支持系统,以完成快速、精确、稳定的物资保障任务,满足物流市场的多频度、小批订货需求。对中小企业来说,虚拟物流的意义十分重大。电子商务时代,物流信息化是电子商务的必然要求。而在我国因为物流业起步晚,发展水平低,自动化技术的普及还需要相当长的时间。

　　现代物流业是我国企业管理的一场革命,也是我国产业结构调整的一个重大突破。将现代信息、网络技术应用到传统的物流行业,从而形成极具发展潜力的现代物流业,就需要相关企业与传统物流企业进行密切合作。因为虚拟物流企业是集众多高新技术为一体的新型产业,传统的物流企业仅靠自身的力量难以实现。同时,构建虚拟物流企业涉及的专业领域、业务流程极其复杂,对致力于进军物流领域的 TT 厂商,难以提供切合实际的解决方案。所以,构建虚拟物流企业就需要 IT 企业与传统物流企业,相关的供应商、服务提供商等相结合,充分发挥多方的优势,构建一个切合实际的虚拟物流企业模式。

第六章 绿色快递物流战略

第一节 可持续发展与绿色快递物流

一、可持续发展理论

（一）可持续发展理论的产生

经济发展问题一直是世界各国普遍关心的焦点问题。20世纪以来，随着科技进步和社会生产力的极大提高，人类创造了前所未有的物质财富，加速推进经济发展的进程；与此同时，自然资源的急剧耗损和环境质量的不断下降等问题也日益突出。特别是第二次世界大战以后，人们对发展的理解是按照经济的增长来定义的，即以国民生产总值或国民收入的增长为重要目标，以实现工业化为主要内容。在这一发展观的指导下，世界各国都追求经济的高速增长，"烟囱"产业被看成是"朝阳"产业备受推崇，并在第三次技术革命的推动之下，人类在短时间内极大地刺激了生产力的发展，掠取自然资源的能力得到了空前的提高，经济发展达到了前所未有的高度。但与此同时，隐藏在发展背后的一系列危机暴露出来，人类被迫面临人口膨胀、资源短缺、环境污染、生态破坏和发展不平衡等一系列日益严重的世界性问题，人类开始反思传统的经济发展模式。

1962年，美国的雷切尔·卡逊发表了《寂静的春天》，为人类前途描绘出一幅惨淡的图景，试图唤起人类对传统发展观的反思。1972年6月，联合国在瑞典斯德哥尔摩举行第一次人类环境会议，在发表的《人类环境宣言》中指出："为了当代人和后代人，保护和改善人类环境已成为人类紧迫的目标，它必须同世界经济发展这个目标同步协调地发展。"这里包含了可持续发展的初步思想。同年，英国科学家编写了《生存的蓝图》，罗马俱乐部发表了著名的《增长的极限》，美国学者芭芭拉－沃德和勒内·杜博斯发表了《只有一个地球》，这些报告从不同角度将人类对生存和环境的认识推向了一个新的境界，即可持续发展的境界。

1980年，国际自然保护联盟（IUCN）、联合国环境规划署（UNEP）和世界自然基金会（WWF）联合发表了《世界自然资源保护大纲》，对可持续发展的生命资源保护提出了纲领性的意见，这被认为是可持续发展的直接发端。

对可持续发展理论与实践产生巨大推动作用的是世界环境与发展委员会于1987年发表的《我们共同的未来》。该报告把可持续发展作为一个关键性的概念提出来，并对其内涵作了界定和详尽的理论阐述。报告指出："人类生活在地球上，我们只有一个地球"，"人们可以期待一个经济发展的新时代的到来，这一新时代必须建立在使资源环境条件得以持续和发展的基础上，既满足当代人的需要，又不对后代人满足其需要的能力构成危害"。

1992年6月，联合国在里约热内卢召开的"环境与发展大会"，通过了可持续发展为主题的《21世纪议程》等5个纲领性文件，标志着可持续发展观已得到世界上大多数国家的认可。此后，在开罗和哥本哈根召开的世界社会发展首脑会议，又继续对可持续发展问题进行了深入讨论。此外还召开了一系列专题国际会议，签署了一系列旨在改善全球生态环境状况的国际公约、协定和呼吁书，如减少氟利昂排放量的《蒙特利尔议定书》（1987），控制危险废弃物跨境运输及处理的《巴塞尔公约》（1989）、减少温室气体排放量的《京都议定书》（1997）等。这些国际会议的召开和国际协议的签署，大大加快了可持续发展以及现在全世界的传播。

（二）可持续发展的含义及其本质

可持续发展越来越受到世界各国的重视，但是，迄今为止，关于可持续发展尚未有一个统一的定义，不同学者和组织机构从不同的角度进行了界定，据统计全球可持续发展的定义有一百多种。下面介绍几种比较权威的定义。

世界环境与发展委员会认为，可持续发展是既满足当代人的需求，又不对后满足代人需求的能力构成危害的发展。

联合国环境规划署第15届理事会《关于可持续发展的声明》认为，可持续发展是指满足当前需要又不削弱子孙后代满足其需要的能力发展，而且绝不包含别国国家主权的含义。

世界银行认为，可持续发展是指建立在成本效益比较与审慎的经济分析基础上的发展和环境政策，加强环境保护，从而导致福利的增加和可持续发展水平的提高。

尽管可持续发展的定义多种多样，但一般认为，可持续发展的本质是："健康的经济发展应建立在生态可持续、社会公正和人民积极参与自身发展决策的基础之上；

可持续发展所追求的目标是既要使人类的各种需要得到满足，个人得到充分发展，又要保护资源和生态环境，不对后代人的生存和发展构成威胁。衡量可持续发展主要有经济、环境和社会三方面的指标，缺一不可。"

可持续发展并不否定经济增长，但，需要重新审视经济增长的实现方式和目的，可持续发展反对以最大利润或利益为取向、以贫富悬殊和资源掠夺性开发为特征的经济增长。它所鼓励的是经济增长应是适度的、注重人类生活质量提高的，它以无损于生态环境为前提，以可持续性为特征，以提高人民生活水平为目的。

可持续发展以自然资源为基础，同环境承载能力相协调。可持续发展的实现，要运用资源保育原理，增强资源的再生能力，引导技术变革使再生资源代替非再生资源成为可能，并运用经济手段和制定行之有效的政策，限制非再生资源的利用，使其利用趋于合理化。

可持续发展以提高生活质量为目标，同社会进步相适应，这一点是与经济发展的内涵和目的相同的。经济增长与经济发展的不同已成为共识，经济发展意味着贫困、失业、收入不均等社会问题的改善，可持续发展追求的正是可持续的经济发展。世界各国的发展阶段不同，发展的具体目标也各不相同，但发展的内涵均应包括改善人类生活质量，保障人类基本需求，并创造一个自由、平等及和谐的社会。

可持续发展是一个涉及经济、社会、文化、技术及自然环境等的综合性概念。分析可持续发展，不能把经济、社会、文化和生态因素割裂开来，因为和物质资料增长相关的定量因素同确保长期经济活动、结构活动以及结构变化的生态、社会与文化等定性因素是相互作用、不可分割的。同时，可持续发展又是动态的，它并不是要求某一种经济活动永远运行下去，而是要求不断地进行内部和外部的变革，在一定的经济波动幅度之内，寻求最优的发展速度以达到持续稳定发展经济的目标。

二、绿色快递物流

绿色快递物流是以降低污染物排放、减少资源消耗为目标，通过先进的物流技术和面向环境管理的理念，进行物流系统的规划、控制、管理和实施的过程。发展绿色快递物流是在可持续发展观的指导下，物流业发展过程中的必然选择。其目标就是实现物流系统效率、经济效益和生态环境效益的协调和平衡，使社会经济、物流产业、生态环境都得到可持续的发展。

（一）绿色快递物流的兴起

以往对于物流活动的研究，更多的是从降低物流成本和提高服务质量的方面来考虑。然而，随着社会经济的高速发展，人类物质文明大大提高，地球上的资源也在日益减少，人类赖以生存的环境以及地球原本和谐的生态环境正面临着威胁。在这种背景下，20世纪90年代全球兴起了一股"绿色浪潮"。以可持续发展为目标的绿色革命，正成为各国政府、企业和公众广为关注和共同追求的事业。因此，物流业的发展环境也发生了变化，表现为以下方面。

1. 对环境资源的使用具有外部性，特别是环境污染会造成外部不经济。然而以往环境破坏者并没有对这部分的环境成本负责，而是转嫁到了外部的公共机构或微观经济单位，作了外部处理。如今，随着人们对环境问题的重视及制度的完善，正逐渐建立起将外部成本内在化的成本核算体制，即将生产或消费中所产生的环境外部成本变成当事人的内部成本，促使生产者和消费者以环境友好的方式实现效益最大化。经济手段是目前政府促使环境成本内在化的重要手段之一。政府采取征收环境税的税制，迫使生产者在经济决策中考虑环境成本的高低。此外，对于一些有利于资源循环利用，减少环境影响的行为给予一些优惠政策和经济奖励。这就意味着，今后企业环境问题处理得如何将直接反映到经济收益上来，环境问题处理不好，企业利润就会减少，甚至威胁企业的生存和发展。物流业是经济活动中的主体，当然也必须接受这种经济上的约束。

2. 长期以来，由于人类不合理的开发和粗放式的利用，地球上有限的自然资源急剧减少，甚至出现匮乏。以燃料能源为例，据统计，已确知的石油储备只能供人类"享用"42年，天然气67年，煤大约200年，人类每年消耗的能源相当于80亿至90亿吨石油。按目前的增长速度，到2050年每年消耗的能源将达到相当于300亿吨石油的水平。物流业是一个能源消耗大户，对能源的依赖性很强。据我国学者研究显示，全世界所生产的全部能源中，有20%以上用于交通运输，其中60%至70%用于客运，其余的用于货运。除了对能源的大量占用外，物流基础设施的建设要占用大量的土地资源，运输工具的制造要消耗大量的矿产资源。所以，物流业的发展要受到自然资源有限性的约束。

3. 随着环境保护的重要性逐渐受到人们的重视，一种绿色文化悄然兴起。人们开始放弃原来的快速消费、快速淘汰的生活方式，转向一种以节约资源、减少污染、重复使用、垃圾分类、循环回收、救助物种、保护自然为时尚的生活方式。环境危害大的产品和服务逐渐受到人们的排斥，危害环境的行为也会受到法律的制裁和社会舆论的谴责。而以往的物流活动对环境扰动很大，比如运输工具在行驶过程中的排放物对地球大气圈的结构和物理特性产生影响，造成大气污染；物流过程中的物流包装废弃物给环境造成负担。因此，在当前社会逐渐形成"尊重绿色、保护绿色、倡导绿色"的文化环境下，物流业发展将受到社会舆论的约束。

在这样的情况下，对物流活动的研究，就不能只从满足需求的角度出发，而应该在满足需求的条件下，充分考虑到物流资源的合理利用和对环境的保护。因此，传统的物流理念受到了严峻的挑战。

首先，传统的物流活动把满足物流需求，实现经济利益作为最高目标，而没有考虑到更大范围的社会利益。如随着JIT等现代物流理念、技术的普及化，企业普遍采用小批量、多频率等物流高效作业，出现了局部物流效率优化以整体社会物流效率损耗为代价的现象，导致交通阻碍、事故增加、环境恶化、能源浪费等外部效应。

其次，传统的物流活动研究是一种对单项的流通过程的研究，即商品从生产者手中转移到消费者手中，而没有考虑到商品消费以后包装物或者包装材料等废弃物的回收以及退货所产生的物流活动。

最后，传统的物流活动的成本核算只考虑到与物流活动直接相关的费用，如交通费、保管费、采购费等，而由于物流活动而产生的外部环境成本却被忽视，不计入物流成本之内，导致人们对巨大的环境成本的忽视。

由上可见，在新的社会环境下，对于物流活动的研究又被赋予了新的任务，即在可持续发展观的指导下，发展资源节约型和环境保护型的绿色快递物流，兼顾物流活动的企业效益和社会效益。

（二）绿色快递物流的含义

1. 绿色快递物流的概念

绿色快递物流是近几年刚提出的一个新课题，目前还没有完全成熟的定义。国际上，绿色快递物流已成为继绿色制造、绿色包装之后的又一个研究热点。由布鲁尔和巴顿等人合著的《供应链管理和物流手册》一书中，认为由"绿色（Green）"和"物流（Logistics）"组合在一起的"绿色快递物流（Green Logistics）"一词，代表着与环境相协调的高效运输配送系统。

美国逆向物流执行委员会（RLEC）在研究报告中对绿色快递物流的定义是：绿色快递物流也称为"生态型的物流"，是一种对物流过程产生的生态环境影响进行认识并使其最小化的过程。

从国外不同学者的定义可以看出，绿色快递物流实际上是一个内涵丰富、外延广泛的概念，凡以降低物流过程的生态环境影响为目的的一切手段、方法和过程都属于绿色快递物流的范畴。

在国内，随着加入世界经济贸易组织（WTO）以来国际贸易的日益增多，国内企业不仅面临同类国际企业的产品质量竞争，还将面临有关的环境贸易壁垒。国内少数企业及学者已经在绿色生产、绿色包装、绿色流通、绿色快递物流方面进行了有意义的探索，认为绿色快递物流是指在运输、储存、包装、装卸，流通加工等物流活动中，采用先进的物流技术、物流设施，最大限度地降低了对环境的污染，提高资源的利用率。

在我国出版的《物流术语》对绿色快递物流的定义是：在物流过程中抑制物流对环境造成危害的同时，实现对物流环境的净化，使物流资源得到充分利用。国家标准根据绿色快递物流与一般物流的差异，对绿色快递物流的概念进行了规定。在总体上，绿色快递物流的目标不同于一般物流。一般物流主要是为了实现物流企业的盈利、满足顾客需求、扩大市场占有率等，这些目标最终仅是为了实现某一主体的经济利益。而绿色快递物流在实现经济利益目标的基础之上，还追求节约资源、保护环境这一既具经济属性，又具有社会属性的目标。尽管从宏观角度和长远利益看，节约资源、保护环境与经济利益的目标是一致的，但是对某一特定的物流企业在特定时间内却可能存在矛盾。

绿色快递物流是一个多层次的概念，它既包括企业的绿色快递物流，又包括社会对绿色快递物流的管理、规范和控制。从绿色快递物流的范围来看，它既包括各个单项的绿色快递物流功能要素（如绿色运输、绿色包装、绿色保管等），还包括为实现资源再利用而进行的废弃物循环物流。

在可持续发展观的指导下，结合国内外专家对绿色快递物流含义的理解，绿色快递物流的实质就是物流的可持续发展，是从可持续发展的角度对现代物流的内涵所提出的新的要求。绿色快递物流是在当前物流供给能力满足经济发展对物流的需求的前提下，以可持续发展观为指导，从而降低污染物排放、减少资源消耗为目标，通过先进的物流技术和面向环境管理的理念，进行物流系统的规划、控制、管理和实施的过程。具体可以概括为如下几个方面。

（1）物流基础设施、物流装备及运营管理三方面的供给能力与经济发展对物流的需求相平衡。

（2）有限资源充分利用和追求单位资源利用下的物流的高效率。

（3）不断改变物流消费模式以减少物流对不可再生资源的消耗，以及开发可替代资源。

（4）消除或减轻物流对自然环境和生态环境的破坏，并积极促进环境改善。

（5）促进物流设施在全社会成员之间的公平享用，缩小区域间发展的不平衡性。

2. 绿色快递物流的本质

对绿色快递物流的各种定义，虽然有不同的表述，但是其本质和内涵是基本相似的，可以从如下几方面进行分析。

（1）绿色快递物流的最终目标是可持续性发展。绿色快递物流是对生态环境友好的物流，亦称生态型物流。其根本目的是减少资源消耗、降低废物排放，这一目的实质上是经济利益、社会利益和环境利益的统一，这也正是可持续发展的目标。所以，绿色快递物流也可称为可持续的物流。

按照绿色快递物流的最终目标，企业无论是在战略管理还是战术管理中都必须从促进经济可持续发展这个基本原则出发，在创造商品的时间效益和空间效益以满足消费者需求的同时，严格按生态环境的要求，保持自然生态平衡和保护自然资源，为子孙后代留下生存和发展的权利。实际上，绿色快递物流是可持续发展原则与现代物流理念相结合的一种现代物流观念。

（2）绿色快递物流的活动范围涵盖产品的整个生命过程。产品在从原材料获取到使用消费直至报废的整个生命过程，都会对环境有影响。而绿色快递物流既包括对从原材料的获取、产品生产、包装、运输、分销直至送达最终用户手中的前向物流过程的绿色化，也包括对退货品和废物回收逆向物流过程的生态管理与规划。因此，其活动范围包括产品从产生到报废处置的整个生命过程。

生命过程不同阶段的物流活动不同，其绿色化方法也不同。从生命过程的不同阶段看，绿色快递物流活动表现为绿色供应物流、绿色生产物流、绿色分销物流、废弃物物流和逆向物流；从物流活动的作业环节来看，绿色快递物流活动一般包括绿色运输、绿色包装、绿色流通加工、绿色仓储等

（3）绿色快递物流的行为主体包括公众、政府和供应链上的全体成员。专业物

流企业对运输、包装、仓储等物流作业环节的绿色化负有责任和义务。处于供应链上核心地位的制造企业,既要保证产品及其包装的环保性,还应该与供应链的上、下游企业以及物流企业协调起来,从节约资源、保护环境的目标出发,改变传统的物流体制,制定绿色快递物流战略和策略,实现绿色产品和绿色消费之间的连接,使企业获得持续的竞争优势。

另外,各级政府和物流行政主管,在推广和实施绿色快递物流战略中具有不可替代的作用。由于物流的跨地区和跨行业特性,绿色快递物流的实施不是仅靠某个企业或在某个地区就能完成的,也不是仅靠企业的道德和责任就能主动实现的。它需要政府的法规约束和政策支持。

公众是环境污染的最终受害者。公众的环保意识能促进绿色快递物流战略的实施,并对绿色快递物流的实施起到监督的作用。因而,公众也是绿色快递物流不可缺少的行为主体。

(三)绿色快递物流的框架结构

企业物流包括从原材料供应,产品生产到产品销售的全部活动,它由供应物流、生产物流、销售物流和逆向物流组成。绿色快递物流就是在闭环的物流的各个环节包括运输、储存、包装、装卸,流通加工和废弃物处理等物流活动中,采用环保技术,提高资源利用率,最大限度地降低物流活动对环境的影响。因此绿色快递物流可以分为绿色供应物流、绿色生产物流、绿色销售物流以及逆向物流,有学者把绿色供应物流、绿色生产物流和绿色销售物流统称绿色正向物流。

(四)绿色快递物流的特征

绿色快递物流除了具有一般物流所具有的特征之外,还具有学科交叉性、多目标性、多层次性、时域性和地域性等特征。

1. 学科交叉性

绿色快递物流是物流管理与环境科学、生态经济学的交叉。由于物流与环境之间的密切关系,在研究社会物流与企业物流时必须考虑环境问题和资源问题;又由于生态系统与经济系统之间的相互作用和相互影响,生态系统也必然会对经济系统的子系统—物流系统产生作用和影响。所以,必须结合环境科学和生态经济学的理论、方法进行物流系统的管理、控制和决策,这也正是绿色快递物流的研究方法。学科的交叉性,使得绿色快递物流的研究方法复杂,研究内容十分广泛。

2. 多目标性

绿色快递物流的多目标性体现在企业的物流活动要顺应可持续发展的战略目标要求,注重对生态环境的保护和对资源的节约,注重经济与生态的协调发展,追求企业经济效益、消费者利益、社会效益与生态环境效益四个目标的统一。系统论观念告诉我们,绿色快递物流的多目标之间通常是相互矛盾、相互制约的,一个目标的增长将以另一个或几个目标的下降为代价。如何取得多目标之间的平衡,这正是绿色快递物流要解决的问题。从可持续发展理论的观念看,生态环境效益的保证将是前三者效益得以持久保证的关键所在。

3. 多层次性

绿色快递物流的多层次性体现在三个方面。首先，从对绿色快递物流的管理和控制主体看，可分为社会决策层、企业管理层和作业管理层三个层次的绿色快递物流活动，也称作宏观层、中观层和微观层。其中，社会决策层的主要职能是通过政策、法规的手段传播绿色理念；企业层的任务则是从战略高度与供应链上的其他企业协同，共同规划和控制企业的绿色快递物流系统，建立有利于资源再利用的循环物流系统；作业层主要是指物流作业环节的绿色化，如运输的绿色化、包装的绿色化、流通加工的绿色化等等。

其次，从系统的观点看，绿色快递物流系统是由多个单元（或子系统）构成的，如绿色运输子系统、绿色仓储子系统、绿色包装子系统等。这些子系统又可按空间或时间特性划分成更低层次的子系统，每个子系统都具有层次结构，不同层次的物流子系统通过相互作用，构成一个有机整体，实现绿色快递物流系统的整体目标。

另外，绿色快递物流系统还是另一个更大系统的子系统，这就是绿色快递物流系统赖以生存和发展的外部环境，包括法律法规、政治环境、文化环境、资源条件及环境资源政策等，它们对绿色快递物流的实施将起到约束作用或推动作用。

4. 时域性和地域性

时域特性指的是绿色快递物流管理活动贯穿于产品的生命周期全过程，包括从原材料供应，生产内部物流，产成品的分销、包装、运输，直至报废、回收的整个过程。

绿色快递物流的地域特性体现在两个方面。一是指由于经济的全球化和信息化，物流活动早已突破地域限制，呈现出跨地区、跨国界的发展趋势。相应地，对物流活动绿色化的管理也具有跨地区、跨国界的特性。二是指绿色快递物流管理策略的实施需要供应链上所有企业的参与和响应。例如，欧洲一些国家为了更好地实施绿色快递物流战略，对于托盘的标准、汽车尾气排放标准、汽车燃料类型等都进行了规定，其他国家的不符合标准要求的货运车辆将不允许进入本国。跨地域、跨时域的特性也说明绿色快递物流系统是一个动态的系统。

（五）绿色快递物流管理的战略价值

绿色快递物流战略不仅对环境保护和经济的可持续发展具有重要的意义，还会给企业带来巨大的经济效益。实践证明，绿色快递物流是有价值的，这种价值不但体现在概念层次上，还体现在实实在在的经济价值上。

1. 绿色快递物流管理的社会价值

绿色快递物流首先表现为一种节约资源、保护环境的理念。因此，实施绿色快递物流管理是一项有利于社会经济可持续发展的战略措施。对于企业而言，实施物流绿色化管理战略，将给企业带来明显的社会价值，包括良好的企业形象、企业信誉、企业责任等。

企业伦理学指出，企业在追求利润的同时，还应努力树立良好的企业形象、企业信誉，履行社会责任。后者虽然仅仅是一种概念层次的价值，却能直接影响企业的实际经济价值，因为良好的社会形象能给企业提供新的经济机遇和市场竞争优势。这也是为什么很多跨国公司非常关注公益事业、关注社会问题的根本原因。

绿色快递物流管理给企业带来的社会价值具体表现在以下两个方面：首先，实施绿色快递物流管理将企业推向可持续发展的前沿，这有助于企业树立良好的企业形象，赢得公众信任；其次，实施绿色快递物流管理的企业更容易获得一些环境标准的认证，如ISO14000环境管理体系，从而在激烈的市场竞争中占据优势。

2. 绿色快递物流管理的经济价值

生态经济学理论告诉我们，生态系统是具有经济价值的，生态系统与经济系统之间存在一种固有的平衡。严格的环境标准一方面将迫使企业选择更加环保的物流方式，另一方面，也将迫使企业更加有效地利用资源，从而降低成本，增强竞争能力。因此，我们不能只看到解决环境问题需要实际成本的一面，还应该认识到，环境方面的改善会给企业带来更多的经济机遇和参与国际竞争的机会，带来巨大的实实在在的经济效益。西方国家的最新研究及实践表明，一个在环境绩效方面表现良好的企业通常也具有良好的盈利表现。

实施绿色快递物流管理为企业创造的经济价值体现在三个方面：一是绿色快递物流有利于树立良好的企业形象，使企业更容易获得股民和其他投资者的青睐；二是企业通过对资源的节约利用，对运输和仓储的科学规划和合理布局，大大降低物流过程中的环境风险成本，从而为企业拓展利润空间；三是自然资源的回收、重用等逆向物流举措，可以降低企业的原料成本，提升客户的服务价值，增强企业竞争优势。

三、发展绿色快递物流的必要性

（一）发展绿色快递物流有利于环保

环境污染已经是国内外普遍关注的现实问题，而传统物流给环境带来的危害则日趋显著。交通工具本身产生噪声污染；汽车尾气对大气环境的毒害众所皆知，尤其是在汽车数量不断增加的城市区域，汽车尾气经太阳照射后形成的光合烟雾，使城市空气长期处于污染状态；汽车的废旧轮胎大量堆积将是环境污染的潜在隐患；加工中资源的浪费或过度消耗，加工产生的废气、废水和废物都对环境和人体构成危害；物流中的包装材料和包装模式，不仅造成资源的严重浪费，而且极其明显地污染了环境，如白色塑料污染，这类材料在自然界中不易降解，滞留时间很长；过度的包装或重复的包装，造成资源的浪费；装卸不当，商品体的损坏，造成资源浪费和废弃，废弃物还有可能对环境造成污染，例如，城市生活垃圾所产生的渗沥水携带各种重金属和有机质，严重污染水体和土壤，并影响地下水质；废弃物发酵过程中产生的甲烷气体则污染大气；石油在海运过程中发生泄漏而造成大片海域污染，这样的污染常常是致命的，并且在很长时期内都无法恢复常态。可见，现代物流活动对环境的影响已经威胁到我们的日常生活，这些污染行为不利于可持续发展，同时也无益于生态经济效益。

地球是人类的大家园，需要每个人、每个组织的共同保护。目前我国政府对环境污染问题非常重视，中国企业作为社会经济发展的一分子，应主动减少污染环境，实行绿色快递物流。绿色快递物流是建立在维护地球环境和可持续发展的基础之上的，它强调在物流活动全过程采取与环境和谐相处的理念和措施，减少物流活动对环境的危害，避免资源浪费，所以它有利于环境保护和社会经济的可持续发展。

（二）发展绿色快递物流是实现可持续发展战略的一个重要环节

可持续发展战略已成为世界发展的主题，它特别强调环境资源的长期承载能力对发展的重要性以及发展对改善生活质量的重要性。可持续发展战略是指社会经济发展必须同自然环境及社会环境相联系，使经济建设与资源、环境相协调，以保证社会实现良性循环。这一发展战略的实施关系着各国经济发展的可持续性，具有十分重要的意义。作为经济生活的一个重要部分，绿色快递物流也是可持续发展的一个重要环节，它与绿色制造、绿色消费共同构成了节约资源、保护环境的绿色循环经济。绿色快递物流可以通过流通对生产的反作用来促进绿色制造，通过绿色快递物流管理来满足和促进绿色消费，最终实现社会资源的高效配置和利用，保护环境资源，实现可持续发展。发展绿色快递物流是可持续发展的需要，绿色快递物流、绿色制造与绿色消费共同构成了一个节约资源及保护环境的绿色经济循环系统，两者之间是相互渗透、相互作用的。

物流活动对生态环境的破坏越来越严重，如废气污染、噪音污染、资源浪费、交通堵塞、废弃物增加等，这些后果在一定程度上违背了全球可持续发展战略的原则。绿色快递物流是经济可持续发展的重要方面，它与绿色制造、绿色消费共同构成了一个节约资源、保护环境的绿色经济循环系统。绿色快递物流强调了全方位对环境的关注，体现与环境共生和可持续发展的理念，是新的物流管理发展趋势。

（三）发展绿色快递物流有利于企业破除绿色贸易壁垒

贸易壁垒是一个国家为了限制进口而采取的关税和非关税壁垒措施。但随着经济全球化的发展，这些传统的关税和非关税贸易壁垒逐渐淡化，绿色壁垒悄然兴起。据统计，近年来我国每年有400多亿美元的出口产品受到诸多国际环境保护条约限制而不能出口。因此中国企业若想将产品打入国际市场，冲出绿色壁垒的限制，就必须具有绿色快递物流的基础支持。尤其是我国加入WTO后，外国物流企业将越来越多地进入我国市场，必将与国内物流企业产生激烈的竞争，这将使本就处于劣势的中国物流举步维艰。

随着环境危机日益加剧，许多国际组织和国家相继制定出台了许多与资源、环境保护相关的协议或法律体系，比如《21世纪议程》、《京都协议书》、《约翰内斯堡宣言》《英国低碳转型计划》等重要文件。以此为契机，各国绿色壁垒层出不穷，涉及面也越来越广，而且"绿色壁垒"是一个动态发展的过程，其标准在不断提高。现在绿色壁垒已经从对最终产品的限制发展到了对生产过程和工艺的规定。可以预见在全球环境规制趋严的背景下，未来我们可能遇到更复杂、更多国家的"绿色壁垒"，而且这一壁垒终究会覆盖到整个企业的物流及供应链管理的全过程。日益严峻的环境问题和日趋严格的环保法规，使企业必须为了持续发展积极解决经济活动中的环境问题，改变企业生存和发展的生产方式，建立并完善绿色快递物流体系，通过绿色快递物流来追求高于竞争对手的相对竞争优势，所以创建绿色快递物流，提倡高效节能、绿色环保，不仅是必要的，也是迫切的。我国企业应加快发展绿色快递物流，从而取得新的应对竞争优势和应对未来挑战。

（四）发展绿色快递物流是企业降低成本的重要途径

根据资料统计，目前我国商品周转率只有发达国家的30%，每平方米库存的商品量只及发达国家的25%，配送差错率为发达国家的3倍，每年因包装造成的损失约150亿元，因装卸、运输造成的损失约500亿元，因保管不善造成的损失约30亿元，仓库过剩量达到40%，公路货运因缺乏合理的物流组织，空驶率多年来保持在50%左右。可见，中国物流的传统运作模式弊端重重，尤其是对物流成本而言。一般认为，产品从投产到销出，制造加工时间仅占10%，90%的时间被仓储、运输、装卸、分装、流通加工、信息处理等物流过程所占据，所以物流成本在产品的整个系统中占据了较大的比例，发挥物流的作用能为企业带来更多的盈利空间，物流专业化无疑为降低成本奠定了基础。而绿色快递物流强调的是低投入大物流的运作方式，企业通过对运输和仓储的科学规划和合理布局，对资源的节约、回收和重复利用，由此带来的节能、高效、少污染，将大大降低生产成本（比如原料成本）和物流成本（比如环境风险成本），拓展利润空间。

哈佛大学教授纳兹勒·舒克瑞深刻阐述了对这一问题的认识："如果一个企业想要在竞争激烈的全球市场中有效发展，它就不能忽视日益明显的环境信号，继续像过去那样经营对各个企业来说，接受这一责任并不意味经济上的损失，因为符合并超过政府和环境组织对某一工业的要求，能使企业减少物料和操作成本，从而增强其竞争力。实际上，良好的环境行为恰似企业发展的马达而不是障碍。"绿色快递物流的核心思想正在于实现企业物流活动与社会和生态效益的协调，以此形成高于竞争对手的相对竞争优势从而在激烈的竞争中获得发展。

（五）发展绿色快递物流可以增强企业社会责任感和提高企业声誉度

一方面，随着可持续发展和环保观念深入人心，绿色消费已成为一种消费理念，消费者不再仅仅关注企业是否能够提供质优价廉的产品和服务，而是越来越关注企业是否具有社会责任感，即企业是否节约利用资源、是否对废旧产品的原料进行回收、是否注意保护环境等。实施绿色快递物流可以将企业推向可持续发展的前沿，将给企业带来明显的社会价值，既凸显了环保理念，履行了社会责任，又能树立良好的企业形象、企业信誉，使企业形成高于竞争对手的相对竞争优势，增加其品牌的价值和寿命，延长产品的生命周期，有利提高企业在国内外市场的竞争力。另一方面，绿色快递物流不仅是实现物流共同化（解决物流领域外部的不经济现象，如交通堵塞、噪音、气味污染等的重要手段）的主要手段，而且是物流企业降低物流成本，实现企业经济效益和社会效益的有效途径。物流企业通过绿色运输、绿色储存、绿色包装、绿色加工及共同配送等一系列优化物流资源配置的运作模式，在节约成本的基础上提高企业的经营效益和物流效率，在构建"大物流"的过程中更好地整合社会各方面的资源，减少物流的总支出，降低运营成本，避免资源的浪费和对环境的不良影响，为物流企业的发展提供新的增长点，为利润创造更大的空间，增强企业的竞争优势。

（六）发展绿色快递物流更有利于满足社会物质和文化生活需要

发展绿色快递物流有利于满足人民不断增长的物质和文化生活需要。不断满足广大人民群众日益增长的物质和文化生活需要，是建设和谐社会的根本途径。这是因为人民群众生活富裕了，文化精神生活丰富多彩了，我们的社会就有了稳定的物质和文化基础。绿色快递物流是伴随着人民生活需求的进一步增加，以及绿色消费的提出产生的，如果没有绿色无污染物流的维系，绿色消费就难以进行。

物流作为生产和消费的中介，是满足人民物质和文化生活的基本环节，正是物流实现了消费者在最小购物成本和最少购物时间的基础上满足多样化和多层次的物质需求。但物流活动所涉及的一系列环节，如运输、加工、包装和储存等，如果处理不当会给环境造成某种程度的破坏，从而影响国民的生活质量。三十年前由不丹国王提出的"国民幸福指数"，包括政府善治、经济增长、文化发展和环境保护四个方面，正受到世界上许多国家的验证和推崇。现在国民幸福指数（Gross National Happiness GNH）正成为国际上衡量一国国民幸福程度高低以及生活质量高低的指标。受此国际思潮的影响，我国国家统计局正在制定国民幸福指数、人的全面发展指数、社会进步指数等统计指标。

一国国民生活质量的高低并非由 GDP 或人均 GDP 来衡量，环境保护成了国民幸福指数的内容之一。我国的国民经济从改革开放发展至今，在经济增速上居世界前列，人均 GDP 从不足 1000 美元到超过 1000 美元，有些省、市达到几千甚至超过 10000 美元，在联合国首次发布"2012 年全球幸福指数"报告，比较全球 156 个国家和地区人民的幸福程度，丹麦成为全球最幸福国度，于 10 分满分中获近 8 分，其他北欧国家亦高居前列位置，中国香港第 67，中国内地则排名第 112。数据表明，即使经济持续快速增长也并不能保证国民幸福指数的提高。因此，以节约资源、保护环境为目标的绿色快递物流将有利于绿色 GDP 的推广和实施，有利国民幸福指数、生活质量的提高。

第二节 绿色快递物流系统的运行模式

一、绿色快递物流系统

（一）绿色快递物流系统组成要素

应该指出的是，这里所指的绿色快递物流系统，并不是一般意义上的物流系统之外的新的系统，而应该说是依据可持续发展理论，对一般物流系统提出了更高的要求。一般物流系统是为了满足物流需求，实现物流企业盈利等目标，而绿色快递物流系统的目标除了上述经济利益目标之外，还有追求节约资源、保护环境这一既具经济属性、又具社会属性的目标。因此，组成绿色快递物流系统的要素即一般物流系统的组成要素，但是绿色快递物流系统提出了"绿色化"的要求。

1. 系统的一般要素

系统的一般要素包括人、财、物、信息等。

人是物流的主要因素，是物流系统的主体。人是保证物流得以顺利进行和提高管理水平的最关键的因素。提高人的素质，是建立一个合理化的物流系统并使它有效运转的根本。在绿色快递物流系统中，要求从事物流行业的管理者及操作员都具有绿色环保意识。

财是指物流活动中不可缺少的资金。交换是以货币为媒介，实现交换的物流过程，实际也是资金运动过程，同时物流服务本身也需要以货币为媒介。物流系统建设是资本投入的一大领域，离开资金这一要素，物流不可能实现。

物是指物流中的原材料、成品、半成品、能源、动力等物质条件，包括物流系统的劳动对象，即各种实物，以及劳动工具、劳动手段。如各种物流设施、工具，各种消耗材料（燃料、保护材料）等等。没有物，物流系统便成了无本之木。

2. 系统的功能要素

功能要素是指物流系统所具有的基本能力，这些基本功能有效地组合，联结在一起，便成了物流的总功能，便能合理、有效地实现物流系统的目标。一般认为物流系统的功能要素有包装、运输、仓储、流通加工等。结合物流系统的绿色化要求，绿色快递物流系统的功能要素主要有以下几点。

（1）绿色运输。运输是物流系统中最基本、最重要的活动，运输成本占了物流总成本中的 40%-50%。运输也是物流系统影响环境的最重要因素。绿色运输是绿色快递物流的一项重要内容。

（2）绿色仓储。绿色仓储就是要求仓库布局合理，从而减少运输里程，节约运输成本。

（3）绿色包装。绿色包装指以节约资源、降低废弃物排放为目的的一切包装方式。

（4）绿色流通加工。绿色流通加工是指在流通过程中以尽可能小的环境影响，继续对流通中的商品进行生产性加工。

3. 系统支撑要素

物流系统的建立需要有许多支撑手段，尤其是当物流系统处于复杂的社会经济系统中时。要确定物流系统的地位，协调和其他系统的关系，这些要素必不可少。主要有以下几点。

（1）基础设施。基础设施主要由物流节点与物流线路构成。物流节点是指物流中心、配送中心、港口码头、货运站等基础设施，它们是包装、流通加工、装卸、仓储等活动发生的场所；线路就是物品运输流经的线路，包括公路、铁路、航线线路。

（2）体制与制度。物流系统的体制、制度决定系统的结构、组织、领导、管理方式。国家对其控制、指挥、管理方式以及系统的地位、范畴，是物流系统的保障。

（3）法律和规章。法律规章一方面限制和规范物流系统的活动，使之与更大的系统协调；另一方面是给予保障，合同的执行，权益的划分、责任的确定都需要靠法律、规章维系。这点对维持一个绿色的物流系统尤为重要。

（4）物流标准化。物流标准化是保证物流环节协调运行，保证物流系统和其他系统在技术上实现联结的重要支撑条件

（二）绿色快递物流系统的特征

从系统论的角度看，绿色快递物流系统的主要特征如下。

1. 开放性

绿色快递物流系统由多个要素构成，其内部各要素之间、系统与外部大环境之间不断地进行着物质、能量和信息的交换，并且以"流"的形态贯穿其间，从而形成一个动态的、系列的、层次的、具有自我调节和反馈能力的相对独立体系。正是通过"流"，绿色快递物流系统才得以维持自身的发展，也只有通过"流"，才能识别绿色快递物流系统的动态特征和演化规律，才能评判、比较和推断不同系统的优劣。开放性的另一个体现就是绿色快递物流系统内部要素之间存在协同与竞争的复杂关系。

2. 区域特征

绿色快递物流系统总是有一定的空间范围，也就是说当我们讨论物流业发展或物流业的绿色化发展时，总是将它放在特定的空间上去考察。区域作为某种特定范围的地域综合体，有其特定的自然、社会、经济、生态环境等要素，亦有其固有的形成、发展和演化机制，一个区域的社会经济活动必须遵循其固有的基本规律。因此，绿色快递物流系统也必须考虑区域这一基本特征。按照区域范围的大小，绿色快递物流系统可以划分为社会绿色快递物流系统和城市绿色快递物流系统，然而企业物流是社会物流系统和城市物流系统的基本组成。

3. 多环节特征

绿色快递物流系统既包括物流系统的"绿色"状态，也包括为使物流系统变得"绿色"所进行的调整和行动过程。由于物流系统的多环节特点，绿色快递物流系统也具有多环节的特点。不管是社会物流、城市物流还是企业物流，绿色快递物流系统都应

该包括绿色包装、绿色运输、绿色仓储及绿色流通加工等功能环节。

4. 行为主体的多样性

绿色快递物流系统的行为主体包括了广大的公众消费者、各行业的生产企业、分销企业、物流企业、批发零售业等。这些行为主体的环境意识和环境战略对他们所在的供应链物流的绿色化将产生重要的推动作用或制约作用。因此，与绿色快递物流系统相关的政策法规、消费者督导、企业自律等也是实施绿色快递物流战略的宏观管理策略。

5. 层次性

层次性也是绿色快递物流系统的基本属性和特征。不同层次的物流子系统通过相互作用，构成一个有机整体，实现绿色快递物流系统的整体目标。

（三）绿色快递物流系统层次

随着现代系统科学的发展，事物或系统的层次观作为辩证自然观的核心内容之一，已经成为共识。层次性也是绿色快递物流系统的基本属性与特征。绿色快递物流系统的层次分析，有助于正确理解系统整体与部分，层次与层次间的关系。

（1）按照对绿色快递物流系统管理和控制主体划分，可以分为社会决策层、企业管理层和企业作业层的绿色活动。其中，社会决策层的职能是通过制定绿色快递物流方面的政策、法规、标准，传播绿色理念，约束和指导企业的绿色快递物流战略；企业战略层的任务是从战略高度，与供应链上的其他企业协同，共同规划并管理企业的绿色快递物流系统，建立有利于资源再利用的循环物流系统；企业作业层的绿色快递物流活动主要是指物流作业环节的绿色化，如运输的绿色化、包装的绿色化、流通加工的绿色化、仓储的绿色化等。

（2）按照绿色快递物流系统的考察范围划分，可以分为企业物流的绿色化、区域（城市）物流的绿色化、社会宏观物流的绿色化。区域（城市）物流包含了企业物流，而社会宏观物流系统又包含了区域（城市）物流；企业物流的绿色化又可分解为绿色供应物流，绿色生产物流、绿色分销物流、废弃物物流、逆向物流等；所有这些物流子系统又都是由绿色包装、绿色运输、绿色仓储等功能环节构成。

绿色快递物流战略的实施和管理是一项庞大的系统工程，自顶向下包括：宏观范围的政策、法规、标准、理念的传播及公众的教育，区域（城市）物流的绿色规划与控制，企业物流的绿色化战略和策略和物流各环节的绿色化。

（四）绿色快递物流系统运行框架

物流系统是一个复杂的系统，它不仅与社会经济、国家政策等密切相关，同时还直接影响到生态环境和自然环境。物流的发展，是物流系统、社会经济系统、资源环境系统共同运作的结果，这也正是可持续发展思想在物流领域中的具体表现。

1. 物流与社会经济之间的协调

社会经济系统是一个与外界环境联系紧密的开发系统，物流系统是社会经济系统与外部交流的主要途径。物流系统与社会经济系统之间的协调发展，能够促进各自的运行效率。一方面，物流系统的发展提高了物流服务水准、强化时间效益和成网水平，为经济的发展提供重要支撑；另一方面，经济的发展为物流活动提供了必要的发展条件和发展空间。

2. 物流与环境资源之间的协调

人们对生活环境质量要求的提高是社会进步的标志之一。物流在促进社会发展的同时，也带来了诸如天气污染、水污染、土壤污染、噪声污染、视觉污染等一系列环境问题。资源环境的承载能力对物流的发展存在硬约束，物流的发展要限制这一极限值内。另外，物流的发展随之带来的资金、技术和政策方面的投入，也会使一定区域的承载能力有改善和转移的可能。

（五）绿色快递物流系统目标分析

绿色快递物流系统的目标应该是在考虑环境、资源容量的前提下，促进物流的发展，更好地为社会、经济的发展提供支持和保证。绿色快递物流系统的目标主要体现在四个方面：社会发展、经济发展、环境保护和资源利用，总目标应该是这四个方面的加权平均和。

二、企业绿色快递物流系统的发展模式

（一）原材料绿色采购

制造商经过对供应商的评估，选择出绿色供应商，供应商将由自然资源、能源和人力资源转化而来的原料、零部件送达生产企业。由于供应商的成本绩效和运行状况对企业经济活动构成直接影响，所以在绿色供应链中，必须增加供应商选择和评价的环境指标，即对供应商的环境绩效进行考察。

（二）产品绿色设计和制造

企业经过对产品的绿色设计、绿色制造、绿色包装，形成最终的绿色产品；生产过程中的边角余料、副产品、加上残次品等，直接进入内部回收系统，尽量做到维修后再利用，避免废弃物的产生。

（三）绿色包装和配送

产品被制造出来后，经过企业的绿色分销渠道，由企业自身组织物流配送活动或者交给第三方物流企业进行专业化的运输和配送。在"绿色包装"方面实行"3R"原则、"1D"（Degradable）原则（是指包装材料应"可降解"）。根据上述原则企业促进生产部门尽量采用简化的、可降解材料制成的包装，商品流通过程中尽量采用可重复使用单元式包装，实现流通部门自身经营活动包装的减量化，从而使生产部门进行包装材料的回收及再利用。在配送方面可采取以下方式。

1. 开展共同配送，几个中小型配送中心联合起来，分工合作对某一地区客户进行配送，共同配送可以最大限度地提高人员、物资、资金、时间等资源的利用效率，取得最大化的经济效益。

2. 采取复合一贯制运输方式，是指吸取铁路、汽车、船舶、飞机等基本运输方式的长处，把它们有机地结合起来，实行多环节、多区段、多运输工具相互衔接进行商品运输的一种方式，这种运输方式以集装箱作为连接各种工具的通用媒介，起到促进复合直达运输的作用。

3. 大力发展第三方物流。是由供方和需方以外的物流企业提供物流服务的业务方式，可以从更高的角度、更广泛地考虑物流合理化问题，简化配送环节，进行合理运输，有利于在更广泛的范围内对物流资源进行合理利用和配置，可以避免自有物流带来的资金占用，运输效率低、配送环节烦琐、企业负担加重、城市污染加剧等问题。

（四）绿色消费

对消费者来说，应积极倡导绿色需求，绿色消费，通过绿色消费方式倡导企业实施绿色快递物流管理，通过绿色消费行为迫使企业遵循绿色快递物流管理，通过绿色消费舆论要求政府规范绿色快递物流管理。

（五）绿色回收和绿色再生产

企业销售、使用阶段出现的退货或报废品经集中式回收中心处理后，经修复、改制或原料再循环，重新进入产品的供应链；另外，零部件制造、产品组装工程中出现的废次品，也应该直接进入再制造过程。在这种情况下，企业将正向物流和逆向物流进行有机整合，充分利用资源，最大限度地减少浪费，降低企业整体成本，有利于资源节约，也有利于企业经济效益和竞争能力的提高。从系统构筑的角度，建立废弃物的回收再利用系统。

从整个企业绿色快递物流结构模型来说，企业不仅要考虑自身的物流效率，还必须与供应链上的其他关联者协同起来，从整个供应链的视野来组织物流，最终在整个经济社会建立起包括生产商、批发商、零售商和消费者在内的回收循环物流系统。

总之，对于现代生产型企业或者流通型企业来说，要取得优势，就不得不考虑绿色快递物流问题，从而优化企业资源、社会资源，实现企业物流不断增值的目的。

三、绿色快递物流系统的运行模式

（一）产品全生命周期的物流活动

产品从原材料开采或原材料供应开始，经过原材料加工、产品制造，包装、运输和销售、经消费者使用、回收直至最终废弃处理，这一整个过程称为产品的全生命周期。产品在其生命周期的不同阶段，物料及其信息从一个企业或部门向另一个企业或部门流动，或者按照一定的工艺流程要求，在不同车间进行流转。因此，在产品的整个生命周期，不断伴随着企业之间、部门之间以及企业内部的物料流动和信息流动。

1. 供应物流

随着采购、供应一体化以及第三方物流分工专业化的发展，采购、供应物流一直延伸到企业车间。供应物流包括物料需求计划、运输、流通加工、装卸搬运、储存等功能,它是产品生产得以正常进行的前提,而且供应商提供的原料及零配件的质量和环保性能将直接决定产品的质量和环境性能。

2. 生产物流

原材料、配件、半成品等物料,按产品的生产过程和工艺流程的要求,在企业的各车间内、企业半成品仓库之间流转,这就是生产物流。生产物流担负着物料输送、储存、产品组装、产品包装等任务,是生产过程得以延续的基础。

3. 分销物流

分销物流指从生产企业成品仓库到产品需求者之间的物流过程,包括包装、流通加工、储存、订单处理、运输、装卸搬运等功能环节。另外,在零售商与消费者之间、零售商与批发商之间还存在因产品不合格或积压库存而发生的退货物流。

4. 回收物流

准废物通过回收、加工、转化为新的生产资源而重新投入使用,要经历一系列物流活动,主要有收集、分类,加工、处理、运输等功能。根据物流流向的不同,回收物流将发生在产品的全生命周期,生产阶段的余料、残次品等应在企业内部进行回收、处理、再利用。在产品使用阶段的废旧包装材料、维修更换件、淘汰件等的回收处理,则发生在用户、销售商、原料生产商与产品生产商之间。

5. 废弃物物流

废弃物物流指在现有技术和经济条件下无法再利用的最终排放物的物流过程。因物理形态不同,废弃物物流的方式也不同,一般包括收集、搬运、中间净化处理、最终处置等功能。净化处理是为了实现废弃物的无害排放,最终处置主要有掩埋、焚烧、堆放、净化后排放等方式。产品生命周期的每一阶段中,都会产生各种形式的废弃物,因此,废弃物物流也将贯穿产品整个生命周期。

(二)基于产品生命周期的企业绿色快递物流系统运行模式

企业物流包括企业从原材料供应,产品生产和产品销售的全部活动,它由供应物流、生产物流、销售物流和逆向物流构成。企业既要从整体上把握物流绿色化的策略和途径,还应该从物资供应、产品生产、分销以及回收等环节实现物流的绿色化,即从产品生命周期实现物流的绿色化。

四、基于供应链一体化的循环物流系统运行模式

随着人们物质生活水平的提高,消费的个性化、多样化趋势日益明显,产品更新换代的速度越来越快,这就产生了"大量生产→大量流通→大量消费→大量废弃物"的必然结果,进而会引发社会资源的枯竭及自然资源的恶化。因此,绿色快递物流系统的构筑,不仅要考虑单个企业的物流系统,还必须与供应链上的关联者协同起来,从整个供应链的视野来组织物流,最终建立起包括生产商、批发商、零售商和消费者在内的"生产→流通→消费→再利用"的循环物流系统。

所谓"循环物流"就是物料及其相关信息在供应商、生产商、批发商、零售商以及消费者之间的往返流动而形成的一个物质闭路循环运动的过程。循环物流的目标是资源、能源消耗最少化、环境污染最小化。循环物流涉及供应链上所有企业，需要供应链上所有企业之间的协同运作。所以，循环物流系统必须基于供应链而构建。

从上述模型可以看出，循环物流的运行过程涉及供应链上所有企业，在供应链上所有企业之间以及企业内部都会发生物料流、能量流、信息流的循环往复运动。循环物流的运行过程如下。

（1）绿色制造的前提依赖于原料供应商、零部件供应商提供输入的环境质量。制造商对绿色产品原料、零部件的性能要求和规格要求先通过信息流传递给供应商，然后才是货物供应的实物流。

（2）制造商使绿色材料进行绿色生产，生产出绿色产品通过分销网络分销给销售商，再由销售商通过绿色销售渠道将产品最终送到终端客户手中。

（3）在产品的生产、销售和使用阶段，末端客户可将退货品、报废品送达制造企业设立的回收中心，也可将缺陷品、包装废物退给分销商，由分销商集中受理，再运往回收中心进行正确的处理。

（4）在回收中心，有缺陷的产品或废弃产品经过分类、检验等一系列复杂的预处理过程，划分出不同的类型，进入不同的循环渠道。

（5）对于适于维修、改制、翻新的产品，直接送制造厂经过抛光、修整、替换上新的零部件，重新组装成"新"产品，再进入分销网络。不能整体利用的产品，则经过拆卸进入再循环，优先考虑以零部件的形式再循环，然后考虑以提取原料为目的的再循环。再循环的零件流向零部件供应商，再生的材料流向原材料供应商，从而完成逆向物流过程。在再循环过程中，可能还有部分再循环材料或零部件进入其他产品链。

（6）原材料经过上述循环流动后，最终一定会有部分无法再利用或不值得再循环的残余物，这类物资经过焚烧或填埋，做最后处理。循环物流系统的目标是资源消耗、能源消耗的最少化、废物排放的最少量化以及环境污染最小化。

作为循环经济条件下的绿色化物流运行模式，循环物流通过供应链上企业之间的协同战略和科学管理，可以提高企业物流运行的整体效率，从而促进物流经济效益和环境效益的协调发展。但由于现代供应链管理的复杂性，在供应链基础上建立企业的循环物流系统也不是一蹴而就的，需要政府政策的支持和社会全员"绿色化"意识的提高，只有真正做到全员参与，在全社会范围内建立一个"大循环"系统，供应链上的循环物流系统才能真正有效运行。

产品生命周期及供应链一体化的绿色快递物流运行模式，其核心思想就是系统整合，只有发挥系统的整体功能，绿色快递物流系统的活力才能被充分释放。因此在系统化的绿色快递物流运行实践中我们需要树立全局意识，全员参与意识，协同产品生命周期内各阶段的物流活动并通过供应链上各企业之间的协作，使绿色快递物流的协同效应被放大，从而在全社会范围内产生共鸣，只有这样才能使绿色快递物流的实践成为人们的一种自觉行动。

第三节　绿色快递物流主要发展战略

一、循环物流战略

目前的物流活动只关注从资源起始地到产品消费地的物流活动，并以尽可能高的效率来实现这一单向的物流活动。而对于资源供给及利用的效率以及产品消费后废弃物的处置效率则很少考虑。这种忽视生态环境效益的单向性物流系统的维持需要两个前提条件，一是自然环境的存储量相对于人类的需求是无限的；二是自然资源对于人类经济活动产生的废弃物的容量也是无限的。当人类经济活动的规模较小时，这种假设是合理的，但是，从目前人类活动的规模来看，不但自然资源是稀缺的，而且环境对废弃物的容纳量也是有限的。可见，维系单向性物流系统的两个前提条件是不存在的。因此，在可持续发展观的指导下，以系统论为依据，我们应完善物流系统，改变以往单向物流的发展模式，建立正向物流和逆向物流共同发展的循环物流体系。

循环物流是由正向物流和逆向物流有机结合而形成的一个完整的物流网络。正向物流中的物是消费者需要的物品，其流向是从生产者到消费者。逆向物流中的物是消费者不需要的物品，即废弃物或退货，其流向是从消费者到原始来源地。可见，循环物流是物质的"双向"循环活动，可以大大减轻物流活动对生态环境的压力。发展循环物流需要从两个方面入手。

（一）建立逆向物流系统

逆向物流是指为了获取产品再生价值和实现废弃物恰当处理而对废旧物品及相关信息从消费地到原始地之间有效率和有效益流动与存储所进行的计划、实施与控制过程。逆向物流通常可分为退货逆向物流和回收逆向物流。在这里着重讨论一下回收逆向物流，回收逆向物流的绿色化主要有以下几个环节构成。

1. 回收。回收是逆向物流的起点。回收是将顾客所持有的废旧产品或包装物通过有偿或无偿的方式收集起来并运往处理的地点。由于回收往往点多量少，因此这个过程的运输是逆向物流中引起环境污染的关键因素之一，在废旧品收集过程中应尽量采用合并运输策略，以减少不必要运输。

2. 检测和拆分。检测和拆分是决定回收的废旧产品或包装物是否可再利用以及通过何种方式再利用的一系列活动。早期检测和拆分可以及早识别没有回收价值的废品，节省对无用废弃物的运输成本。

3. 再处理。再处理是对回收物品或零部件进行处理以重新获取价值的过程。对于回收物品的绿色处理方式的划分，可借助蒂埃里在1995年提出的观点：直接再利用、修理、再生和再制造（简称为4Rs）。4Rs能够减少要处置的废旧物品数量，降低企业处理废旧物品的成本，减少因焚烧、填埋带来的资源浪费和环境污染。

通常情况下使回收物流绿色化的最优途径是再利用和再制造。这种再利用和再制造通过循环重复利用物料，充分回收有用的自然资源，减少对废旧物品的处理成本，产生巨大的经济效益。此外，还有一个关键的效益就是废旧物数量的减少，降低了对自然环境的污染，保护生态环境，促使生态平衡。这就实现了"使生态环境持续利用"的目标，为实现可持续发展这一战略目标提供良好的发展空间。

4. 处置。这是由于技术或经济原因，回收产品或零部件不能再利用时采取的方法。对那些没有经济价值或严重危害环境的回收产品，可通过机械处理、地下掩埋或焚烧等方式进行销毁，但注意不要造成二次污染。

（二）实现正向物流和逆向物流的无缝对接

虽然正向物流和逆向物流的方向不同，但二者并不是毫不相干的，它们之间有着紧密的联系。产品的正向物流和废弃物的逆向物流是循环物流系统的两个子系统，两者相互联系、相互作用和相互制约。一方面，逆向物流是在正向物流运作过程中产生和形成的，没有正向物流，就没有逆向物流。逆向物流流量、流向、流速等特性是由正向物流的属性决定的；另一方面，正向物流与逆向物流在一定条件下可以相互转化。正向物流中产生的废弃物质可以转化成逆向物流，经过再处理、再加工、再制造，又转化成正向物流，被生产者和消费者再利用。循环物流由正向物流与逆向物流组成，但并不是二者简单的相加，而是要把他们连接成一个有机的整体，即实现无缝对接，因为，循环物流系统的效率既取决于正向物流系统和逆向物流系统各自的运行效率，也取决于两个子系统协调和对接的效率。无缝对接的目的在于获取 1+1>2 的效果，其实现手段就是建立有效的信息系统。

二、产品全生命过程绿色快递物流战略

基于产品全生命周期的绿色快递物流发展战略应该从产品原材料或零部件的采购阶段开始，制定供应物流的绿色化、生产物流的绿色化、销售物流的绿色化、产品回收及废弃处置的绿色化策略。具体来说：首先制造商经过对供应商的评估，选择出绿色供应商，供应商将由自然资源、能源和人力资源转化而来的原料、零部件送达生产企业；接着，企业经过对产品的绿色设计、绿色制造、绿色包装，形成最终的绿色产品；生产过程中的边角余料、副产品、加工残次品等，直接进入内部回收系统，尽量做到维修后再利用，避免废弃物的产生；产品被制造出来后，经过企业的绿色分销渠道，交给第三方物流企业进行专业化的运输和配送；企业的分销系统规划必须考虑产品退货、产品召回以及报废后的回收和处理要求，并且制订相应的运行策略。

（一）绿色供应物流

供应物流的绿色化就是原材料获取过程的绿色化，包括绿色供应商的评价选择及采购运输过程的绿色化。为了确保产品在使用过程中的用户安全性和产品废弃时的环保性，降低产品整体的环境负荷，首先就必须对构成产品的零件材料的绿色性进行评

估，以避免环境风险。因此，绿色供应物流的第一步就是对构成产品的原料或零件的环境特性进行评估，选择环境友好的原料，舍弃危害环境的原料物质。如日本夏普公司，对其产品的所有组成零部件和材料进行环保性评估，甚至包括所使用的包装材料、包装用器物、使用说明书、附件和易耗品等等。

绿色供应物流的第二步就是根据材料的绿色性对供应商进行绿色性评估，评估过程包括对组织过程和产品的评价，环境的组织过程评价着眼于管理系统、环境业绩、环境审核；产品评价包括生命周期评价、商标和产品标准的评价。例如，SHARP将公司的废弃物质清单及废弃时间表通知给供应商后，对原供应商提供的零件材料含有的化学物质进行调查和统计，以此为根据对供应商进行重新评估。

绿色供应物流的第三步就是采购过程的绿色化。先要改变观念，从重视采购成本转向重视采购品的环境质量；然后在包装和运输过程中采用绿色运输，绿色包装方式，如使用可重复利用的包装袋、集装箱运输、降低公路运输的比例、货物合并运输、降低运输次数、回程管理等。

（二）绿色生产物流

生产物流担负着物料的输送、储存、装卸等任务。生产物流系统一般具有点多、线长、面宽、规模大的特点。为实现生产物流的绿色化，首先必须以清洁生产技术为基础，通过不断地改善管理和改进工艺，提高资源利用率，减少污染物的产生和排放，以降低对环境和人类的危害。通过清洁生产，能实现企业内部的物耗和能耗的削减；通过内部的回收循环，提高资源利用率。绿色生产物流必须是为此目标服务的。

其次，生产方式的实施必须充分考虑环境代价或交通拥挤带来的社会成本，通过库存节约与环境成本的平衡，确定最合适的库存标准。当然，这一点需要政府通过法规和市场手段对环境影响的外部成本予以核算，并且施加到企业头上，企业才会主动改变生产方式。

此外，以减少物料输送、储存、装卸过程中的能量消耗和废物排放为原则，进行物流技术的改进和物流管理方式的改善。通过对生产物流系统的优化，对物流路径进行最优规划，对物流设备进行最佳配置，消除无效的输送或装卸，也能有效降低能源消耗，减少物流作业过程的破损率。

（三）绿色分销物流

商品分销是商品价值实现的重要环节。有了绿色的原料供应、生产出来绿色的产品，还必须使分销物流绿色化。分销环节的物流过程最复杂，要实现分销物流的绿色化。首先，必须合理规划分销网络，绿色分销网络应该有利于运输线路的最优化，也要能充分利用铁路，水路等更加环保的运输方式；其次，商品的物流包装在保证物流安全性的前提下应该尽量简单化、标准化，尽量做到重复使用。

（四）回收物流及废弃物流

回收物流和废弃物物流是整个物流过程中最后的也是非常关键的一环。在此环节中最重要的是减少不必要的运输和合理地处理废弃物，避免造成二次污染。

三、协同物流战略

协同（Synergy）来源于希腊文，本意为"共同工作"。"协同"表达了处理和解决问题的方式，以及事物发展过程中的状态，即指为实现系统总体演进的目标，各子系统或各元素之间相互协作、配合、促进所形成的良性循环态势。这是系统发展的内在规定，是对系统的各种因素和属性之间的动态相互作用关系及其程度的一种反映。

发展协同物流就是使物流系统各环节、各层次、各部门之间互相配合、协调发展，发挥系统 1+1>2 的功效。从可持续发展角度来说，发展协同物流，可以使资源得到集约化的利用，在提高物流效率的同时，减少对资源的获取，降低排放，实现了对环境的净化。实现物流系统可以从以下几个层次考虑。

（一）物流各环节内的协同

物流活动由运输，仓储等环节构成，而这些环节包括具体操作环节。物流环节本身运作过程的协同应该使这些具体操作的协作配合来实现。以运输环节为例，在选择运输方式时，应充分考虑各种运输的技术经济特性，如铁路运输运输批量大，距离远，对环境污染较小；公路运输机动灵活，适合门到门运输，对环境的影响较大等。因此，我们应开展联合运输，发挥各种运输方式的长处，把它们有机地结合起来，实行多环节、多区段、多运输工具相互衔接进行商品运输。

（二）物流各环节间的协同

物流各环节间也要彼此协调，才能实现最终的绿色化。比如，在包装环节，"零包装"是最节约资源，且不产生废弃包装物的包装方式。日本、美国等发达国家在国际货物运输中推行了水泥的裸装运输，这是合理的。但如果片面强调无包装技术，就达不到运输、装卸、储存中所要求的强度刚度等各种性能指标的要求，这必然带来商品耗损率的上升，很有可能造成废弃物的增加，加重对环境的污染。

（三）供应链上的协同

这是要求供应链上的企业以一种协调的方式运作，把供应链看作一个完整的运作过程对其进行管理，企业之间形成利益的共同体。供应链的协同需要实现信息共享，将市场上产品需求及数量准确地反映给上游的生产商、销售商。这样可以减少产品的退货及不必要的库存，使运输、仓储等资源得到有效利用。此外，供应链上的企业可以保留其核心竞争力，将非核心的物流服务外包给第三方物流企业，这样有利于在更广泛的范围内对物流资源进行合理利用和配置，可以避免自有物流带来的运输效率低，配送环节烦琐，城市污染加剧等问题。

（四）区域物流协同

区域物流系统中的"区域"为经济区域，是基于地理的、自然的、资源的以及基础设施等多种客观条件形成的。区域物流协同要求区域同产业内及不同产业间协调配合，共同使用物流资源，完成物流任务。如共同配送，它是指多个企业联合组织实施区域内的配送活动。共同配送可以最大限度地提高人员、物资、资金及时间等资源的利用效率，取得最大化的经济效益。同时，可以去除多余的交错运输，并取得缓解交通，保护环境等社会效益。

四、宏观调控战略

物流活动具有典型的外部性特征。所谓外部性是指一个人或一个企业的活动对其他人或其他企业的外部影响，或称"溢出效应"。这种效应是在有关各方不发生交换的意义上产生的。也就是说，在没有管制的情况下，某主体的生产或消费行为对其他主体的福利造成了影响，但又无须进行补偿，这就产生了外部性问题，在这种情况下，商品的价格没有反映出社会为了获得这种商品而必须放弃的价值。

外部性可分为负外部性和正外部性，负外部性是指私人成本小于社会成本，私人收益大于社会收益的情形，例如，环境污染；正外部性是指私人成本大于社会成本，私人收益小于社会收益的情形，例如，教育、发明创造。负外部性的存在往往强化了不良行为的激励，而正外部性的存在则会导致对良好行为的激励不足，这两者都会使资源配置偏离帕累托最优点，从而导致资源配置的低效率。

物流活动具有负的外部性，主要表现为污染的外部性（废气排放、固体废弃物、噪声）和交通拥挤的外部性。

（一）废气排放的外部性。

物流过程中车辆尾气的排放是城市对流层臭氧的主要来源，对流层臭氧的集聚对人体健康造成了严重威胁，并且导致周边地区农业减产。但如果没有政府干预，这种尾气排放是免费的，排放者无须为其行为付费。

（二）固体废弃物的外部性。

固体废弃物会产生很多的外部性。例如，废弃物的随地倾倒或焚烧处置，会释放出有害物质，渗透到地下水系统或向空气中排放，典型的如甲烷气体以及微量的苯、硫化氢等。垃圾填埋场又可能导致地下水污染、气体排放、甲烷气体的聚集和爆炸，使邻近地区的环境受影响。如企业或个人承担废弃物处理价格很低，则产生的废弃物更多。研究表明，随着废弃物抛弃者承担的处理费用的上升，废弃物的数量会下降。

（三）噪声的外部性。

噪声污染对处于噪声源附近（例如机场、码头、物流中心、货运场站）的居民的健康和福利有不同程度的影响，它影响人们的交流和睡眠等活动、引发心理和生理上的不适，还会引起心血管疾病、造成听力减退。如果没有关于噪声方面的法规限制，企业可能不会主动针对降低噪声而进行投资。

（四）交通拥挤的外部性。

拥挤使得人和货物的出行要花费更长的时间和代价，政府通过制定最优的道路价格水平，可以在一定程度上抑制拥挤的程度，虽然道路价格会增加运输成本，但是由于降低了运输时间，也会大大降低与城市配送有关的成本。

由此可见，物流的外部性特征不能在自由放任的市场经济里靠"看不见的手"（即市场机制）来完全解决，必须依靠政府的政策制度来干预。由于物流功能要素多，在我国涉及的政府管理部门较多。又因为各部门之间分工有交叉，政企也未完全分开，造成了物流系统中存在管理分散化、条块分割、部门分割、重复建设等种种问题，物流系统化水平很低，导致综合经济效益下降，物流成本提高。物流制度的改革并不是要求建立一个巨大的物流系统，将几个部门统一起来，而是按照物流系统化的要求，加强政府对物流各环节的协调监督职能，整合优化物流系统结构，通过建立综合物流中心，使其成为网络化的战略联盟；加强宏观政策规划指导，制定出符合市场要求的相互配套和具有可操作性的政策，促使全国物流系统合理布局和统筹规划。

目前我国物流业仍处粗放的经营状态，离绿色快递物流的要求相距甚远。因此必须对现行政策中影响绿色快递物流业发展的规章制度进行必要的改革和创新，为物流业的可持续发展提供保证。这种制度创新一方面体现在政策制度如何激励物流经营主体的绿色行为，另一方面体现在如何约束物流经营主体的粗放行为。

企业作为经济主体，其追求利润最大化的动机与可持续发展的宗旨并非始终保持一致，也就是说物流业的绿色化并非企业自身的自觉行为，而是其在一定的制度环境下的理性选择。因此政府的绿色政策工具是推进绿色快递物流发展的关键。政府在市场竞争中起着引导、培育、管理和调控的作用，规范物流行为主体的市场行为，营造了公平的市场环境，从而推进绿色快递物流的有序发展。

第四节 绿色快递物流发展战略措施

一、绿色快递物流发展的宏观措施

物流作为一种经济活动，其本身是处在客观社会环境之中的。绿色快递物流对社会经济的持续发展和人类生活质量的持续提高具有重要意义。因此，绿色快递物流战略的实施受到社会宏观环境的影响和作用。政府政策、法律、规章制度以及消费者的监督和支持是绿色快递物流战略成功实施不可缺少的推动力量。

（一）绿色快递物流发展的政府规制

"规制"一词源于英文"Regulation"。日本学者植草益认为，政府规制是指政府依据一定的规划对构成特定社会的个人和构成特定经济主体的活动进行限制的行为。政府规制存在的合理性在于"市场失灵"的存在。绿色快递物流业发展的政府规制的目的在于政府对物流企业和制造企业的物流行为予以限制或禁止，是对于企业物流活动外部不经济的约束与干预。政府规制具有目标明确性、执行强制性以及效果直接性的优点，它可以弥补激励机制约束力不足的缺陷。绿色快递物流发展的政府规制主要包括：环境立法、排污收费制度、许可证制度和绿色快递物流标准。

1. 环境立法

环境立法就是通过明确的环境控制标准和方法条款来约束企业或个人的行为。绿色快递物流虽然是顺应环保要求而产生的，但绿色快递物流是不可能完全依靠市场而自发实现的。因此，对绿色快递物流进行法律调控是必不可少的，通过法律条款，明确污染者对他们所造成的损害应负的法律责任。根据物流活动的外部性，与物流活动有关的环境立法主要包括固体废弃物、回收再循环、空气污染控制和噪声控制四个方面。

（1）固体废弃物处理法

针对废弃物处理问题，很多国家制定了一系列的相关法律条例，禁止某些产品的废弃填埋，鼓励或强制要求进行废弃物的循环利用，以此控制废弃物的产生，减少废弃物对环境的破坏。如德国颁布了《包装废弃物处理法》，规定了对一些包装容器的回收再利用率，还对一些难以降解的包装材料收取环境税；美国佛罗里达州政府制订了《废弃物处理预收费法》。

（2）回收再循环法

回收法不仅是为了解决废弃物过多的问题，同时也是为了缓解资源危机的问题。从发达国家的环境立法情况看，欧洲具有强烈的产品回收倾向，欧洲许多国家通过法律条例来促使产品生产商承担起产品寿命终结后的回收处置责任。回收法不仅可以推动逆向物流的产生，而且也促进了面向回收、面向拆卸的产品设计方法的诞生，促进资源缩减目标的实现。随着产品回收再利用的法规要求得更加严厉，涉及的产品范围越来越广，对逆向物流的发展将产生巨大的推动作用。

（3）空气污染控制法

机动车燃料燃烧是三大空气污染物（一氧化碳、碳氢化合物、氮氢化合物）的主要来源，也是其他有害排放物如铅、二氧化碳的重要来源。机动车辆污染属于流动的污染源，对流动污染源的控制比固定污染源的控制更加困难。物流活动中的空气污染主要是因为货车的普及造成的，尤其是城市配送和门到门的物流服务的发展。政府在控制空气污染方面，应该进一步完善《空气污染控制法》等法律规范，另外，通过立法和经济手段的结合，例如，排污收费、燃油税等，鼓励车主购买更清洁的燃料、安装催化转换器、购买燃油效率更高的车辆、减少了行驶里程或改变驾驶习惯，缓解汽车运输造成大气污染的程度。

（4）噪声控制法

在物流系统的规划建设中，尤其是在物流中心、配送中心的施工建设期，应该遵循《建筑施工场界噪声限值》的标准规定。在物流系统运营过程中，例如在城市区域运送货物时，则要遵守《城市区域环境噪声标准》规定。

2. 排污收费制度

根据厂商或污染源产生的排污量收费，其宗旨在于收取的费用能反映每单位排放物对人类健康或生态系统造成的损害。排污收费属于一种经济刺激手段。排污收费的宗旨在于消除由污染损害造成的私人价格与社会有效价格之间差别，通过成本的调整使私人价格接近社会价格。在没有排污收费的情况下,企业没有任何削减污染的经济激励,利润最大化的行为驱使企业必然采取零削减,污染排放水平高。但是,如果污染排放收费,企业就产生了污染削减的经济刺激,因为企业可能因削减污染而减少交费或获得某种补贴,厂商的理性选择是将污染削减到边际控制成本等于费率这一水平上来。

排污收费可以包括运输环节的燃料排污费,即对污染较严重的燃料征收更高的排污费,使运输者自动选择清洁燃料;废弃物处理费,即根据污染物产生的数量来收取废弃物处理费,促使企业主动降低生产过程和物流过程中的废弃物排放,主动实施废弃物循环再利用策略;押金返还制度,即对污染制造者收取首端——末端税费(押金),它能将政府无法实施的监督阻止行为转换为可操作的旨在归还产品后就可赎回押金的自觉行动。

3. 许可证制度

自戴尔斯(Paul Dales)提出在满足环境标准的前提下将允许的污染物排放作为许可份额,准予排污者之间相互有偿交易之后,可交易的许可证制度被用于有些国家的环境保护领域。其基本思路是环境管理部门首先确定符合环境标准的总排污量,然后确定单个的排放许可,各单位排放许可之和即为允许的排污总量。政府在进行许可额初始分配后,各排污单位可以将所分配的许可额留着自用,也可在市场上进行交易。排污总量的确定是独立于市场的,其确定的依据是环境资源对于经济发展的承载力。

4. 绿色快递物流标准

由于物流系统的功能环节涉及不同的行业、不同的管理部门,如果没有各环节统一的技术标准,很难保证各环节的有效衔接,也很难实现一贯到底的物流模式,这样一来,既增加了货物中间损失的概率,也增加了能量消耗和资源占用,使物流费用上升,效率下降,环境影响增加。因此,政府制定有关的绿色快递物流标准是十分必要的。绿色快递物流标准包括以下方面。

(1)最低排放标准。最低排放标准主要包括运输车辆的废弃排放标准和噪声标准,其中,尾气排放最低标准必须针对不同的污染物制定,噪声标准包括运输车辆的噪声标准和装卸机械的噪声标准。

(2)车辆技术标准。车辆技术标准包括车速标准、安全标准、设备规格、规定设备、使用的燃料标准等。

(3)装载工具标准化。装卸搬运工具的标准化,有利作业管理的物流作业效率的提高,也为仓储、运输、包装各环节的协调提供了条件,尤其是与包装尺寸标准要协调匹配。

(4)包装尺寸标准化。物流系统中的仓储、装卸搬运、运输作业一般都是以一个包装体为单位进行操作的。包装模数标准与物流设施标准之间的协调统一,为各环节的无缝衔接提供了保证,有利于物流过程的能源节约和效率提高。而且物流包装的标准化为包装容器的直接重用提供了方便,有利于节约资源,减少废弃物。

（二）绿色快递物流发展的政策激励

政府规制虽然具有严肃性、可操作性的优点，但缺乏刺激企业自觉控制污染、实行绿色化经营的动力，对已达到环保标准的企业的作用减弱甚至失去作用。因此，为了促进绿色快递物流的发展，政府还必须建立有效的绿色激励政策，主要通过经济杠杆来激励和引导物流主体的行为，使其在经营活动中向绿色化方向发展，激励政策主要有以下几方面。

1. "绿色补贴"政策

从社会公平和经济公平的角度来看，实施绿色快递物流的企业对资源环境的维护，为地区、国家的可持续发展提供了保障条件，相应地企业也为此付出了代价与成本，但是这种代价和成本在市场条件下是难以得到补偿的。因此，政府必须建立一种补偿机制，对这种具有公共物品性质的产品的正外部性予以补偿。一种行之有效的办法就是对积极采用先进环保设备、清洁能源以及积极实施资源循环利用的企业实施"绿色补贴"政策。补贴的方式包括物价补贴、企业亏损补贴、财政贴息、对无污染或减少污染的设备实行加速折旧等。

2. 税收政策

对于污染排放行为征税，对绿色环保行为给予税收优惠，通过税收政策可以起到激励企业绿色经营行为的作用。对企业绿色快递物流活动，政府应根据物流绿色化过程中的投入与收益进行税收减免，比如，对环境表现出色的企业实行低增值税率，或者对满足绿色生产（服务）要求的企业，返还部分所得税，以鼓励其绿色经营行为。企业进行的绿色投资具有很强的外部效应，其绿色投资除享受国家企业所得税法的有关规定之外，还可以相应制定更为有力的税收优惠政策。税收政策可以有：对不可再生资源征收重税；对使用原生材料征税；征收道路使用税；对于回收再循环给予税收优惠；对清洁车辆和清洁燃料的使用予以税收优惠；对铁路运输和水路运输给予税收优惠。

3. 政府采购

政府不仅是环境保护的调节者和推进器，也是环境保护的购买者。他们可以行使自己的权利，购买绿色产品和绿色服务，从而对实行绿色行动的企业起到经济刺激的作用。利用政府采购的规模优势和导向作用，能够对社会、经济发展目标的实现进行调节和控制。政府采购可以通过以下几方面采购倾斜措施来促进绿色快递物流的发展：优先购买具有绿色标志的产品和包装，促进绿色包装和资源缩减目标的实现；优先选择通过ISO14000体系认证的物流企业提供的物流服务，促进物流企业环境管理水平的提高；采购再生资源产品，鼓励资源的回收和循环利用，促进逆向物流的发展；优先选择绿色运输方式，比如，铁路运输，水路运输和清洁车辆的运输，促进运输绿色化的发展。

4. 产业引导

为促进社会物流、企业物流的绿色化发展，政府还应该对物流产业的发展提供支持和强化管理，引导和推动物流业的社会化发展。

首先，统一规划社会性的物流网络，促进物流社会化。物流社会化对于节约社会资源、改善环境、降低物流成本具有十分重要的意义。物流社会化就是利用第三方物流为企业提供物流服务，其优势体现在：有利于共同配送的形成和发展，而共同配送能降低物流成本；有利于降低普遍存在的空载行驶、非满载行驶现象，有利于节约社会能源；有利于城市环境改善，因为物流效率的提高使完成同样的物流量所需的车辆数、行驶里程和燃料消耗都减少了，从而对降低城市空气污染和交通拥挤程度具有积极的作用。所以，物流的社会化对于物流的绿色化具有特别重要的意义。

为促进物流社会化发展，政府应该从总体上规划社会性的物流网络和物流基础设施，避免各部门的重复建设和资源浪费，并对高速公路、区域性物流中心等大型物流基础设施建设提供财政支持和政策支持，先进的物流基础设施为物流社会化发展提供了硬件条件。

其次，政府对物流信息网络的建设和物流信息化研究提供经费支持，有利于全社会的物流信息化水平的提高。物流信息化对于物流需求信息发布、货物合并运输、资源共享和资源最优利用等都有重要作用，因而对资源环境保护具有积极作用。

另外，对流动污染源进行强化管理。货物运输是一种流动的污染源，其污染的危害性不仅与车辆的技术性能和环境性能有关，还和排放源的位置和排放时间有关系，因此必须进行行政控制和强化管理。

（三）绿色理念的教育与传播

随着绿色社会的呼声日益强烈，绿色教育越来越成为一个广泛传播、引领教育发展方向的概念。绿色教育的理念源于对现代教育的反思与超越。关于绿色教育的理论建构和实践探索是当代教育界必须承担的历史使命。推进绿色快递物流发展除了要加强政府政策法规的约束和激励外，还需要广大公众的积极参与。因此，必须重视对绿色理念的教育，重视对消费者和企业的绿色快递物流的宣传教育。

1. 可持续消费观教育

可持续消费是指提供服务以及相关产品以满足人类基本需求、提高生活质量，同时使自然资源和有毒材料的使用量最少，使服务或产品生命周期的废物和污染物最少。开展可持续发展观的教育可以使广大公众真正了解环境问题的严重性、认识到地球资源的有限性，使更多的公众意识到环境问题。此外，绿色消费行为能鼓励和监督企业的环境行为，公众通过选择绿色产品，支持回收活动，支持再生资源产品等行为，刺激企业的绿色经营行动，产生良好的联动效应。

2. 企业绿色理念传播

包含资源缩减和废弃物最少化目标的绿色快递物流，实际上涉及供应链上的制造企业、物流企业、销售企业和消费者。企业在环境保护方面的作用是最重要的，除受到政府规制和政策影响外，企业环境自律和管理对绿色快递物流的推进也是至关重要的。企业从领导层到员工层都要具有强烈的环境意识和绿色理念。仅有领导层的认识而没有一线员工的积极参与和配合，即使制定了最佳的绿色快递物流战略，也很难得到很好的执行，使战略的作用降低。因此，有必要从上至下进行绿色理念的传播，培养各层次员工的环境意识和环保行为。

二、绿色快递物流发展的中观措施

（一）设立统一的物流主管部门

由于物流的功能要素多，在我国涉及的政府管理部门较多，因为各部门之间分工有交叉，物流系统中存在管理分散化、条块分割、重复建设等种种问题。当然，要在全社会范围内建立一个巨大的物流系统，将物流部门统一起来，这是不现实的。但在一个区域（城市）范围内建立统一的物流主管部门是可行的，也是有必要的。只有统一的管理部门，才能对整个城市的物流系统进行公益规划，将物流系统的各个功能环节统一管理。也只有统一的物流管理部门，才能从经济效益、环境效益和区域（城市）可持续发展的战略高度，制订区域（城市）物流系统发展方案，并针对物流行业制定相关政策法规，控制其运作，规划其发展，促进区域（城市）物流的优化发展。

（二）大力发展第三方物流，实现共同配送

资源消耗、环境污染和交通拥挤是区域（城市）物流的主要问题，而这些问题产生的原因是以汽油、柴油为动力的汽车运输的大量利用。道路上汽车过多的原因主要是在近距离运输、配送以及保管等物流活动中，企业自营物流比较多，自营物流造成道路上大量车辆空载行驶，这降低了卡车运载的效率，增加了道路上车辆数量，增加了空气污染源和交通事故发生源。因此必须大力发展社会化、专业化的第三方物流。

第三方物流是由供方与需方以外的物流企业提供物流服务的业务方式。发展第三方物流，由这些专门从事物流业务的企业为供方或需方提供物流服务，可以从更高的角度，更广泛地考虑物流合理化问题，简化配送环节，进行合理运输。当一些大城市的车辆配载大为饱和时，专业物流企业的出现使得在大城市的运输车量减少，从而缓解了物流对城市环境污染的压力。此外，企业对各种运输工具还应采用节约资源、减少环境污染的原料作动力，如使用天然气、太阳能等作为城市运输工具的动力或加快运输工具的更新换代。

（三）物流系统合理规划

区域（城市）物流中出现的货物迂回运输、重复运输、对流运输与区域（城市）物流网络布局不合理有很大关系，其中物流节点（如物流中心、配送中心、中转站、仓库、批发站等）的布局不合理是造成这些现象的主要原因。

从国外城市物流发展的经验看，物流节点设施的过于分散、节点功能单一是造成城市内车流量过于密集、交叉运输和运输效率低下的重要原因。要解决区域（城市）交通环境恶化、运输效率低下的问题，有效措施之一就是合理规划物流系统中的节点布局，规划物流结点的布局应该同城市规划、城市建设紧密联系起来，作为城市整体

规划的一部分同时考虑。在规划区域（城市）用地、道路及铁路枢纽建设时，应同时考虑物流设施点的布局问题。当物流设施处于离公路网和铁路车站都比较接近的位置时，该物流设施点就具有良好的货物集散作用和转运功能，能更有效地利用铁路进行大运量运输，减少公路运输在整个运输中的比重。这样的设施选址具有很好的发展前景，为今后运输模式的创新和物流功能的创新提供了条件。

（四）积极发展联合运输，发挥各种运输方式的优势

汽车运输具有服务灵活、迅速、门到门等优点，物流方式的变革对汽车的依赖程度越来越高，不仅是短距离运输，城市之间的中长距离运输也越来越多地使用汽车，特别是随着高等级公路网的完善，"汽车加上高等级公路"的货运方式已成为物流高度化的重要特征。

更多地利用污染小的铁路运输和水上运输，降低了汽车运输在社会物流量中的比例，是降低能源消耗、缓解环境污染的有效途径之一，而且效果明显。当然，这里不是简单地将一部分汽车运输的货物转给铁路或水路，而是通过卡车运输同铁路运输、水运的有机结合，在保证物流服务质量的前提下，实现"公—铁"或"公—水"等形式的联合运输。

联合运输可以吸取各种运输方式的长处，把它们有机地结合起来，实行多环节、多区段、多运输工具相互衔接进行商品运输。这种运输方式一般以集装箱作为连接各种工具的通用媒介，起到促进复合直达运输的作用。由于全程采用集装箱等包装形式，可以减少包装支出，降低运输过程中的货损、货差。一方面，这种运输方式克服了单个运输方式固有的缺陷，从而在整体上保证了运输过程的最优化和效率化。另一方面，从物流渠道看，它有效地解决了因为地理、气候、基础设施建设等各种市场环境差异造成的商品在产销空间、时间上的分离，促进了产销之间紧密结合以及企业生产经营的有效运转。

（五）应用信息技术，实现物流管理智能化

信息是现代物流系统的灵魂，物流信息是保证及时运输、及时供货以及"零库存"的关键，区域（城市）物流信息对于合理配置物流资源、降低能源消耗、减少废气排放具有重要的意义。

1. 基于 Internet 的物流信息系统

基于 Internet 的物流信息系统为处于不同地理位置的物流需求方和物流提供方之间架起了一座桥梁，第三方物流企业可以从网络最优的目标出发，选择需要服务的企业，企业则可以从降低成本的角度选择物流服务商。这里的选择原则包括：避免路径迂回，避免舍近求远的运输，车辆利用率的最大化。通过减少无效运输，对城市物流资源进行最充分利用，从而节约资源、节约燃料消耗，降低空气污染和交通拥挤的程度。

2. 应用 GIS，GPS 技术到区域（城市）配送活动中

基于 GIS 的物流分析软件可以将车辆路线模型、网络模型、设施定位模型集成于

一体，能解决一个起点、多个终点的货物运输车辆数量确定及最短路径确定，解决物流网点布局、各网点服务范围和市场范围等问题。GIS应用于区域（城市）配送系统，能帮助配送企业优化车辆与人员的调度，最大限度地利用人力、物力资源，缩短配车计划编制时间，提高车辆利用率，减少闲置及等待，合理安排配送区域和路线等，使配送服务最优化。

GIS与GPS技术集成，还可以将配送车辆的当前位置在电子地图上显示出来，在必要的情况下实施对配送车辆的跟踪和监控；一并，根据道路交通状况向配送车辆发出实时调度指令，提高配送服务水平。

三、绿色快递物流发展的微观措施

企业物流是全社会物流系统的最重要组成部分。企业物流的绿色化是企业环境战略的重要组成，它不仅能改善企业本身的经营活动对环境的影响，而且还能推动企业产品所在的供应链的绿色化，进而推动全社会物流系统的绿色化。可以说，企业是绿色快递物流的直接实施者，是可持续发展战略的最核心的行为主体。因此，我们有必要从微观企业绿色快递物流发展层面来探讨我国绿色快递物流战略措施。

（一）树立环境保护意识，打造企业绿色品牌

由于我国物流业起步较晚，企业对现代物流重要性的认识才刚刚开始，企业物流系统的构建主要还是以降低成本、提高效益和效率为目标。一些企业虽然已开始认识物流中的环境问题，但对绿色快递物流的认识还非常有限。大多数企业对绿色快递物流知之甚少，甚至存在着"环保不经济，绿色等于花费"，"环境保护主要是政府的事，跟企业关系不大"等认识。然而在当代，环境保护在国际和国内愈来愈受到重视的情况下，企业只有树立环境保护意识，打造绿色品牌，才能在市场竞争中取得优势，获得持续性地发展。

企业要发展绿色快递物流，就必须扭转"绿色等于消费"的理念，充分认识到绿色快递物流带来的经济价值。

首先，绿色快递物流利于树立良好的企业形象，使企业更容易获得股民和其他投资者的青睐。随着消费者环境意识的增强，拥有绿色消费观念的公众越来越多，他们更愿意选择环境友好的产品和服务，这说明环境表现良好的企业将具有更多的市场机会。

其次，实施绿色快递物流战略的企业通过对资源节约利用，对于运输和物流网络的科学规划和合理布局，可以大大降低物流运作中的原料成本和燃料成本，降低物流过程的环境风险成本，从而为企业拓展有限的利润空间。

最后，自然资源的回收、重用等逆向物流举措，可以降低企业的原料成本，提升客户服务价值，增强企业竞争优势。

（二）加强绿色快递物流管理，实现物流各功能的绿色化

物流活动由运输、仓储、包装、流通加工、搬运装卸等功能构成。企业要实施绿色快递物流，首先要从物流各功能的绿色化开始。

1. 绿色运输

所谓绿色运输是指以节约能源、减少废弃排放为特征的运输,绿色运输是绿色快递物流的一项重要内容。根据运输环节对环境影响的特点,运输绿色化的关键原则就是降低卡车在道路上的行驶总里程。围绕这一原则的绿色运输途径主要有以下方面。

(1) 绿色运输方式。即结合其他几种运输方式,降低了公路运输的比例。

(2) 环保型运输工具。主要是针对货运汽车,指的是采用节能型的或以清洁燃料为动力的汽车。

(3) 绿色快递物流网络。即路程最短的、最合理的物流运输网络,以便减少无效运输。

(4) 绿色货运组织模式。指的是城市货运体系中,通过组织模式的创新,降低货车出动次数、行驶里程、周转量等。

2. 绿色仓储

所谓绿色仓储,就是要求仓库布局合理,以减少运输里程、节约运输成本。如果仓库布局过于密集,会增加运输的次数,从而增加能源消耗,增加污染排放;如果布局过于分散,则会降低运输效率,增加空载率。此外,仓库建设前还应当进行相应的环境影响评价,充分考虑仓库建设和运营对所在地的环境影响。易燃、易爆商品仓库不应设置在居民区,有害物质仓库不应该设置在重要的水源地。

3. 绿色包装

绿色包装是指采用节约资源、保护环境的包装。实现绿色包装的途径主要包括:促进生产部门采用尽量简化的以及由可降解材料制成的包装;商品流通过程中尽量采用可重复使用的单元式包装,实现流通部门自身经营活动用包装的减量化;积极主动地协助生产部门进行包装材料的回收及再利用。

4. 绿色流通加工

流通加工具有较强的生产特性,对于环境的影响主要表现在:分散进行的流通加工过程能源利用率低,产生的边角废料、排放的废气、废弃物等污染周边环境,还有可能产生二次污染。绿色流通加工实施的途径主要有:专业化集中式流通加工,以规模作业方式提高资源利益效率以及流通加工废料的集中处理量,与废弃物物流顺畅对接,降低废弃物污染及废弃物物流过程的污染。

(三) 构建企业逆向物流体系

企业发展绿色快递物流,仅仅把焦点集中在正向物流活动的绿色化上显然已经不符合时代要求,必须将逆向物流纳入企业管理活动中来,使正向物流和逆向物流有效衔接,实现完整的循环物流体系。

1. 分层次实施逆向物流目标

企业实施逆向物流活动计划,应该首先强调产品生命周期的资源缩减计划,即通过环境友好的产品设计,使原料消耗和废弃物排放量最少化,使正向物流和逆向物流量最低化;其次是重复利用,应尽量使产品零部件以材料本身的形态被多次重复使用,这就要求改变传统的单向物流方式,以便处理双向的货物流动;接着是尽可能大范围的"再循环";废弃处置是最后选择。

2. 压缩逆向物流处置时间

大多数回收的产品并没有完全"老化",需要尽快处理,因此,必须经过快速分类,确定正确的处理方式并尽快行动。回收的零部件处理越快,企业的利益就越多。在确定产品处置时,要谨慎地制定决策机制,企业更应实行有效客户响应,减少各个环节的处理时间。企业可以通过建立逆向物流信息系统与集中式回收中心等来缩短逆向物流处置周期。

3. 从供应链的范围构建企业逆向物流系统

逆向物流并不等于废品回收,它涉及企业的原料供应、生产、销售、售后服务等环节,因而不能作为一个孤立的过程来考虑,企业要实施逆向物流,还必须与供应链上的其他企业合作。另外,企业采取宽松的退货策略,所获信息将严重失真。为了实现风险共担、利益共享,企业必须与供应链上的企业共享信息,建立战略合作伙伴关系,通过对退货物品的跟踪,测定处理时间,评价卖方业绩,以便与上、下游企业更好地协作。也就是说,必须从供应链的范围来构建企业的逆向物流系统。

4. 利用第三方逆向物流企业

逆向物流也需要经过运输、加工、库存及配送等环节,这可能会与企业的正向物流环节相冲突。大多数企业关注的是物流的正向部分,对逆向物流的投入很有限,当两者发生冲突时,常常会放弃逆向物流。企业可以将逆向物流外包给第三方物流企业,第三方逆向物流供应商可以为多家企业服务,通过规模经济获得运营的成功。

(四)建立绿色快递物流成本核算体系

建立绿色快递物流成本核算体系,使企业的物流活动对生态环境的影响能够从会计成本账目中得到明确的体现,从而将物流活动的外部成本内部化。目前对绿色成本的理解很多,联合国国际会计和报告标准政府间专家工作组第15次会议文件《环境会计和财务报告的立场公告》将绿色成本定义为:"本着对环境负责的原则,为管理企业活动对环境造成的影响力被要求采取的措施成本,以及因企业执行环境目标和要求所付出的其他成本。"

企业应将其在运输、仓储保管、包装、搬运、流通加工等过程中产生的环境损耗成本,为了避免物流活动造成的环境破坏而采取的环境保护成本,以及企业的环境管理成本等都纳入成本会计核算体系之内。

第七章 物流发展的其他延伸

第一节 逆向物流

随着社会对环保的日益关注，土地掩埋空间的减少和掩埋成本的增加，可利用的资源日益匮乏，人们对于物料循环再利用，达到循环再生、物料增值和成本降低也日益重视，各国政府尤其是欧美日发达国家也相继出台一些法规对生产商的责任延伸作了强制规定。这就是20世纪80年代开始受到关注的逆向物流。

一、逆向物流的概念

逆向物流的概念最早是美国的学者Stock在1992年提交给美国物流管理协会的一份报告中提出："逆向物流是指原材料、加工库存品、产成品及从消费地到起始地及相关信息的高效率、低成本的流动而进行的计划、实施与控制的过程。"

欧洲逆向物流管理协会认为："逆向物流有广义和狭义之分。广义的逆向物流是指与物料再利用、节约资源和保护环境有关的一切经济活动狭义的逆向物流是指通过不同的回收模式将生产和销售的产品进行回收和处理的过程。"

美国逆向物流执行委员会认为："计划、实施和控制原料、半成品库存、制成品和相关信息，高效和成本经济从消费点到起点的流动过程，而达到回收价值和适当处置的目的。"

本书对逆向物流的定义主要是依据中华人民共和国国家标准《物流术语》（GB/

T 18354—2006）将逆向物流定义为："物品从供应链下游向上游的运动所引发的物流活动。"逆向物流分为回收物流和废弃物物流。回收物流是指不合格物品的返修、退货以及周转使用的包装容器，从需求方返回到供应方所形成的物品实体流动；废弃物回收是指将经济活动中失去原有使用价值的物品，根据实际需要进行收集、分类、加工、包装、搬运及储存，并分送到专门处理场所时所形成的物品实体流动。

二、逆向物流的特点

逆向物流作为企业价值链中特殊的一环，与正向物流相比，既有共同点，也有各自不同的特点。二者的共同点在于都具有包装、装卸、运输、储存、加工等物流功能。但是，逆向物流与正向物流相比又具有其鲜明的特殊性。

（一）逆向性

这是逆向物流表象上最明显的特点。逆向物流中退回的商品或报废的物品的流动与正常的商品流动的方向刚好相反，即消费者—中间商—制造商—供应商。

（二）多变性

由于逆向物流的分散性及消费者对自由回放政策的滥用，使企业很难控制产品的回收时间与空间，导致了多变性。逆向物流产品的地点、时间和数量是不确定的，这与正向物流刚好相反，按量、准时和指定发货点是正向物流基本的要求。

（三）复杂性

回收的产品在进入逆向物流系统时往往难以进行准确的划分，因为不同种类、不同状况的废旧物资常常是混杂在一起的，导致管理的复杂。此外，发生逆向物流的地点较为分散、无序，不能集中一次向点转移。

（四）缓慢性

开始的时候逆向物流数量少、种类多，只有在不断汇集的情况下才能形成规模。废旧物资的产生也往往不能立即满足人们的某些需求，它需要经过加工、改制等环节，甚至只能作为原料回收使用，这一系列过程的时间一般比较长。同时，废旧物资的收集和整理也是长时间的过程，这一切都决定了废旧物资缓慢性这一特点。

（五）价值的递减性

这里的递减性有两个方面的含义。对于退货和召回的产品，具有价值递减性，即在从消费者流向经销商或生产商的过程中，产生的一系列的运输、仓储、处理等费用都会冲减回流产品的价值；对于已报废的产品，具有价值递增性，即报废产品对于消费者而言，没有什么价值，随着逆向回流，报废产品在生产商终端进行处理后，可以实现价值再造。

三、逆向物流形成的原因

逆向物流产生的原因主要包括以下 4 点。

（一）来自顾客的退货行为

任何企业，即使是包括全球 500 强在内的跨国公司，都会面临顾客的退货问题。由于经济发展的全球化，纯粹的本国制造和物流活动已颇为少见，大规模的生产和配送运输及存储环节都会造成商品、半成品、原材料和零部件的缺陷和瑕疵，造成递送商品的错位等，这里不仅有人为因素，亦受制于非人为因素。即使是再精益化的物流与供应链管理运作，也会有一些误差的出现。常见的退货原因包括存在质量问题、数量有偏误、错误的递送对象等。从零售终端来看，这种现象的比例较高，如顾客购买手机及电子消费品等都可能出现正常的退货现象。

（二）来自供应商的产品召回行为

产品召回制度源于 20 世纪 50 年代的美国汽车行业，经过多年实践，美国、日本、欧洲、澳大利亚等国对缺陷企业召回已经形成了比较成熟的管理制度。在欧洲，许多欧盟成员国实施了专门的法律，要求制造商在知晓其产品存在缺陷后采取措施进行召回。近几年随着消费者地位的上升，消费者权益增加，产品召回现象从最初的汽车、计算机迅速蔓延到手机、家电、日用品等行业。为维护企业的核心竞争力，企业需要通过有效的逆向物流管理来降低召回损失。

（三）来自国际和法律的环境保护因素

经济全球化的推进也让各国开始密切关注环境保护问题，各国都从自身可持续发展的目标出发，对破坏环境的商品及商品包装制定相关法律进行严厉监控。德国于 1991 年通过了《包装废品废除法令》，强调企业有责任管理它们的包装废品，包括收集、分类、循环使用包装物。欧盟于 1995 年发布了一条包装法令，要求其所有成员国到 2001 年最少要再生利用各自 25% 的包装品。

（四）逆向物流价值的发现

随全球各类资源和生产能力的有限性愈加明显，已使用产品及材料的再生恢复逐步成为满足急速增长的消费市场需求的关键力量。同时，各国纷纷制定减少浪费政策的举措也促使材料循环使用理念逐步取代原有的"一次使用"的经济观。此外，消费者日益高涨的呼声要求企业最大限度地降低产品和加工流程对于环境的影响，而生产者的相关法律责任也成为公共环保政策的重要组成部分。

四、逆向物流的分类

（一）按照逆向物流的成因、途径和处理方式划分

按成因、途径和处理方式的不同，根据不同产业形态，逆向物流可以被区分为投诉退货、终端使用退回、商业退回、维修退回、生产报废和副品，以及包装材料和产

品载体等六大类别。

这六类典型的逆向物流类别普遍存在于企业的经营活动中，其涉及的部门从采购、配送、仓储、生产、营销到财务部门。所以，从事逆向物流管理的部门需要处理大量协调、安排、处置、管理与跟踪的工作，企业才能完成资源的价值再生。

（二）按照逆向物流的回收方式划分

按回收方式的不同，逆向物流可以被区分为再使用、再制造、再循环及销毁处理四大类别。

第二节　冷链物流

冷链物流是物流活动的高端细分领域，较之常温物流，具有更高的复杂性和技术性；因其活动对象的特殊性，又具有重要的经济和社会意义。虽然最近几年我国冷链物流发展较快，但总体上说，还处起步阶段。面对种种问题，我国的冷链物流还需要政府、有关协会和企业界采取各种措施积极推动，大力发展。

一、冷链物流的概念

最早提出冷藏链的概念是美国人阿尔贝特·巴尔里尔（Albert Barrier）和英国人 J.H.莱迪齐（J.A.Ruddich），他们在 1894 年先后提出，但是直到 20 世纪 40 年代才得到广泛的重视而发展起来。

1958 年，美国人 Albert 等提出冻结食品制冷与容许冷藏时间、冷藏温度之间存在"3T"原则，即在冷链中储藏和流通的时间（Time）、温度（Temperature）和耐藏性（Tolerance）。该理论认为，冷结食品在低温流通过程中所发生的质量下降与所需时间存在着一定的关系。在整个流通过程中，因为温度的变化所引起的冷结食品质量的下降是累积性且不可避免的，当达到一定的程度时就会失去其商品价值，可以说，时间是冷链物品的生命。在一定限度内，冷结食品的温度越低，其质量下降就会越少，保质期会相应越长。也就是说，在同样的条件下加工的冷结食品，如果储存温度不同，其保质期也会不同：温度高的保质期较短，温度低的保质期较长。

在"3T"原则的基础上，后人又补充了"3P"和"3C"，其中"3P"即原料（Product）、处理工艺（Processing）和包装（Package）；"3C"即冷却（Chilling）、清洁（Clean）和小心（Care）。这些原则都是冷链物流加工和流通环节中必须遵循的技术理论依据。

本书对于冷链物流的定义主要是依据中华人民共和国国家标准《物流术语》（GB/T18354-2006）中规定，即"冷链物流是为保持新鲜食品及冷冻食品等的品质，使其在从生产到消费的过程中，始终处于低温状态的配有专门设备设施的物流网络。"

冷链物流包括以下 3 个适用范围。

1）初级农产品：蔬菜、水果、肉、禽、蛋、水产品、花卉产品。

2)加工食品:速冻食品,禽、肉、水产等包装熟食,冰淇淋和奶制品,快餐原料。

3)特殊商品:药品。

二、冷链物流的构成

(一)冷冻加工

冷冻加工包括肉禽类、鱼类和蛋类的冷却与冷冻,以及在低温状态下的加工作业过程,也包括蔬菜的预冷、各种速冻食物和奶制品的低温加工等,在这个环节上主要涉及冷链装备是冷却、冻结装置和速冻装置。

(二)冷冻储藏

冷冻储藏包括食品的冷却储藏和冻结储藏,以及水果蔬菜等食品的气调储藏。它是保证食品在储藏和加工过程中的低温环境。在此环节主要涉及各类冷藏库、加工间、冷藏柜、冷冻柜及家用冰箱等。

(三)冷藏运输及配送

冷藏运输包括食品的中、长途运输及短途配送等。它主要涉及铁路冷藏车、冷藏汽车、冷藏船、冷藏集装箱等低温运输工具。在冷藏运输过程中,温度波动是引起食品品质下降的主要原因之一,所以运输工具应具有良好的性能,远途运输特别重要。

(四)冷冻销售

冷冻销售包括各种冷链食品进入批发零售环节的冷冻冷藏和销售,它由生产厂家、批发商和零售商共同完成。随着大中城市各类连锁超市的快速发展,各类连锁超市正在成为冷链食品的主要销售渠道,在这些零售终端,大量使用冷藏、冷冻陈列柜和储藏库,它们成为完整的食品冷链中不可或缺的重要环节。

三、冷链物流的特点

冷链物流是以保证低温物品品质为目的,以保持低温环境为核心要求的供应链系统。与一般常温物流相比,冷链物流需要特殊装置,且必须注意时间、运送过程、运输方式的选择和控制,是物流成本占总成本比例非常高的一种特殊物流形式。冷链物流主要有以下5个特点。

(一)系统性

冷链物流是一个复杂的系统工程,涉及多个方面。为最大限度地保证产品原来的品质,冷链物流中的产品在生产、存储和运输等环节始终处于低温条件下,而产品最终质量不仅仅取决于温度,还取决于在冷链中储藏和流通的时间及产品的耐藏性。在流通过程中,冷藏物品的质量随温度和时间的变化而变化,不同的产品都必须对应不同的温度环境和储存时间。另外,冷链物流还涉及生鲜储存技术、运输配送技术、信息技术等。因此,在冷链物流运作中要考虑整个冷链的系统性,以符合"3T"原则。

（二）协调性

冷链物流由多个环节组成，包含了从原材料采购、加工、流通、配送，直至零售和消费的全过程。冷链是一个跨部门的有机结合体，要求各部门互相协调、紧密配合。冷链物流的时效性要求冷链各环节具有较高的组织协调性和相当强的技术支持。

（三）全程温控

为保证物品品质并降低运输过程中的损耗，冷链物流中的每个环节都需要进行温度控制。例如，在储存环节，库房需要提供合适的温度；在运输环节，车辆需要控冷；在销售环节，需要控制冷藏柜的温度。温度控制是实现冷链的基本保证。另外，冷藏和冷冻食品需要一个完整的冷链物流对货物进行全程的温度控制以确保食品的安全，包括装卸货物时的封闭环境、储存和运输等，缺一不可。如果某个环节没有进行温控，就形成了断链。所以，全程温控是实现冷链的关键。

（四）成本高昂

冷链物流的投资是常温物流的 3～5 倍，其中，冷库的建设和冷藏车的配置占大部分。物流的运作成本高主要是因为储存、运输各环节为了保持合适的温度和湿度环境都需要耗费更多的电、油和水。因此，冷链物流的运作始终是和能耗成本相关联的，有效控制运作成本和冷链物流的发展密切相关。

（五）技术含量高

冷链物流是一个附加值较高的物流领域，冷链物流的运作管理具有科学性、技术性和安全性的专业特性。要保障冷藏品的最终质量，就要保证冷链中的加工、运输、储存和销售各个环节的质量以及接口环节的质量。冷链管理不是单点控制，而是全程质量的控制。因此，冷链物流是难度大，技术含量高的物流形式。

四、冷链物流的关键技术

冷链物流涉及的技术主要包含生鲜储存技术、运输配送技术、信息技术、冷藏设备制造技术、监控技术等。

（一）生鲜储存技术

生鲜食品保鲜是根据其品质特点和腐败变质机理，在其生产和流通过程中采用了物理、化学或生物方法处理，抑制或延缓生鲜食品的腐败变质，保持其良好鲜度和品质的技术。目前生鲜食品保鲜方法主要有物理、化学和生物法三大类，每类方法又衍生出很多新技术，各自依托不同的保鲜原理。虽然各种保鲜手段的侧重点不同，但都是对保鲜品质起关键作用的因素进行调控。首先是控制生鲜食品生理、生化变化进程，从而延缓品质劣变进程；其次控制微生物，主要通过控制腐败菌来实现。主要保鲜技术有低温保鲜、化学保鲜、生物保鲜、气调保鲜、超高压保鲜、辐照保鲜、臭氧保鲜等。此外，近几年一些新的保鲜技术，包括复合保鲜技术不断涌现，如临界点低温高湿贮藏、高压静电场处理保鲜、细胞间水结构化气调保鲜、热激处理保鲜等。具体生鲜储存技术如图 12-5 所示。

（二）运输配送技术

为了保持易腐货物的原有的品质和使用价值，减少运输途中发生腐烂变质和数量上的损失，提高货物运输的安全性，减少对环境的污染，实现最佳经济运输，就必须将易腐货物置于其保鲜所需的最低温度条件下。所以，冷藏运输对人类生活和社会经济发展有着巨大的作用。

1. 公路冷链运输

公路冷链运输主要以冷藏汽车为运输工具，是目前冷链运输中最主要、最普遍的运输方式。公路运输的特点是灵活机动、速度较快、可靠性高，可实现"门到门"运输，但运送货物量将相对较小，因此，公路运输主要应用于中短途运输。公路运输不仅可以进行直达运输，而且与其他运输方式联运后，大大促进了"门到门"冷链运输的实现。

2. 铁路冷链运输

铁路冷链运输主要以冷藏车和冷藏集装箱为运输工具。铁路运输的主要优势是可以相对较低的运价长距离、大批量的运送货物。铁路的地区覆盖面广，适应性强，可全天候不停运输，具有较高的连续性、可靠性和安全性，但是因铁轨、站点、运营时间表的限制，灵活性较差。铁路运输是长途运输的主要方式之一，在冷链运输中具有重大的意义。

3. 水路冷链运输

水路冷链运输主要以冷藏船和冷藏集装箱为运输工具。水路运输的优点是成本低、运量巨大，主要用于长距离、低价值、高密度的货物运输。但水路运输要求起始地和目的地都接近水道，要由铁路和公路补充运输，灵活性差。

4. 航空冷链运输

航空冷链运输主要以装载冷藏集装箱，尤其是小尺寸的集装箱和一些专业性较强的行业的非国际标准的小型冷藏集装箱为运输手段。航空运输的最大特点是运输速度快，但运量相对较小，成本高，受天气影响大，可靠性较差。而且航空运输只能在机场与机场之间进行，在冷藏货物进出机场时还需要其他冷藏运输方式的配合。航空冷链运输主要应用于高价值、易腐烂、对于时间要求高的小批量货物的运输。

（三）冷藏设备制造技术

1. 冷链物流中心

（1）土建式冷库

目前国内在建的数万吨级以上的大型冷库，基本采用的都是土建式冷库，其建筑一般是多楼层，钢筋混凝土结构，在结构内部再用 PU 夹芯冷库板组装冷库，或使用 PU 喷涂四周的方式建造。这种使用 PU 喷涂的建设方式在国内已使用了 40 年以上。

（2）装配式冷库

前几年，装配式冷库在国内一般用于小型拼装冷库，近几年随着钢结构在许多大型建筑中广泛使用，大型的钢结构装配式冷库也在陆续建设。大型钢结构冷库柱网跨度大、柱子较小、施工周期短，更适合内部物流设备设施的规划，如货架布局、码头设备规划、内部叉车物流动线规划等。

（3）库架合一结构

随着货架系统在物流中心的广泛使用，国外一些大量存储的自动仓储冷库、多层高位货架冷库在20～30年前已大量采用库架合一结构进行建设。同时，在非货架区域配合采用PU夹芯库板拼装在钢结构外侧的施工方式，整体建成室外型冷库。目前在国内，由于其施工水平、工程细节及精准程度要求较高，在冷库建设方面此种结构方式建造较少。库架合一结构因为物流中心内部没有柱网，可以达到单位面积存量最大化及物流动线最顺畅化。

2．制冷系统

1）制冷系统在冷链物流的投资中占有较大比重。在冷媒的选择方面，国内主要使的是氨系列或氟系列的冷媒。此外，在较高温层，如12℃作业区，还可规划使用二次冷媒，如冰水或乙二醇。

2）制冷系统是由一系列的设备依统筹设计组装、安装而来。一般可区分为制冷主机（主要包括机头、压力容器、油分离器、阀件等）、制冷风机（由不同的布局方式及数量、除霜设计方式，进行不同的选择配置，如电热除霜、水除霜、热气除霜）、控制系统（由一系列的阀件、感应装置、自控装置及控制软件等组成）、管路与阀件系统（一般依设计配置）。

3）与制冷系统配套的还有压力平衡装置、温度感应装置、温度记录装置、电器设备等等。

3．存储及相关设备

1）与常温物流中心相同，冷链物流中心内部存储同样需要各型货架或自动化立体仓库系统。在国外，食品类商品不允许直接堆叠在地面，必须使用塑料托盘，使用货架存储。各型货架，从自动仓库使用的20多米的高位货架，到拆零拣货使用的流力架，在冷链物流中心均有大量使用。与常温货架不同的是，低温库内使用的货架对钢材的材质、荷重、货架的跨度设计均特殊要求。

2）为配合存储，满足生鲜食品的特殊要求，冷链物流中心的仓储库内会配置臭氧发生器、加湿器、新风机、二氧化碳发生器、其他特殊气体发生器等配套设备。

（四）信息技术和监控技术

面对激烈的市场竞争，冷链物流企业为加快物流速度，降低物流成本，提高管理水平和服务质量，逐渐采用了各种先进的信息技术。

1．射频识别技术

射频识别技术是一种利用无线电波对带有信息数据的媒体进行读写并自动输入计

算机的当今最先进的自动识别技术。冷链物流管理需要在整个供应链中监测温度,以确保整个供应链符合冷链的要求。将先进的射频识别技术引入需要温度管理和监控的冷链物流管理中,将温度变化记录在带温度传感器的射频识别技术标签中,有利实现对产品的生鲜度、品质进行细致、实时的管理,保证整个供应链的顺利运作。

2. GPS

GPS 是一个由覆盖全球的 24 颗卫星组成的卫星系统。这个系统可以保证在任何时刻、地球上任意一点都可以同时观测到至少 4 颗卫星,以保证卫星可以采集到该观测点的经度、纬度和高度,从而实现导航、定位,定时等功能。GPS 在物流中的应用主要是以车载 GPS 实现,通过 GSM 网络用短信的方式把卫星定位信息发送给第三方,通过计算机解读短信电文,在电子地图上显示车辆位置,同时,能把防盗报警信息发给第三方,完成车载 GPS 防盗报警。

3. GIS

GIS 是以地理空间数据库为基础,在计算机软、硬件的支持之下,对空间相关数据进行采集、管理、操作、分析、模拟和显示,并采用地理模型分析方法,适时提供多种空间和动态的地理信息,是为了研究和决策服务而建立起来的计算机技术系统。冷链物流过程中的货物运输路径的选择、车辆及搬运工具的合理调配、仓库信息的掌握和仓库地址选择等,都涉及如何处理大量的空间数据和属性数据而缩短物流时间,降低成本的问题,GIS 的应用可促进冷链物流管理的信息化及智能化。

第三节 物流金融

快速发展的现代物流业对物流企业运作提出了更高的要求,物流管理已从物流的处理提升到物的附加值方案管理,可以为客户提供金融融资的物流供应商在客户心中的地位会大幅度提高,物流金融将有助于形成物流企业的竞争优势。物流企业开展物流金融服务,无论是对客户、金融机构、客户的客户,还是物流企业本身来说,都是一个共赢的选择。

一、物流金融的概念

物流金融发展起源于物资融资业务。金融和物流的结合可以追溯到公元前 2400 年,当时的美索布达米亚地区就出现了谷物仓单。而英国最早出现的流通纸币就是可兑付的银矿仓单。

物流金融是指在物流运营过程中,和物流相关的企业通过金融市场和金融机构,运用金融工具使物流产生的价值得以增值的融资和结算等服务活动。

这种新型金融服务原本属于金融衍生工具的一种,之所以称为物流金融业务,而不是传统的抵押贷款或者质押融资,是因为在其发展过程中,逐渐改变了传统金融贷款过程中的银行、申请贷款企业双方面的责权关系，也完全不同于担保贷款中担保方承担连带赔偿责任的三方关系。它越来越倚重于第三方物流企业，目前主要表现为物流企业的配套管理和服务，形成了银行、物流企业以及贷款企业的三方密切合作关系。

二、物流金融模式

（一）物流金融的模式

物流金融运作模式主要有抵押、担保、垫资等模式，在实际运作过程中，可能是多种模式的混合。例如，在取货时，物流企业先将一部分钱付给供应商，一部分仓单质押，货到收款后再一并结清。既可消除厂商资金积压的困扰，又可让买方卖方两头放心。资金可由银行提供，如果物流企业自有资金充足的也可以由物流企业全部垫资。

（二）物流金融的业务

（1）垫付贷款业务

垫付贷款模式指在货物运输过程中，发货人将货权转移给银行，银行根据市场情况按一定比例提供融资。当提货人向银行偿还货款后，银行向第三方物流供应商发出放货指示，将货权还给提货人。

（2）仓单质押业务

仓单质押模式指融通仓不仅为了金融机构提供了可信赖的质物监管，还帮助质押贷款主体双方良好的解决质物价值评估、拍卖等难题。在实际操作中货主一次或多次向银行还贷，银行根据货主还贷情况向货主提供提货单，融通仓根据银行的发货指令向货主交货。

（3）保兑仓业务

保兑仓模式指制造商、经销商、第三方物流供应商、银行四方签署"保兑仓"业务合作协议书，经销商根据制造商签订的《购销合同》向银行缴纳一定比例的保证金，该款项应不少于经销商计划向制造商在此次提货的价款，申请开立银行承兑汇票，专项用于向制造商支付货款，由第三方物流供应商提供承兑担保，经销商与货物对第三方物流供应商进行反担保。银行给制造商开出承兑汇票后，制造商向保兑仓交货，其实转为仓单质押。

三、物流金融服务的运作

（一）物流金融的基本运作模式

根据金融机构（如银行等）参与程度不同，可以把物流金融运作模式分为资本流通模式、资产流通模式和综合模式。所谓的资产流通模式，是指第三方物流企业利用自身综合实力、良好的信誉，通过资产经营方式，间接为客户提供融资、物流、流通加工等集成服务；资本流通模式是指物流金融提供商利用自身和金融机构良好的合作关系，为客户与金融机构创造良好的合作平台，协助中小型企业向金融机构进行融资，提高企业运作效率；综合模式是资产流通模式和资本流通模式的结合。

1. 资产流通模式

（1）替代采购

替代采购的流程如下：①由物流公司代替借款企业向供应商采购货品并获取货品所有权；②物流公司企业垫付扣除物流费用的部分或全部贷款；③借款企业向物流公司提交保证金的比例释放货品；④物流公司根据借款企业提交保证金的比例发放货品；⑤物流企业与借款企业和供应商结清货款。在物流公司的采购过程之中，通常向供应商开具商业承兑汇票并按照借款企业指定的货物内容签订购销合同。物流公司同时负责货物运输、仓储、拍卖变现，并协助客户进行流通加工和销售。

（2）信用证担保

信用证担保的流程如下：①物流企业与外贸公司合作，以信用证方式向供应商支付货款，间接向采购商融资；②供应商把货物送至融通仓的监管仓库，融通仓控制货物的所有权；③采购商向物流企业提交保证金；④物流企业根据采购商提交保证金比例释放货品；⑤采购商和物流企业结清货款。

2. 资本流通模式

（1）仓单质押融资业务

最简单的仓单质押融资业务的流程如下：①借款企业把产品或原材料寄存在物流公司的仓库（融通仓）中，由物流企业获得货物的所有权；②物流企业验货后向金融机构开具仓单，仓单需背书质押字样，并由物流企业签字盖章；③金融机构收到仓单后办理质押业务，按质押物价值得一定比例发放贷款到指定的账户；④借款企业实际操作中货主一次或多次向金融机构还贷；⑤金融机构根据借款企业还贷情况向借款企业提供提货单；⑥物流企业的融通仓根据提货单以及金融机构的发货指令分批向借款企业交货。

（2）买方信贷

买方信贷的流程如下：①借款企业根据与供应商签订的《购销合同》向金融机构提交一定比例的保证金；②物流企业向金融机构提供承兑担保；③借款企业以货物对物流企业提供反担保；④金融机构开出承兑汇票给供应商；⑤供应商在收到金融机构承兑汇票后向物流企业的保兑仓交货，物流企业获得货物的所有权；⑥物流企业验货后向金融机构开具仓单，仓单需背书质押字样，并由物流公司签字盖章；⑦金融机构在收到仓单后办理质押业务，按质押物价值的一定比例发放货款到指定的账户；⑧借款企业实际操作中货主一次或多次向金融机构还贷；⑨金融机构根据借款企业还贷情况向借款企业提供提货单；⑩物流企业的融通仓根据提货单与金融机构的发货指令分批向借款企业交货。

（3）授信融资

授信融资的流程如下：①金融机构根据物流企业的实际情况授予物流企业一定的信贷额度；②借款企业将货物质押到物流企业的融通仓，由融通仓为质物提供仓储管理和监管服务；③物流企业按照质押物价值的一定比例发放贷款；④借款企业一次或多次向物流企业还贷；⑤物流企业根据借款企业还贷情况向借款企业提供提货单，物流企业的融通仓根据提货单分批向借款企业交货。

（4）垫付货款

垫付货款的流程如下：①供应商将货物发送到物流企业指定的仓库；②供应商开具转移货权凭证给金融机构；③物流企业提供货物信息给金融机构；④金融机构根据货物信息向供应商垫付货款；⑤借款企业还清贷款；⑥金融机构开出提货单给借款企业；⑦金融机构向物流企业发出放货指示；⑧物流企业根据提货单和金融机构的放货指示向借款企业交货。

3. 综合运作模式

综合运作模式包括资产流通运作模式和资本流通运作模式，是物流金融高层次的运作模式，其对物流金融提供商有较高的要求，例如，物流金融提供商应具有自己全资、控股或参股的金融机构。例如，我们所熟悉的 UPS 公司，在 2001 年 5 月并购了美国第一国际银行，将其改造成为 UPS 金融公司。由 UPS 金融公司提供包括开具信用证、兑付出口票据的国际性产品和服务业务。UPS 作为中间商在沃尔玛和东南亚数以万计的中小出口商之间斡旋，在两周内把货款先打给出口商，前提条件是揽下其出口清关、货运等业务和得到一笔可观的手续费，而是拥有银行的 UPS 再和沃尔玛在美国进行一对一的结算。

（二）国际贸易背景下物流金融的运作模式

从事国际贸易的企业希望银行能够提供一体化的完整组合，满足其货物和现金管理的各项需求；国际贸易融资也与一般的贷款不同，它直接进入流通环节，与商品的价值实现密切相关，银行面对的市场风险压缩在商品货币循环的狭小空间中，这一特征为银行与物流公司的业务协作提供了前提条件。

1. 跟单托收结算方式中的物流金融运作模式

首先，出口方拟委托的托收行参与签约谈判，进口方所在的供应链中的银行 A、物流公司 B 参加谈判，以双方银行的信用为基础，确保在物流、资金流的各个环节向各方充分信任。在签订买卖合同时，开展出口跟单托收结算方式的前提条件是进出口双方在所签买卖合同中订立了采用托收结算方式的条款。其次，出口方按合同规定装船发运，取得提单（为了减少出口商风险，可以采用"空白抬头"、空白背书或将 A 行作为收货人的提单）和其他商业票据后，既可签发与进口方（受票人）为付款人的汇票，填制托收申请书，明确交单方式等，然后将跟单汇票和托收申请书送交托收行，委托收款，并取得回执。托收行根据托收申请书填制托收委托书，明确收款指示等，随附跟单汇票，邮寄给出口商指定的 A 代收行。代收行按照委托书的指示，向进口方提示跟单汇票。

1）在进口商不需要融资的情况下，进口方按照规定的交单条件，进行付款赎单，或承兑取单，并于到期日付款，并将提单交由 B 公司提货。代收行待进口方付清货款后将款项汇交托收行，托收行将款项汇交出口商，跟单结算业务到此了结。

2）在进口商需要向银行融资的情况下，业务流程发生了很大变化。代收行通知物流金融服务提供商 B，在授信额度内 B 代理银行 A 根据进口商的需求和条件进行动产质押贷款业务。之后 B 代理银行与进口商签订融资协议，物流公司负责货物的监管并将仓单交给银行质押，银行根据质押品的价值和其他相关因素向客户企业提供一定比例的贷款额并将款项汇交托收行。银行核定的贷款额与货款的差额部分以保证金的形式由进口商汇交银行。待进口商偿还贷款后，银行通知 B 公司将货物发运给进口商。

3）代收行对进口商的资金融通是允许进口商在远期文单的条件下凭信托收据借单提货。即在远期付款交单的条件下，代收行可以允许进口商在承兑远期汇票，但在付款前开立信托收据交给代收行，凭以借出货运单据先行提货，方便出售，待售得货款后偿还代收行，换回信托收据。

使用这种凭信托收据借款的方式，目的是避免货物先于付款日到达进口港后进口商不能付款赎单，致使货物滞留。但是，如果出口商和托收行未曾在托收申请书和托收委托书上允许这一融通条件，而代收行想为其本国进口商提供融资，同意进口商凭信托收据贷款的话，则一切后果由代收行自己负责。这无疑增大了代收行的风险。

4）出口商有时会在进口地指定一名代表，万一进口方拒付或拒绝承兑，代收行向该代表询问如何处理单据，或由该代表料理货物的仓储、保险、转售、运输等事宜。此代表被称为"需要时的代理人"。基于进口商、代收行、物流公司的供应链战略合作关系，出口商或委托行在签订买卖合同时可以委托物流公司 B 为代表，当出现拒付或拒绝承兑时，物流公司按照出口商的指示处理货物，既节约了出口商另行委托代表的成本又简化了手续。

2. 信用证结算方式中物流金融的运作模式

进口商在与出口商签订买卖合同后，根据合同条款，在规定的时间内通过银行授信的物流公司向银行申请开立信用证，进口商品保证金或由物流公司提供的担保。开证行应该是物流金融供应链中的节点银行。开证后开证行将信用证传递给出口方银行，出口方银行收到信用证后审核信用证的真实性并通知出口商。出口商接受信用证后，应立即发货，取得装运单据交议付行/保兑行议付货款。出口方银行议付后，寄单索汇。开证行接受单据，通知进口商付款赎单。进口商如同意接受单据，应将货款及应付手续费付给开证行。此时，开证行和进口商之间由于开立信用证而形成的契约关系就此终结。

3. 保理结算方式中物流金融的运作模式

保理结算方式中物流金融的运作模式的具体流程内容有如下 7 点。

1）出口商向进口国的保理商提出保理申请。

2）进口国保理商通过其授信的物流公司对进口商进行资信调查，物流公司确定进口商信用额度，通知保理银行，银行同，出口商签订保理协议，进口商为了能取得充足的货物，有可能在资信不足的情况下请求同一供应链中的银行授信的物流公司虚报资信情况，为了促使物流公司尽职尽资和避免串通欺诈，银行应该要求物流公司提供担保。

3）出口商在信用额度内发货，并将发票和运输单据通过保理商转文给进口商，保理商收到票据后取得质押权并且通知物流公司提货和监管货物。

4）出口商将发票副本寄给保理商。

5）出口商如要融资，则保理商在收到发票副本后即以预付款方式向出口商支付不超过发票金额80%的融资。保理商负责应收账款的管理和催收，并且提供百分之百的风险担保。

6）到期后，进口商将货款付给保理商，也可由物流公司垫付，进口商向物流公司提供货物质押或担保。

第八章 物流园区的规划与开发运营

第一节 物流园区的作用和发展

一、物流园区的作用

（一）促进区域经济发展

1. 产生新经济增长点，保持经济发展必要的运作水平

对于物流园区而言，通常从区域经济发展和城市物流功能区的角度进行建设，具有较大的规模。物流园区的开发和建设，将在局部地区进行大量的基本建设投入，从而带动所在地区的经济增长，并且对改善物流发展环境及基础条件，培育物流产业将具有重要意义和作用。

根据物流业在国民经济中所具有的地位，物流园区将因带动物流业发展而产生新的经济增长点，从而开发出新的经济发展领域。同时，物流园区还可以对既有设施及资源进行功能整合，对既有物流设施在功能上产生替代效应，在既有设施已客观存在局部过剩的情况下，物流园区通过在功能设计和布局上对当前和未来物流组织管理的适应，并通过规模化和组织化经营，提高了竞争经营优势，从而确保经济发展所必需的物流运作效率和水平。这是经济要进一步的一个重要性基础。

2. 对区域经济的辐射作用和涓滴效应

区域经济学理论认为，任何一个国家在经济发展的初期阶段，由于经济实力的限制，都会要求优先发展基础较好的地区，将有限的人力、物力及财力先投向最有效率的区位。

在这些区位，由于经济活动的集中会导致生产效率的提高，而市场力量通常是递增而非递减的，从而将促使这些地区的经济活动聚集起来，导致报酬递增。由于聚集的效应，这些地区将会持续累积而快速成长，形成区域经济的"成长极"，但同时也会导致发展的不均衡。当这种不均衡所产生的"成长极"达到经济高度发展阶段时，就会产生"涓滴效应"（Trickling-down Effect），生产力的分布就会趋于分散或均衡化，导致区际间的经济成长差距逐渐缩小，达到相对平衡发展。

在物流园区成为推进型产业、促使所在城市形成"成长极"的初级阶段，城市与周边地区的差距会拉大。但从长远看，一方面，物流园区的经济效应会向周边地区辐射，带动周边地区全面提升；另一方面，按照经济发展规律，累积性集中成长并不会无限制地进行下去，一旦经济要素和经济活动在成长极城市不断扩大和聚集，将会产生"聚集不经济"，进而促使经济要素和经济活动的分散，促进周边区域的发展，进而达成物流园区所在城市与周边区域的经济均衡化，促进整个区域经济相对均衡发展，这就是发展极理论中的"涓滴效应"。

（二）促进产业发展

1. 对现有资源整合，形成物流产业化

所谓的整合资源，即资源的集约和有效运用。从现有的物流资源开始入手进行整合，提高社会化的物流程度，提高了物流资源的使用效率，优化物流市场环境。首先应该对园区内的企业进行数量上的整合，将园区作为一个小型的物流产业优化开发区。之后应该进行业务上的整合，注重内部的细化分工，把各个企业的特色显示出来，综合各个企业的业务，实现优势互补，形成集合优势。整合有助于推动物流产业向集约化、系统化和专业化的方向发展。

整合之后，可以采用"第三方物流"的产业组织形式，促使区域内的中小型生产企业、制造企业和加工企业将物流业务从生产经营中剥离出来，外包给这些专业的第三方物流公司。这样在很大程度上有助于降低企业成本，集中于核心竞争力。

2. 有助于推动物流企业的发展

物流园区在聚集各种物流服务提供商的同时，也为物流企业提供一个良好的发展空间，有助于推动物流企业自身的发展。这些推动作用归结为资金推动、技术推动、人才推动和信息化管理水平推动。

（1）资金推动

由于物流园区的建设投资巨大，一般企业无法独立开发，从各国的物流园区建设来看，德国、日本等都由政府进行统一规划，筹集资金，以政府投资为主，采用信用贷款和企业投资为补充。

因此，一般认为，物流园区由政府出资进行物流基础设施建设，通过政府投资大大减轻物流企业发展的前期投入成本，从而促进物流企业将更多的资金投入到核心能力和物流服务的开发之中，在高质量的服务中所获得的竞争优势将为物流服务提供者带来丰厚的利润；而物流园区通过各种为物流企业的服务，获得良好的投资回报，由此可以进一步形成良性的资金链循环，促进物流服务的不断发展。

（2）技术推动

在物流园区内，存在不同实力和水平的物流企业，尤其是一些行业领先者在物流园区的驻扎，能在很大程度上给物流行业带来最新的物流设备、技术的应用经验。

物流园区管理部门可不断关注最新的物流业界技术发展动向，通过各种信息传播平台共享给各企业，从而促进行业内的技术交流和传播。当然，物流园区还可通过建立各种物流辅助设施生产企业，如通过引入国家标准，统一托盘、条码、电子标签等的规格，将标准化的技术进一步结合到物流产业中，推动产业的标准化进程。

（3）人才推动

在传统的观念中，人才的培养是教育培训机构的责任，但在提供一体化服务的物流园区内，完全可以引入物流专业培训部门，使其与社会教育和培训机构合作，形成物流人才培养基地。这样，既可为园区内企业输送人才，也可以为社会提供更多的物流知识，推动物流社会化的进程。

在对人才进行管理时，园区管理还能够集成园区内企业的人事管理职能，为部分进驻物流企业尤其是小型物流企业提供人力资源的管理服务。

（4）信息化管理推动

综合性、大规模的物流园区，同时也是指挥、管理和信息的中心，通过园区将信息集中，达到指挥调度的功能。现代物流企业面向的是供应链管理环境，没有良好的竞争信息系统的支持几乎无法在市场竞争，但是，信息化的风险和巨额的投资又使一些中小物流企业观望不前。

物流园区通过引入技术较为成熟的信息系统，一方面，引入专业化的小企业；另一方面，也将这些企业在能力和管理上整合起来，通过整合园区内各企业的信息系统，可以在一定程度上形成一个统一的指挥管理中心，提高整个园区的工作效率。

信息技术的运用，既能使中小物流企业获得信息化管理带来的优势，也能逐步建立起具备现代管理水平的企业制度和文化，从而推动整个产业的信息化管理。

（三）优化城市结构和环境功能

对物流园区进行科学的规划和选址，不但有助于实现产业的集成化和系统化，优化产业结构，而且在改善城市的结构和环境方面也有着重要的影响。

1. 改善交通状况

据有关专家估计，在城市合理的地点建设物流园区，可使城市内的交通量减少15%～20%，有利于改善交通状况，尤其是在大城市，交通问题在某种程度上是无可避免的。通过合理的规划和布局，将物流园区尽量建立在市中心区域之外，不仅可以缓解交通压力，而且对于城市面貌和物流运输作业环境的改善，都有巨大的推动作用。

2. 改善城市用地结构

随着经济的高速发展和城市化的加速，城市范围不断扩大。与此同时，房地产行业的不断扩大，城市土地的价格不断上涨，使得物流园区用地面临着功能调整问题。

因此，对园区的规划和建设，不仅需要良好的场所保证园区的发展，而且将为城市用地结构的改善和调整创造有利的条件。

3. 改善生态和居住环境

物流园区一般具有较大规模，同时，由于其一般处在交通枢纽的位置上，相关的线路、货站、货场和设施的建设不仅会对城市交通产生影响，而且也可能对城市的景观和绿化有一定的破坏。

在物流园区的作业过程中，难免会产生一些噪声，影响周边居民的生活起居。结合可持续发展和绿色环保的要求，将园区建立在城市中心区域之外能有效解决这些问题。

二、物流园区的发展

（一）国外物流园区的发展

物流园区是现代物流发展中出现的新兴事物，与物流发展历史相比，物流园区的发展历史较短。即使是在西方物流较为发达的国家，物流园区的规划拥有的历史也不长。在这些国家中，以日本、德国和美国最有代表性。

1. 日本物流园区的发展

物流园区最早出现在日本，其建立物流园区的历史较长，自1965年以来已建成20个大规模的物流园区，平均占地74公顷。日本物流园区的出现是为了解决城市中配送中心和物流中心布局不合理所带来的问题，如城市交通拥挤、环境污染等，使得土地建设和城市规划向更健康的方向发展。例如，当时在日本东京分别建设的葛西、和平岛、板桥和足立4个现代化的物流园区便是最好的代表。它们使进入市区的货物集中在物流园区，化整为零，按照市内统一线路分送；出市区的货物集中到物流园区，集零为整，统一运输，充分提高了城市的物资流通效率。

日本在建设园区的过程中积累了宝贵的经验。

(1) 重视园区发展规划和匹配的市政规划

由于园区的规模较大，影响的范围较广，政府重视通过制订园区发展规划和配套的市政规划，在城市的市郊边缘带、内环线外或城市之间的主要干道附近，规划有利于未来具体配套设施建设的土地作为物流园区。

(2) 优惠的土地使用政策和政府投资政策

将规划的园区内土地分地块以生地价格出售给不同类型的物流行业协会，这些协会再以股份制的形式在其内部会员中招募资金，用来购买土地和建造物流设施，若资金不足，政府可提供长期的低息贷款。

(3) 良好的市政设施配套及投资环境

政府对规划的物流园区，积极加快交通、市政设施的配套建设，吸引物流企业进驻园区，并在促进物流企业发展的同时，促使物流园区的地价和房产升值，使投资者得到回报。

日本的物流园区对于经济贸易的增长起到了巨大的推动作用，高效有序的物流使得日本全国整体的物流水平迅速赶超欧美等发达国家。

2. 德国物流园区的发展

由于历史文化、地理环境和经济环境的不同，德国政府在物流园区的规划和建设上与日本存在一定差别。20世纪90年代，德国存在众多的生产制造企业和私营者建立的各自分散的配送中心和物流中心，但效率不是很高。

为了改变这一现状，德国政府提高货物运输的经济性和合理性，对多种交通运输资源进行整合，以发展综合交通运输体系。德国一般采取联邦政府统筹规划，州政府、市政府扶持建设，公司化经营管理，入驻企业自主经营的发展模式。

（1）联邦政府统筹规划

联邦政府在对交通干线、运输枢纽规划的基础上进行统筹考虑，还在全国范围内合理科学地规划物流园区的布局、用地规模和未来发展。

（2）州政府、市政府扶持建设

物流园区对地区经济有明显的带动和促进作用，德国政府扶持物流园区发展的重要原因是对园区公共服务职能的定位，认为园区建设并非为了单纯地追求赢利。在物流园区的建设和运营过程中，州及地方市政府扮演了主要投资人的角色。

（3）企业化经营管理

德国政府帮助物流园区的建设，效率与效益并重。德国物流园区的运营管理经历了由公益组织管理到企业管理两个阶段。负责管理物流园区的企业受投资人的共同委托，负责园区的土地购买、基础设施及配套设施建设以及园区建成后的地产出售、租赁、物业管理和信息服务等。

由于园区的投资人主要是政府或政府经济组织，所以，园区经营企业的经营方针不以赢利为主要目标，而更多的是主要侧重于平衡资金，实现管理和服务职能。

（4）园区企业自主经营

入驻物流园区的企业实行自主经营、照章纳税，依据自身经营需要建设相应的仓储设施、堆场、转运站，配备相关的机械设备和辅助设施。

从1985年德国建立第一个物流园区不莱梅物流园区以来，经过多年的探索和发展，德国的物流园区数量已经达到了30多个，形成了全国的网络体系。德国的物流园区有效地带动了经济的发展，积极整合了物流产业，对于欧洲物流的发展也有着巨大影响。

3. 美国物流园区的发展

美国是物流发展最早的一个国家，其在物流园区的建设方面也可以说是积累了较为丰富的经验。

（1）税收优惠政策

政府为支持物流园区的开发和建设，提供了许多政策上的优惠以吸引投资和物流企业的进驻。

以圣安东尼奥市为例，该市政府制定了前10年免征财产税、销售税返还、对从事中转货运的企业免征财产税等一系列税收优惠政策。

（2）整合行业资源

为了使物流业在激烈的市场竞争中生存和发展，对国家物流节点进行合并优化，形成高效的物流体系，其中涌现了一些世界级别的大型公司，如 UPS、FedEx 等，它们规模庞大，网络资源丰富，效率高，推动物流的快速发展。

对国外物流园区的发展综合分析，可总结出它们的4种运作模式。第一种就是经济开发区模式。经济开发区模式，实际是将物流园区作为一个类似于目前的工业开发区、经济开发区或高新技术开发区项目进行有组织的开发和建设。

第二种是主体企业引导模式。从市场经济发展的角度，从利用市场进行物流资源和产业资源合理有效配置的角度，通过利用在物流技术和企业供应链管理中具有优势的企业，由其率先在园区开发和发展，并在宏观政策的合理引导下，逐步实现物流产业的聚集，依托物流环境进行发展的工业、商业企业的引进，达到物流园区开发和建设的目的，这就是主体企业引导下的物流园区开发模式。

第三种是工业地产商模式。所谓工业地产商模式是指将物流园区作为工业地产项目，通过给予开发者适合工业项目开发的土地政策，税收政策和优惠的市政配套等相关政策，由工业地产商主持进行物流园区的道路、仓库和其他物流基础设施及基础性装备的建设和投资，然后以租赁、转让或合资、合作经营的方式进行物流园区相关设施的经营和管理。

第四种就是综合运作模式。综合运作模式，具体是指上述的经济开发区模式、主体企业引导模式和工业地产商模式进行一种混合运用的较为集中的物流园区开发模式。

（二）国内物流园区的发展

1. 物流园区现状

由于我国物流发展起步较晚，物流园区开发与建设的历史也不长。但是，随着现代物流在我国的快速发展，作为现代物流系统高级节点的物流园区获得了较快的发展。

目前，物流园区在我国主要有4种开发模式：经济开发区模式、主体企业引导模式、工业地产商模式、综合运作模式。然而，因为经济发展水平的制约，物流园区形成过程中的内在动力不足。

2. 发展中存在的问题

我国物流园区发展中存在的主要问题有：缺乏科学分析和定位，建设具有盲目性；缺乏科学合理的规划；管理体制混乱；重复建设；部分物流园区的"圈地倾向"等。

（1）缺乏科学分析和定位，建设具有盲目性

我国大部分物流园区，无论是在建的还是建成的物流园区都缺乏科学的分析和定位，物流园区建不建、建什么样的规模、地点在哪、建成后为谁服务、提供什么样的服务、功能定位如何等问题，规划者很多情况下不能完全回答清楚。

另外,政府满怀信心地建设各种规模的物流园区,企业态度不是很积极,园区的规划没有科学深入地分析当地的经济发展水平,而且忽视了对物流市场需求的培育。如北京市2001年建成的华通物流园区,虽在当时号称全国最大、设施最先进,但是,其中的高科技仓库在一年时间里,却没有和外界签订真正的商业合同。

(2)缺乏科学合理的规划

全国已建成大小物流园区近千个,但大规模投资包括了商贸、生产制造等项目,这种盲目追求大规模、高标准的规划建设与本地经济发展严重脱节,使我国物流园区平均空置率达60%以上。

具体来说,缺乏科学合理规划的原因较多,一是政府出发点与现实市场经济不符;二是许多物流园区成为政府的形象工程,存在对物流园区强制性的新建、扩建、迁移。

(3)管理体制混乱,重复建设

部分地方物流园区的规划不是从满足企业提高物流运作效率、提升整体经济运行效率的角度来发展物流,导致现有物流资源未能得到充分利用,但从我国物流园区建设发展的状况分析看,物流园区的发展缺乏统一的规划和管理,各地、各部门物流园区建设中不可避免地出现草率规划的现象。

同时,各地物流发展极不平衡,物流园区空间布局不合理,综合性的大型物流园区建设尚处于起步阶段,与发达国家存在较大的差距。

因此,必须积极探讨目前适用我国国情及物流发展水平的物流园区的开发模式,并借鉴他国成功的经验为我们提供有利的参考。

(4)部分物流园区的"圈地倾向"

在20世纪90年代初期,我国就存在开发区"圈地"的热潮。目前,不少地区又出现了新一轮的"圈地"现象——物流园区的"圈地倾向"。某些地方打着兴建物流园区的幌子,实际上却是为搞房地产。如浙江传化物流基地的"圈地"问题便引起了轩然大波。传化物流基地的规划用地是政府以低价划拨给民营企业的,但其实土地是经营性用地,按照国家相关政策应该拍卖。即使传化物流基地以后不进行物流活动,靠土地的大幅度增值也会带来巨大的利益。

(三)外国园区建设对我国园区建设的启示

1. 科学分析和规划

建设物流园区是一个浩大的工程,在建设之前必须进行详细的分析,目前,我国部分地区物流园区建设中出现草率规划和盲目建设的倾向,浪费大量的人力物力,不但不会对经济和产业的发展起到促进作用,而且很有可能还会产生副作用。

因此,必须进行科学的预测和可行性分析,根据当地的经济发展水平、行业发展状况及物流需求特性预测等因素,充分考虑园区经济性、社会性和产业性。

物流园区的建设是一个系统工程,应该分阶段、分步骤,循序渐进,根据物流需求状况不断建设、完善物流园区,确定合适的规模和适合本地区的发展的模式,努力避免"求大、求全、求新"。

2. 强化政府在物流园区建设中的作用

虽然我国是经济发展大国,但在配送中心网络发展不成熟的独特背景之下,物流园区尚不足以构成对我国物流企业的吸引优势时,政府应该通过宏观调控的手段积极推动物流园区的建设。充分发挥政府的统筹规划和协调监控作用,通过制定优惠政策(如财政、税收、土地等手段),主动承担起必要的设施建设工作(如基础设施和交通设施建设),吸引以及支持企业入驻。

同时,政府应成为运作秩序的维护者,积极成立各级物流行业协会,制定物流行业的管理法规和准则,规范物流企业的经营活动,创造公平、有序的竞争环境,并整合地区的物流行业资源,促使物流业朝健康的方向发展。

应该注意的是,当整个物流园区的营运进入正常发展轨道后,政府可以有步骤地实现作为一个统筹规划者退出,最终实现物流园区的市场化运作。

3. 发展特色物流园区

(1)根据经济特征建设特色物流园区

各地区政府应该根据当地经济环境,建设符合本地特色的物流园区,物流园区的定位要置身于区域经济环境中来考虑。

(2)根据产业集群特征建设特色物流园区

建设有第一产业特征的农业物流园区,如化肥、农业机械、花卉等;有第二产业特征的工业物流园区;有第三产业特征的流通服务物流园区,如日用商品集散、建材批发等。

第二节 物流园区的规划

一、物流园区总体规划的目标

(一)积聚物流企业,实现规模化运营

作为物流活动集中进行的场所,物流园区具有很强的集聚功能,通过物流运营实体的集聚,减少了货物无效转运、装卸和处理流程,缩短了物流作业时间,大大提高了物流效率。

对于周边商贸、制造企业以及入驻企业而言,规模化的物流运营也进一步降低了其物流运作成本,能为企业争取更多利润空间,从而获得市场竞争优势。一些物流园区定位明确、服务意识好、配套设施齐全,吸引众多周边企业入驻,形成了车水马龙的良好态势,成为示范性园区。

(二)加强城市的基础设施建设

通过建立物流园区,形成新的城市功能区,可以对城市进行科学布局,完善城市

功能，从而合理配置城市产业，提升城市服务能力，改善城市人居条件，集中利用一些数量众多、庞大且异常分散的旧的物流资源（如仓库、站场、营业网点等），提高物流资源利用率。

（三）节约土地资源，优化城市布局

土地作为不可再生资源，越来越受到各界的重视，而城市的现代化不得不面临发展空间有限、资源不足的压力。物流园区的建立可以将众多企业集聚到城市郊区，从而优化城市宏观布局。

同时，传统的仓储业规模小，布局散，占地面积大却效率低。建设物流园区，使仓储设施相对集中，将大大节约土地。目前我国物流园区的建设大多依托城市郊区交通枢纽、港口、码头以及铁路货运中心等地，大大缓解了城市的发展压力，尤其是北京、上海、深圳等一线城市，更是面临土地和空间发展的压力，物流园区的建设为其发展起到非常重要的作用。

（四）改善交通状况，减轻道路压力

物流园区的建设可以实现对物流车辆的统一控制和管理，提高车辆的满载率和合理安排回程运输，缓解城市交通压力。传统的运输分散化运营，货运信息不畅通，各自为战，导致汽车运输空载率较高，形成资源浪费。

物流园区的建设，通过信息化系统为供需双方搭建平台，实现信息共享，发挥整体优势，大大提高货运运载率，也进而改善了交通状况，减轻了道路压力，具有良好的社会效益。

（五）减轻环境污染

大量的运输服务给周边环境以及居民生活造成了很多不利的影响，如有毒气体对空气的污染、二氧化碳的排放、噪声污染、交通事故等，同时物流量的增加及车辆的重型化、快速化加剧了负面影响。

而物流园区多建设于城市郊区，对于车辆进行集中运营和管理，可减少汽车废气的排放和对中心城区的噪声污染，实现废物集中处理和用地结构的调整，减轻企业对周边环境的污染。

（六）带动区域经济发展

我国物流设施相对比较分散，而地区性需求不断增大，传统的商业流通模式很难满足区域的需求，流通效率很难提升。而物流园区的出现通过企业空间集聚、资源有效整合，解决了供需之间的匹配问题，促进了商贸流通，提升了物流服务能力和服务水平，从而带动区域经济发展。

物流园区为周边众多的商贸、制造等相关企业提供一体化的物流服务，大大促进了区域相关产业的发展，同时自身成长为区域的龙头企业，为当地经济创收做出巨大贡献。

物流园区的存在可以提高城市与外界的经济交往能力，使城市与外界的物流实现

一定程度的集中化和规模化，促进物流能力的提升，扩大经济联系，降低物流成本。物流园区可有效解决城市发展对物流需求不断增长的问题，物流园区的建立使城市各产业的物流需求有所依靠，能提高物流服务能力和水平，对于城市各产业的发展都起到支持作用。

物流园区的建立能提高城市物流的现代化水平，进而提升整个城市的现代化水平。物流园区建设的规模化、科学化、技术化都促使物流产业实现现代化，从而提升整个城市的现代化水平。

（七）提供良好的、公平的、协作的、竞争的物流发展环境

物流园区可以实现集中对物流设施进行大规模建设，提供良好的、公平的、协作的、竞争的物流发展环境。这不仅改善了经济环境，而且改善了投资环境，促进经济的繁荣发展。就物流企业发展而言，有利的物流发展环境能够实现企业自身的高速发展，提高市场竞争力，提供方便高效的社会物流服务。

物流园区不仅为园区内企业提供服务，而且为更大范围乃至全国范围内物流企业进行物流运作提供平台。

二、物流园区总体规划的原则

物流园区总体规划的原则主要有：统一规划原则；科学选址原则；经济合理性原则；环境有利原则；高起点原则；发挥自身优势，整合现有资源原则；市场化运作原则；循序渐进原则；风险预防原则；人才优先原则等等。

（一）统一规划原则

物流园区功能的发挥，需要政策、基础设施等宏观因素和条件的支持。政府从宏观经济出发规划建设物流园区，对国内及区域市场的发展和货运量等进行调查分析和预测，同时，对物流企业和交通运输设施等的分布和发展做调查。

根据长远和近期的货物流通量情况，确定物流园区长远和近期的建设规模。按照区域经济的功能、布局和发展趋势，根据物流需求量的不同特点进行统一规划，以科学布局、资源整合、优势互补、良性循环的思路为原则，防止各自为营、盲目布点、恶性竞争、贪大求多的现象发生。

物流园区作为城市的重大基础设施，且具有重要的交通功能，占据区位良好的地区，其规划建设的好坏直接影响城市的发展。物流园区的规划应该以城市总体规划和布局为蓝本，顺应城市产业结构调整和空间布局的变化需求，和城市功能定位、远景发展目标相协调。

（二）高起点原则

现代物流园区是一个具有关联性、综合性、集聚性和规模性的总体，它的规划应该是一个高起点高重心的中长期规划。

因此，在规划物流园区时应以物流企业为核心，以现代先进物流技术为指导，以

市场为导向,以信息管理系统为重点,使物流园区成为集研发、应用和转化的主要基地。

(三)科学选址原则

现代物流园区以现代化、多功能、社会化、大规模为主要特征,选址时必须要充分利用现有资源,选择交通便利、土地资源开发较好及物流需求旺盛的地方,要有利于物流网络优化及信息资源的利用。

物流园区的营运效率与进入园区的货物处理量有直接关系,如果物流园区设在主要货物流向上,则能最大限度地吸引货物,提高物流设施的利用率,从而实现集约运输。

(四)经济合理性原则

物流园区的设计是为物流企业提供有利空间,必须尽最大可能吸引物流企业的加入。在物流园区选址和确定用地规模时,必须以物流现状分析和预测为依据,按服务空间范围的大小,综合考虑影响物流企业布局的各种因素,选择最佳地点,确定最佳规模,尽量利用已有的设施,如仓储设施、交通设施等等。

(五)环境有利原则

缓解城市交通压力、减轻物流对环境的不利影响是物流园区设计的主要目的。环境合理性原则有:远离交通拥挤、人口密集和人类活动比较集中的城市中心区;减少噪声污染;减少尾气排放;减少废物的丢弃等。

(六)发挥自身优势,整合现有资源原则

由于现代物流的发展所需要的高水平物流设施不可能一步到位,因此,在物流园区系统网络规划时必须充分考虑利用和重新整合现有资源,合理规划物流基础设施的新建、改建和与现有物流服务相关的企业功能,从而最大限度地发挥物流服务的系统功能。

(七)市场化运作原则

物流园区的规划与建设离不开市场经济运作的原则。在园区的功能开发建设、企业的进驻和资源整合等方面,都要靠园区优良的基础设施、先进的物流功能、健康的生活环境、优惠的各项政策和周到有效的服务吸引物流企业与投资者共同参与,真正使物流园区成为物流企业发展的舞台。

(八)循序渐进原则

物流园区的规划具有超前性,但,任何盲目的、不符合实际的超前规划都有可能造成不必要的浪费。

因此,必须坚持循序渐进原则,结合城市的实际情况,在客观分析物流业发展现状和未来趋势的基础上,合理规划物流园区。

(九)风险预防原则

物流园区的建设投资大、周期长、效益慢、风险大,因此,必须有合理的风险评估报告,通过定性、定量相结合的风险评估机制,提高规划的科学性和可行性,起到

风险预防的作用。

（十）人才优先原则

物流园区的建设是非常复杂、庞大的工程，涉及的专业领域相当广泛，需要各种类型的专业人才进行建设。

因此，物流园区的规划和建设必须坚持人才优先原则，充分发挥其专业知识和技能，从而促进物流园区的发展。

三、物流园区总体规划的程序和内容

（一）规划筹备

物流园区是一个非常复杂的系统，对于物流园区的规划要做好充分的筹备工作。筹备工作是物流园区规划取得成功的前提，同时也有助于明确问题，增强工作的针对性，提高工作效率。

物流园区的规划筹备工作主要包括以下内容。

1. 确定规划目标

（1）确定指导思想和基本原则

物流园区的规划思想因开发方式的不同而不同。政府规划物流园区的目的是促进区域经济物流发展，其指导思想是区域经济的综合、协调发展，增强区域发展能力。企业规划物流园区的目的是实现企业经营目标，实现投资回报，获得利益。

（2）划定园区边界

从主要功能来讲，物流园区大致分为国际性物流园区、全国枢纽型物流园区、区域组织型物流园区、城市配送型物流园区。从区域、层次、功能来看，物流园区规划主要分为三个级别：国家级物流规划、省市区域级物流规划、行业及公司专项物流规划。因为不同功能和层次的物流园区规划的内容和侧重点不同，在规划时一定要明确规定。

（3）确定规划主要研究内容

第一，全面调查园区资源，确定其发展水平以及在社会经济中的定位与作用，确定物流园区的优势和主要制约因素，并进行分析。

第二，研究能最大限度发挥物流园区优势、转化制约因素的途径，确定战略方针、目标、模式、重点及政策，提出物流园区综合发展战略研究报告。

第三，根据总体发展战略的思想，提出各发展阶段的规划项目、规划目标。

第四，对于提出的各种规划方案进行综合评价，筛选出相对满意的方案，加以充实完善，重点研究和制定相应的保障措施。

第五，对物流园区发展的重大问题开展专题研究，提出研究报告，进行可行性分析。

（4）确定规划成果形式

物流园区的规划成果形式主要包括：数据资料库、总体诊断报告、总体战略报告、总体规划、子系统规划项目集、专题研究报告、模型集、工作总结报告。

2. 设立组织机构

物流园区规划组织机构是指为做好规划而设立的领导和工作机构。

（二）城市现状分析

在规划筹备工作做好后，需要对城市现状进行分析。具体内容包括了解城市目前的政策法规、经济状况、产业结构及分布、城市生产和居民消费情况、生产总值，企业现有的物流运作模式等。

关键是了解城市的物流需求及进行物流流量流向分析，同时，还需要进一步地了解支持物流服务的交通网络、节点分布、物流运输方式等，目的是分析城市和城市物流的特点及现有物流的优势与劣势，为物流园区的规划与设计确定方向。

（三）物流园区定位

在物流体系的建设中，对物流园区的定位是：物流园区是有效的综合物流资源，实行物流现代化作业，减少重复运输，实现设施共享，建立一体化、标准化的中心节点。

通过对物流园区的高效作业，能够达到的效果主要包括：①通过综合物流园区的整顿，货物的运输量大增，使设施的大型化（运输、装卸工具）成为可能，有效地提高了运送、装载效率。②推进装卸机械化，降低装卸费用。③共同运输，减少重复、交错运输（车站和仓库，或者仓库和仓库间进行都市内二次、三次输送，或者交错运输），有效使用运输工具，提高作业效率，降低能耗，减少社会道路占用面积等。④建立一体化的运输体系，设置标准化集装箱和托盘的流转基地，把各地运输公司导入整体运输体系，包括低温冷库、特种仓储设备基地的设立，实现设施的共享，达到生鲜食品、特种商品的运输现代化，进而促进物价的稳定。

具体而言，物流园区的定位主要包括三种方式的定位，分别是战略定位、市场定位以及功能定位。

1. 战略定位

从本质上讲，战略定位就是选择与竞争对手不同的经营活动，或以不同的方式完成类似的经营活动等，战略定位是企业竞争战略的核心内容。

物流园区的战略定位，就是确定物流园区的目标，明确物流园区在区域经济中所起的作用，以及其在全国或区域物流节点中的地位和创造的社会价值。在进行物流园区规划时，必须把握物流园区的战略环境，采用适当的战略工具对其进行分析，如可以采用SWOT分析法对其优势、劣势，机会和威胁进行分析，而且如果物流园区的某类资源或服务，如空港和海港等在其中所占比例较大，还必须对其进行专项的SWOT分析，从而进行准确的战略定位。

在进行物流园区的战略定位过程中，需充分考虑可能的各类相关物流运作单位的联系。如道路运输经营者、多式联运经营者、邮政系统、集中的物流服务提供者、货运代理、铁路运输等。有时还需要考虑第三方物流公司对物流园区建设的要求，如信息系统、联合运输协调、库存管理等。

同时，还要考虑制造企业、商贸企业等物流需求单位的要求，如货物处理能力、联合运输能力、运输服务质量、时间、成本、安全、货损、快速与可靠性等。

2. 市场定位

在进行物流园区规划时，分析物流园区周边地区的经济发展情况、产业结构、市场需求，基础设施、区位条件、服务竞争等开发环境是非常重要的。

市场定位是物流园区获得长久竞争优势的主要手段之一，对于物流园区的生存和发展具有举足轻重的意义。不同的物流园区有着不同的市场定位，分别从服务行业、服务范围、服务内容等角度来分析。

（1）服务行业

一个物流园区不可能为所有的行业提供物流服务，不同的行业因为其物流费用构成、产品特性、生产和经营方式等的不同，它们对物流服务的需求也不相同，而且有的行业对物流设施及专业知识等有很高的要求。因此，物流园区应明确其重点服务行业。

（2）服务范围

从物流园区提供物流服务的区域看，有区域组织型物流园区、城市配送型物流园区、全国枢纽型物流园区和国际型物流园区。不同地域的经济规模、地理环境、需求程度和要求等差异非常大，使物流活动的物流成本、物流技术、物流管理、物流信息等方面会存在较大的差异，而且不同地域的客户对物流服务的需求也会各有特色。这就使物流园区必须根据不同区域的物流需求进行不同的市场定位。

（3）服务内容

所谓服务内容，也就是物流园区为客户所提供的服务项目和具体内容，或者说是物流园区应具备的各项基本功能、增值功能和配套功能。

3. 功能定位

物流园区的功能主要分为两个方面：一是社会功能；二是业务功能。业务功能主要包括基础功能、配套功能和增值功能。

社会功能：促进区域经济发展，完善城市功能，整合区域资源及提升产业竞争力。

基础功能有运输功能、仓储功能、配送功能、装卸搬运功能、包装功能、流通加工功能、集散中转功能、生产加工功能等等。

物流园区增值功能有展示、交易功能、保税物流功能、物流规划咨询功能、资金结算功能、物流需求预测功能、信息服务功能、教育培训功能等。物流园区配套功能有：工商管理、税务管理服务；公证、法律咨询服务；海关报关、通关代理服务；园区管理及物业管理服务；金融、保险服务；邮政、电信服务；车辆停靠、维修、配件供应、加油、清洗服务；医疗、卫生、保健服务；住宿、餐饮、购物、娱乐、健身服务。

（四）物流园区规划内容

物流园区规划内容主要包括选址规划、用地规划、开发模式．投资规划、布局设计、规模设计，设施设计、消防安全、信息平台以及环境评价。

1. 选址规划

物流园区的选址是指在一个具有若干需求点和供应点的经济区域范围内，选择一个合适的地址进行园区建设的规划过程。一般而言，较好的物流园区选址方案是使货物从流入园区到流出园区，直至到需求点的全过程，其效率最好、效益最好的方案。

物流园区选址的目标是实现成本最小、物流量最大、服务最优及发展潜力最大等。明确物流园区的选址原则和程序，运用较优的定性和定量的选址方法对物流园区的总体规划是非常重要的。

2. 开发模式、运营模式、赢利模式

考虑到我国的经济发展特点和对物流发展的需求，我国物流园区开发模式主要有四种方式：政府规划、企业主导开发；政府规划、工业地产商主导开发；企业自主开发；综合运作开发。

典型的物流园区运营模式主要有：管理委员会制运营模式，公司化运营模式、业主委员会运营模式、协会制运营模式、物业管理公司运营模式。

物流园区赢利模式主要有土地增值、租赁收入、服务收入等。

3. 投资规划

物流园区的投资规划主要是根据物流园区的功能定位、服务对象、服务范围等因素，分析物流园区的各种资源要素的投入和产出情况（包括土地、资金、人力资源投入等）。物流园区投资是一个多投入、多产出的长期决策问题，可以用数据包络分析法（DEA）对于物流园区经济性进行分析。

4. 布局设计

物流园区的布局规划是指根据物流园区的战略定位和经营目标，在已确认的空间场所内，按照从货物的进入、组装、加工等到货物运出的全过程，力争将人员、设备和物料所需要的空间做最适当的分配和最有效的组合，从而获得最大的经济效益。

在物流园区布局设计中，必须明确物流园区的布局形式和布局方法，以及物流园区布局方案评价方法等。

5. 规模设计

物流园区的规模的含义包括两部分：区域内物流园区的总规模以及各个物流园区的规模。区域物流园区总规模确定的方法主要是参数法，而各个物流园区的规模有多种确定方法，主要有功能区计算法、时空消耗法和类比法。

物流园区建设规模过小，会限制区域潜在物流需求，不利于园区的持续发展；而如果园区规模过大，则可能造成投资浪费和资源闲置的现象。因此，园区的规模需要经过科学论证，否则会给园区后期运营带来不利的影响。

6. 设施设计

设施设计是物流园区规划的很重要的环节，主要包括：库房的设计、月台的设计、停车场的设计、通道和道路的设计、地面设计及其他建筑公用基础设施设计等内容。

7. 消防安全

由于物流园区规模大，层次高、人员集中，而且园区中的仓库设备先进、功能多，仓库中货物数量巨大，有的价值极高，一旦产生火灾，可能带来巨大的经济损失，甚至生命的损失。

因此,物流园区消防已经成为物流园区规划时不可缺少的重要组成部分,有着极为重要的意义。物流园区消防主要包括仓库消防和室外设施消防。

8. 信息平台

物流园区信息平台是指利用信息平台对于物流园区内物流作业、物流过程和物流管理的相关信息进行采集、分类、筛选、储存、分析、评价、反馈、发布、管理和控制的通用信息交换平台。物流园区信息化主要包括物流园区信息平台、物流园区信息技术、物流园区信息安全等内容。

9. 环境评价

物流园区环境影响评价,是分析、预测和评估物流园区建成后可能对环境产生的影响,并提出污染防止或减轻对策和措施。

物流园区环境评价主要涉及的内容有评价标准、评价方法、影响因素和相应措施、评价制度体系等。

(五)综合评价

物流园区规划评价是判定物流园区各方案是否达到了预定的各项性能指标,能否实现预定目的。对物流园区进行综合评价主要是进行经济分析和社会效益分析。

物流园区评价不仅要在建设之前对物流园区方案进行评价,而且要对建设过程中的方案进行跟踪评价,对建设完成后的物流园区进行回顾评价,对已投入运营的物流园区进行现状评价。

物流园区评价的目的包括按照预定的评价指标体系评出参评各方案的优劣,为最终的选择实施打下基础,物流园区评价工作的好坏决定决策的正确程度。

1. 评价指标体系

(1)政策性指标。主要包括:政府的方针、政策以及法律法规约束、发展规划等方面。

(2)技术性指标。主要包括:产品或物流性能、寿命、可靠性、质量、安全性等。

(3)经济性指标。主要包括:成本、效益、建设周期、投资回收期、净现值、内部收益率、现值指数、投资利润率、投资净效益率等等。

(4)社会指标。主要包括:社会福利、社会节约,综合发展等。

(5)环境保护指标。主要包括:废弃物排放量、污染程度、生态环境平衡等。

(6)资源性指标。主要包括:消耗的能源种类和数量、能源的可得性等。

(7)时间性指标。主要包括:建设周期、完全发挥功能时间等。

2 评价方法

评价方法需要根据物流园区的具体情况来确定。目前使用较多的评价方法有:定量分析评价、定性分析评价、定性和定量相结合。

根据评价因素的不同主要分为单因素评价和多因素评价。物流园区的评价是多因素评价,考虑因素有:物流成本、营业利润、投资回收期、产量和材料消耗等。

（六）规划实施

规划实施是一项系统工程。规划实施只是规划工作的阶段成果，规划的科学性、合理性和效益性，必须通过规划的实施以及实施的效果来检验。

规划实施必须遵循的原则有：适度合理性原则；统一领导、统一指挥原则；权变原则。而规划实施实质上是园区新的战略的实施过程，做好实施发动、实施计划、规划战略的匹配与战略调整等多方面的工作是实施的关键。

第三节 物流园区的开发

一、国外物流园区的开发模式

（一）日本物流园区的开发模式

物流园区最早出现在日本东京，被称为物流基地或物流园地。在其开发过程中，日本政府始终起着宏观调控的作用，使得物流体系在全国范围内得到了良好的宏观规划和控制。

1. 日本政府对物流园区进行统筹规划

物流园区的选址大都是在市郊边缘带、内环线外或城市之间的主要干道附近。地址选好后，将园区分成不同价格的土地块，然后出售给不同类型的物流行业协会，这些协会再以股份制的形式在其内部会员中招募资金，用来购买土地和建造物流配套的设施设备。

2. 政府提供长期低息贷款

交通和物流基础设施建成后，物流园区的运作和管理也得到了政府的大力支持和鼓励。政府在宏观调控物流园区的建设过程中，不仅大大缓解了交通压力，而且促进了物流企业发展，提高了投资者的回报。最重要的是促进了物流的发展和经济实力的提升。

（二）德国物流园区的开发模式

德国物流园区的开发周期一般都很长，从科研、立项、规划、建设大多需要10年以上的时间。一个物流园区项目需要联邦政府、地方政府乃至居民委员会的层层审批。如威廉港2001年开始规划，2012年8月才投入运营，其规划的邻港物流园预计需用7年时间进行开发。

德国物流园区的建设和发展得益联邦政府、州政府、企业、行业协会等多方面的共同努力。德国政府对物流园区的规划和建设则是层层深入的发展模式，联邦政府统筹规划，州政府、市政府扶持建设，公司化经营管理，入驻后企业自主经营。规划步骤是：

1. 联邦政府统筹规划

联邦政府在统筹考虑交通干线、运输枢纽规划的基础上，通过对经济布局、物流现状进行调查，在全国范围内对物流园区的布局、用地规模与未来发展进行合理的规划。

2. 州政府、市政府扶持建设

为了引导各州按统一的规划建设物流园区，德国交通主管部门对符合规划的物流园区给予资助或提供贷款担保。

3. 企业化经营管理

负责管理物流园区的企业受投资人的共同委托，主要负责园区的生地购买、基础设施及配套设施建设以及园区建成后的地产出售、租赁、物业管理和信息服务等。

4. 入驻园区企业自主经营

入驻企业自主经营、照章纳税，依据自身经营者需要建设相应的库房、堆场、车间、转运站，配备相关的机械设备和辅助设施。

（三）美国物流园区的开发模式

美国是物流发展最早的一个国家，其在物流园区的建设方面也积累了丰富的经验。

1. 政府的优惠政策

为支持物流园区的开发和建设，政府提供许多政策上的优惠从而吸引投资和物流企业的进驻。以得克萨斯州的圣安东尼奥市为例，为使其尽快成为北美自由贸易区的贸易走廊，该市政府制定了前10年免征财产税、销售税返还、对从事中转货运的企业免征财产税等一系列税收优惠政策。

2. 物流资源整合

州政府和市政府为达到物流资源的优化组合，出台了一些优化政策，鼓励物流企业及物流相关企业并购和建立战略合作伙伴关系，利用并购后的优势对国内外各地的物流节点进行合并优化，将各种物流业务在时间、空间上运作达到最佳状态，形成了"快速、高效、优质、安全"的物流配送体系。

二、我国物流园区的开发模式

考虑到经济的发展特点和对物流发展的需求，我国物流园区开发主要有四种模式：政府规划、企业主导开发；企业自主开发；政府规划、工业地产商主导开发；综合运作开发。

（一）政府规划、企业主导开发

政府统筹安排物流园区用地，通过招商引资把企业吸引进来，企业征得土地后自行建设。在该模式中，由于各企业从自身利益出发，各自为政，因此，物流园区整体布局混乱，与政府最初设想相去甚远。如大连国际物流园区分别由港务局投资1亿元、保税区投资 0.5 亿元进行开发。

（二）企业自主开发

该模式通过由一个或几个在物流服务领域具有资金和技术等方面领先优势的大型企业牵头，根据市场需求，自行征用土地，率先进行物流园区的开发，并在宏观政策的合理引导下，逐步形成物流产业集聚，引进依托物流环境进行发展的物流密集型工商业，达到物流园区开发和建设的目的。代表性物流园区如上海港浦东集箱物流园区，由上海国际港务（集团）有限公司控股的上海港集装箱有限公司独资建设而成的物流园区，由上海港浦东集箱物流有限公司全权负责物流园区的运营和管理。

（三）政府规划、工业地产商主导开发

政府对物流园区进行统一规划，然后由工业地产商进行统一开发建设，即物流地产商进行物流园区的道路、仓库和其他物流基础设施及基础性装备的建设和投资。建成后，物流企业通过租赁或出让的方式进入物流园区，工业地产商负责园区的物业管理。该模式要求投资量很大，但统一建设可以使园区布局变得更加合理。

一般占有战略性资源的物流园区，如依靠空港以及海港的物流园区采用该模式。代表物流园区如深圳的平湖物流基地，建设初期就由政府主导，政府通过优惠政策和其他方式吸引一些有实力的物流地产商的进驻，再由物流地产商进行物流园区的全面开发。

（四）综合运作开发

综合运作开发模式，是指对上述的三种模式进行混合运用的物流园区开发模式。物流园区建设规模大、涉及经营范围广，既要求在土地、税收等政策上支持，也需要在投资方面的保证，还要求具备园区的经营运作能力的保证。

所以，单纯采用一种开发模式，往往很难使园区建设能顺利推进，必须根据实际情况，综合采用上述几种开发方式。如上海深水物流园区是由普洛斯国际物流发展有限公司受上海港的委托，全权负责物流园区的开发和建设，统一开发、统一管理，包括仓库和堆场的建立，以租赁的形式吸引 500 强企业入驻，获得租赁权的企业可直接入驻并使用相关仓库和堆场，属于典型的物流地产商开发模式和经济开发区模式的结合，既有物流地产的开发特点，也有经济开发区模式的特点。

在这三种开发模式中，政府规划、企业主导开发和政府规划、工业地产商主导开发模式是一种自上而下的模式，政府在园区建设中始终起关键作用。企业自主开发是自下而上的模式，由市场自发形成，企业自行发起成立。但是，无论是哪种模式，政府的各种政策支持都是非常关键的。

第四节 物流园区的运营

一、典型的物流园区运营模式

管理委员会制运营模式、公司化运营模式、业主委员会运营模式、协会制运营模式、物业管理公司运营模式是典型的物流园区运营模式。

（一）管理委员会制运营模式

管理委员会制运营模式是由政府派遣人员组建管委会，全面负责物流园区的规划建设、招商引资等各项工作的管理，并为园内企业提供了工商、税务等配套服务，将物业管理交给专门的公司。

园区管委会在身份上是行政管理主体，是政府在物流园区内的派驻机构，行使行政管理职能，为园区内企业提供政府服务，方便园区企业办事。其特点是优惠政策的落实比较到位，但行政色彩较浓，缺乏灵活性。

如厦门象屿保税物流园区就是由象屿保税区管委会作为市政府派出机构负责园区行政事务的日常管理，配合和协调其他行政管理部门对园区进行业务管理，并为企业提供必要的服务，通过物流企业的活动获得税收、物业费用、管理费用等收入；秦皇岛临港物流园区管理委员会在对于物流园区进行整体规划的基础上，主要负责招商引资、项目建设、基础设施建设、土地集中经营管理和新民居建设等重点工作。

（二）公司化运营模式

公司化运营模式是由物流园区的开发商成立专门的经营管理公司，全面开展园区的总体策划、物业管理、项目管理、基础设施开发以及为入驻企业提供各种配套服务，主要侧重经营和服务。物流园区管理公司负责园区总体平台的经营管理，为入园企业提供良好的发展平台。优点是专业、运营效率高及经济效益好，但操作难度较大。

具体而言，有综合商社（General Trading Company）型运营模式和物流超市型运营模式。综合商社模式是在借鉴日本综合商社管理模式的基础上而形成，主要是由园区功能及主体开发企业的业务范围决定，成立物流园区经营管理公司，主体企业本身的特点是以贸易为主体，多种经营并存，集贸易、金融、信息、仓储、运输、组织与协调等。综合功能于一体的跨国公司，是集实业化、集团化、国际化于一身的贸易产业集团，主要通过自身的物流贸易、金融支持服务、生产援助服务或信息平台服务进行赢利。

物流超市类似于网络上的京东商城或实体店中的红星美凯龙等，主体企业在对物流园区完成总体规划、建设后，具体负责园区的招商、入驻企业标准的制定与管理、入驻企业经营过程中具体开票和物业管理等，园区管理企业通过收入租赁费、管理费以及金融融资获取利润。

（三）业主委员会运营模式

业主委员会运营模式是由参与园区开发的多个企业成立业主委员会，组建园区管理部门，成为园区的决策机构，负责物流园区的经营管理，负责具体的运作管理。由于该模式决策层松散，易发生扯皮现象，效率低下，目前较少使用，如德国的不莱梅物流园区就是由 52 家货运企业自发聚集而成。

这些物流企业每家出资 4.5 万马克，共同成立了一家专门从事协调、组织、管理园区事务的业主委员会来管理园区，后来由联邦政府出资成立德国物流园区有限公司进行管理。

（四）协会制运营模式

该模式是在政府或物流协会主导开发物流园区的基础上形成的运营方式，在物流园区规划建设完成之后，政府以委托方式直接转交给物流协会或物流协会直接进行整个园区的经营管理，组织协调入园企业开展物流、贸易等服务，同时，政府给予必要的支持。

（五）物业管理公司运营模式

物流园区开发商完成物流园区的整体规划、建设和配套服务功能之后，把土地、仓库、办公楼、信息平台等设施出租给入园企业．自己退居幕后成立物业管理公司，负责物业管理，只收取租金，不参与入园企业的经营管理，侧重点在前期招租和后期物业管理。

所以，这种运营模式属于一种纯投资的具体行为，对整个物流园区的开拓能力不强。如新加坡樟宜机场物流园区向包括敦豪速递（DHL）、联邦快递（FedEx）和联合包裹速递（UPS）等在内的二百多家专业物流公司出租仓库、写字间与物流设备。

二、影响物流园区运营的关键因素

根据《第三次全国物流园区（基地）调查报告》，影响物流园区运营的关键因素主要有服务效率、物流标准化、物流基础设施、物流公共信息平台．规范市场，政策法规体系建设。其中，影响最大的是政策体系建设，占比 59%。其次是规范市场，占比 55%。

第九章 物联网在物流行业的发展

第一节 物联网的基本理论与关键技术

一、物联网的基本理论

（一）物联网的发展背景

互联网是网络与网络之间串联在一起而形成的庞大网络。而物联网的英文写法是 The Internet of Things，也就是物与物连接在一起的互联网。正如前面所说，物联网仍然以互联为核心和基础，是在互联网的基础上发展壮大起来的，通过网络连接，实现物与物之间、人与物之间等连接在一起的交通通道；通过配置在感知对象身上的感知设备，例如电子标签、传感器、智能设备等，将互联网的用户端延伸和扩展到了各类物体目标上，进而对现实世界进行感知，然后通过智能设备对各类感知对象进行识别、反馈其状态等，再进行各类信息交换、通信和智能处理。

1991年美国麻省理工学院（MIT）的 Kevin Ash-ton 教授首次提到了物联网的概念，但是那时候没有人知道物联网是什么，自然也就没有人去理会物联网概念。

后来比尔·盖茨在1995年出版的《未来之路》一书里提到物联网，但是由于当时受到种种条件的限制，比如我国无线网络、硬件以及传感设备刚刚兴起，因此物联网的概念也如同蜻蜓点水一样，并没有引起外界足够的重视。

1998年美国麻省理工学院（MIT）提出物联网的构想。1999年该学院又前进了一步，建立了"自动识别中心（Auto-ID）"，并提到："万物皆可通过网络互联"，并提到物联网主要是建立在物品编码、RFID技术和互联网的基础上。这个时候，人们对物联网已经有了一些认识，物联网已经逐步有了基本原型。

2003年美国《技术评论》里提到了物联网相关技术在未来改变人们生活中，将位于首位。

2004年，日本提出了U-Japan计划，该计划旨在建设广泛的、无处不在的物联网，进而实现人与人、物与物、人与物之间连接起来，并服务于U-Japan以及后续的信息化战略，希望有朝一日把日本打造成一个任何人、任何物都可以随时随地通过物联网连接在一起的泛在网络社会。

2004年韩国提出了为期十年的U-Korea计划，该计划旨在将韩国打造成全世界第一个泛在社会。2009年，韩国规划将物联网确定为全国重点发展战略。

2005年，在丹尼斯举行了一场信息社会世界峰会（World Summit on the Information Society），大会上国际电信联盟（International Telecommunications Union）发布了文件《ITU互联网报告2005：物联网》，正式提出了物联网的概念。

报告里明确指出，无处不在的物联网通信时代即将到来，全世界任何物体从轮胎到牙刷，从房屋到纸巾都可以通过互联网主动进行信息交换，射频识别技术（RFID）、传感器技术、纳米技术、智能嵌入技术将会有着更加广泛的应用。这时，物联网的定义和范围已经有了一些变化，覆盖范围也比之前拓展很多，物联网不再只是针对RFID技术。

2009年1月28日，奥巴马就任美国总统，极其关注互联网的发展，与美国工商业领袖举行了一次"圆桌会议"，IBM首席执行官彭明盛第一次提出了"智慧地球"这一概念，提出准备将物联网相关技术运用到与人们生活息息相关的基础设施建设中，并建议新政府应投资到新时代的智慧型基础设施中。"智慧地球"这一概念赢得美国政府和企业家们的热切关注和认可，之美国开展了一系列物联网投资建设活动，并在全世界刮起了一阵风。与此同时，美国政府又提出了"智慧的地球"战略，并把其当作美国信息化战略的重要内容。这一年，美国把新能源和物联网列为振兴经济的两大战略武器。

欧盟在物联网方面也不甘示弱，进行了大量的研究，并开始推动物联射频识别技术（RFID）在诸如经济、社会、生活等领域的应用，并尽力解决诸如安全和隐私、国际治理、无线频率和标准等一系列的问题。2009年6月，"欧盟物联网行动计划报告"提出了14项行动计划，尝试把物联网发展视为主导地位。2009年10月，欧盟又推出了一项"物联网战略研究线路图"，致力把物联网应用于诸如航空航天、汽车、医疗、能源等18个主要的领域里，并把识别、数据处理、物联网架构等12个方面明确为关键技术。目前，欧盟物联网已经在智能汽车和智能物联网里进行了大胆应用。

2010年5月，欧盟提出了"欧洲数字计划"，针对互联网发展，该计划进行了一些具体措施，比如对物联网的数据保护方面严格立法，并针对物联网在应对一些诸如信用、承诺以及安全问题时，给予种种政策；公民能读取基本的射频识别技术（RFID）标签，并能够销毁它们用来保护隐私；保护关键的信息基础设施，旨在把物联网发展成欧洲的关键资源；必要时，要发布专门的物联网强制条例等等。

1999年，我国进行了物联网研发，中科院进行传感网研究，在无线传感网络、智能微型传感器、现代通信技术等领域里取得很大进展。2004年，国家金卡工程又把射频识别技术（RFID）应用试点列为重要工作之一；2005年10月，原信息产业部获得批准成立了"电子标签标准工作组"，开展了射频识别技术（RFID）应用试点工作。2009年8月，时任国家总理温家宝在"感知中国"讲话中，把我国物联网相关领域的研究和应用开发推向了新的层次，江苏省无锡市率先建立了物联网研究中心，中国科学院、运营商、多所大学相应地在无锡成立了物联网研究院，江南大学建立起了全国首家实体物联网工厂学院。自温总理在"感知中国"的讲话以来，物联网被正式列为国家五大新兴战略性产业之一，被写入"政府工作报告"，受到全社会的热切关注，其关注程度是美国、欧盟和其他各国所不能企及的。

今天，物联网的概念已经演绎成"中国制造"的概念，它的覆盖范围也越来越大，已经超越了1991年Kevin Ash-ton教授提到的物联网概念，还有《ITU互联网报告2005：物联网》所制定的范围，物联网也因此被贴上了"中国式"标签，中国在物联网领域里越来越有发言权。

现在，越来越多的企业开始或已经向物联网领域转型，新兴的物联网行业市场也一如既往地保持着强劲的增长势头。据估计，2025年全球物联网市场规模将达到2000亿美元；物联网物件的数量将高达数十亿，这将使整个价值链受惠。

（二）物联网的相关概念

1. 物联网的传统概念

概括地说来，物联网是在互联网的基础之上，利用射频识别技术（RFID）、无线通信等技术，在理论上架构一个把世界上所有的东西都覆盖住的"The Internet of Things"。在物联网这个大网络中，物品与物品之间之所以能够彼此进行"沟通"，是因为物联网与互联网存在不同之处，其所在的用户访问的对象不再必须是某个特定的网站，用户端可以扩展到任何物体与物体之间，并通常在物体与物体之间进行信息交换和通信。通俗地讲，物联网不再受限互联网中的人与人连接的方式，进入了人与物相连的方式。

2. 物联网的新概念

物联网新概念的到来打破了人们之前的各种传统思维。过去，人们常常认为物理基础设施应该完全与IT基础设施分开来，一面是机场、体育场、超市、隧道，另一方面是数据中心、手机、光纤链路和宽带。在物联网时代，这些钢筋混凝土与电子芯片连接在一起，融合成为现代化的基础设施。如图8-1所示，物联网把各个组成元素连接在一起。

物联网是以互联网为基础，把用户端扩展到世界上任何物品，进行信息交换和网络通信。在互联网时代，世界变小了，人与人之间的距离被拉近了；而在以互联网为基础的物联网时代，世界变得更小了，人与人之间的距离被拉得更近了。物联网是一种全新的网络架构，在这个架构之上可以实现对全世界所有物品的跟踪和信息资源的共享。

如前文所述，物联网的英文名字是"The Internet of Things"，由该名字可以看出来，物联网是把物与物连接在一起的互联网。这里有两个层次的意思：其一，物联网仍然是以互联网为核心和基础，并是在互联网这个核心和基础之上进行延伸和扩张的一种网络；其二，用户端已经延伸到了世界上任何物品上，人与物之间可以凭借互联网进行各种信息的交换和通信。

在全新的物联网时代，世界上各种各样的物品上只需插入一种短距离移动的收发器，物品就可以被智能化。如今，已进入智能化时代，世界上各种各样的商品都可以凭借互联网进行各类信息交换，物联网技术对全球商业和个人生活都有着深远的影响。

物联网时代，所有的物品都可以被智能化。物联网可以使物品有自动识别功能，从而让物品可以"开口说话"，实现物品与各类信息网络的无缝融合，凭借开放式的互联网网络实现各类信息的交换和共享，实现对物品的透明式管理。物联网给人们描绘了一个丰富多彩的智能化世界，在这个世界里，万事万物都可以被连在一起，互联网信息技术已经上升为让全球都可以更加智能化的新阶段。

为更好地理解物联网的概念，需要注意以下三方面的基本问题。

（1）物联网是在互联网的基础上延伸和扩展起来的，它与互联网实质上是一样的，都是网络，但是它并不是互联网概念，应用技术的简单延伸和扩展。

（2）互联网使得人与人之间的距离拉近了，使得人与人之间可以共享各类海量信息资源，而物联网则更加强调在人们社会生活的各个方面、国民经济的各个领域里的广泛和深入的应用。

（3）物联网以全面感知、可靠传输、智能处理为主要特征。

与其说物联网是网络，倒不如说物联网是业务或者应用。物联网是在计算机、互联网之后爆发的在世界信息产业领域里的第三次革命，带来了全新的计算模式。如果说计算机、互联网是停留在了信息世界里，那么物联网则是实现了信息世界与物理世界的无缝融合。物联网将会给全社会带来前所未有的发展机遇，引发一场有关信息科技技术的重大变革。每个人脑海里都可以呈现出这样美好的未来：将射频识别技术RFID标签插入到建筑物、体育场、银行、超市、学校、家电及电网中，以及所处的周围环境和各类物品中，并将这些物品通过互联网连接在一起，形成物联网，从而实现信息世界和物理世界的无缝融合，使得人们对客观世界有着更加透明的感知能力、更加全面的认知能力、更加明智的处理能力。物联网计算能力可以极大地提高人类的生产能力、生产效率和效益，也可以极大地改善人类社会发展与地球生态可持续发展的平衡关系。

二、物联网的关键技术

(一) 条形码技术

1. 条形码技术的概念

条形码是由一组排列的条、空及其对应字符组成的标记,用于表示一定的信息。"条"是指对光线反射率比较低的部分;"空"是指对光线反射率比较高的部分,这些条和空组成的数据表达一定的信息,能够被条形码识读设备识读,并转换为和计算机相兼容的二进制和十进制信息。一个完整的条形码是由两侧的静区、起始字符、数据字符、校验字符(可选)和终止字符组成的。

(1) 静区。位于条形码两侧,没有任何印刷字符或条形码信息,通常是空白的,提醒识读器条形码的分界线。

(2) 起始字符。条形码的第一位字符是起始字符,它的特殊条空结构用于识别一个条形码的开始。识读器都是首先确认此字符的存在,然后处理扫描器能够获得的一系列脉冲。

(3) 数据字符。由条形码字符组成,用来代表一定的原始数据信息。

(4) 校验字符。有些码制的校验字符是必需的,有些码制的校验字符是可选的。校验字符是通过对数据字符进行一种数学运算得到的。当符号中的各个字符被解码时,译码器将对其进行同一种数学运算,并将其与校验字符相比较,如果一致,则说明读入的信息正确。

(5) 终止字符。条形码的最后一位字符是终止字符,它的特殊条空结构用于识别一个条形码的结束。识读器读到终止字符,便知道条形码符号已经扫描完成。终止字符的存在就避免了不完整数据的输入。但采用校验字符时,终止字符还可指示识读器对字符进行校验操作。如图 8-3 所示是 EAN-13 码的例子。

2. 条形码技术的说明

(1) 条形码系统的工作原理。条形码系统是由条形码设计、制作及扫描识读组成的自动识别系统。

(2) 条形码的设计。条形码的设计通常是通过专业的条形码设计软件来实现的,这些软件已经具有成熟方便的设计界面和工具,支持各种码制的条形码设计。人们也可以按照条形码生成的规则自己来画条形码。

(3) 条形码的打印。条形码设计完毕,是通过条形码打印机或者其他打印机打印生成的。

(4) 条形码的识读。条形码的识读装置是条形码系统最基本的装置,它的功能是读译条形码,即把条形码条幅的宽度、间隔等信号转换成不同时间长短的输出信号,并将信号转换为计算机可识别的二进制代码输入计算机。识读装置由扫描器和译码器组成。扫描器又称光电读写器,它装有照亮条形码的光束元件,现在主要有红光、激光两种,照亮后扫描器就可接收反射光,然后产生模拟信号,经放大后送给译码器处理。译码器根据不同的码制方案,将输入的模拟信号翻译成数字信号,然后通过数据线送交计算机处理。

3. 条形码的分类

（1）一维条形码。一维条形码在问世以来得到了迅速的普及和广泛的应用。由于一维码信息容量小，因此一维条形码只能作为产品的标识来使用，更多的产品信息只能依赖于后台数据库的支持。离开了数据库，一维条形码将变得没有任何使用价值，因而它的发展也受到了一定的限制。一维条形码包括 EAN 码、UPC 码、128 码、93 码、39 码、交叉 25 码以及 Codabar（库德巴码）等等。

（2）二维条形码。二维条形码是在一维条形码的基础上发展而来的。除了具有一维条形码的特性外，二维条形码还具有信息容量大、可靠性高、保密防伪性强等特点，被称为"便携式数据文件"。由于信息容量比一维条形码明显提高，因此二维条形码可以部分地脱离数据库工作，它能很好地描述被描述物品的属性信息，因此二维条形码的应用得到了广泛的发展。二维条形码分为行排式二维条形码和矩阵式二维条形码两种。

第一，行排式二维条形码。行排式二维条形码是建立在一维条形码基础上的二维条形码，其原理类似一维条形码，只是将一维条形码堆积成两行或者多行。最具代表性的行排式二维条形码是由美国著名的 Symbol 公司提出的 PDF417 码。PDF417 码是至今使用最为广泛的二维条形码。其他行排式二维条形码还有 Code16K 、Code49 等。

第二，矩阵式二维条形码。矩阵式二维条形码是在一个矩形空间通过黑、白像素在矩阵中的不同分布进行的编码。在矩阵相应元素位置上，用点的出现表示，点不出现则表示 0，点的排列组合确定了矩阵式二维条形码所代表的意义。矩阵式二维条形码是建立在计算机图像技术、组合编码原理等基础上的一种新型码制，是真正意义上的二维条形码。最具代表性的矩阵式二维条形码有 Data Matrix 、QR 码，我国自主研发的龙贝码也属于矩阵式二维条形码。

（3）EAN/UCC 系统条形码。EAN/UCC 系统是全球统一的标识系统。EAN/UCC 系统是在商品条形码基础上发展来的，由标准的编码系统、应用标识符和相应的条形码符号系统组成，通过对产品和服务等进行全面的跟踪描述，简化了电子商务过程，通过改善供应链管理和其他商务处理，降低成本，为产品和服务增值。EAN/UCC 系统的条形码符号体系主要由 EAN-13、EAN-8、UPC-A、UPC-E、UCC/EAN-128 和 ITF-14 这六种条形码组成。

其中，UCC/EAN-128 条形码适用企业的物流领域。商品条形码和储运条形码都属于不携带信息的标识码，在物流配送过程中，如果需要将生产日期、有效期、运输包装号、重量、体积等信息包含在条形码中，以实现后续环节的扫描识别，就需要用到 UCC/EAN-128 条形码。UCC/EAN-128 条形码是 Code128 码的子集，Code128 码无固定的数据结构，UCC/EAN-128 是通过格式化 Code128 来定义数据的，用于开放的物流供应链管理。

UCC/EAN-128 条形码的长度是可变的，可根据需要增加或减少条形码的信息含量。应用标识符（01）表示条形码符合 GTIN（Global Trade Item Number）规范。指示符 9 表示非零售变量贸易项目。七位的厂商识别代码在我国由中国物品编码中心分配，每个企业都拥有全球唯一的厂商识别代码。五位的商品项目代码由厂商自行定义，用于标志商品的种类，五位编码功能标志十万种不同的商品。厂商对项目编码遵循"唯一性、永久性、无含义、全数字形"的原则。校验码是通过固定公式生成的。附加应用标识符可从我国国家标准《商品条码应用标识符》（GB/T16986—2009）来获取。比如，如果标志重量，选取 310；若选择标志保质期，应选 15。选定应用标识符后相应的度量单位也就确定了，小数点的位置由标识符的最后一位数字来确定。

（二）RFID 技术

1. RFID（射频识别）技术的概念

射频识别是一种非接触式的自动识别技术，它通过射频信号自动识别目标对象并获取相关数据，识别工作无须人工干预，可工作于各种恶劣的环境。RFID 技术可识别高速运动物体并可同时识别多种标签，操作快捷方便。

2. RFID 技术的应用领域

射频识别技术具有可非接触识别（识读距离可以从几厘米至几十米）、可识别高速运动物体、抗恶劣环境、保密性强、可同时识别多个识别对象等特点，其应用的领域非常广泛，除了物流管理、医疗领域、货物和危险品的监控追踪管理、民航的行李托运及路桥的不停车收费等方面，图书馆、洗衣房、各种票务机构、邮政包裹识别、行李识别、动物身份标识、电子门票、门禁控制识别、企事业单位员工识别等各行各业的发展都离不开射频识别技术。

3. RFID 技术的组成

（1）射频识别标签。射频识别标签俗称电子标签，也称为应答器，根据工作方式可分为主动式和被动式两大类，目前在物流中应用较多的是被动式标签。被动式射频识别标签由标签芯片和标签天线或线圈组成，利用电感耦合或电磁反向散射耦合原理实现与读写器之间的通信。射频识别标签中存储一个唯一编码，通常为 64bit、96bit 甚至更高，其地址空间大大高于条形码所能提供的空间，所以可以实现单品级的物品编码。

（2）读写器。读写器也称阅读器、询问器，是对射频识别标签进行读写操作的设备，通常由耦合模块、收发模块、控制模块和接口单元组成。读写器是射频识别系统中最重要的基础设施，一方面，射频识别标签返回的微弱电磁信号通过天线进入读写器的射频模块中并转换为数字信号，再经过读写器的数字信号处理单元对其进行必要的加工整形，最后从中解调出返回的信息，完成对射频识别标签的识别或读写操作；另一方面，上层中间件及应用软件和读写器进行交互，实现操作指令的执行和数据汇总上传。未来的读写器呈现出智能化、小型化和集成化趋势，还将具备更加强大的前端控制功能。在物联网中，读写器将成为同时具有通信、控制和计算功能的核心设备。

（3）天线。天线是射频识别标签和读写器之间实现射频信号空间传播和建立无线通信连接的设备。射频识别系统中包含两类天线，一类是射频识别标签上的天线，另一类是读写器天线。天线既可以内置于读写器中，也可以通过同轴电缆与读写器的射频输出端口相连。目前的天线产品多采用收发分离技术来实现发射和接收功能的集成。

4. RFID 技术的基本工作原理

RFID 技术的基本工作原理并不复杂。标签进入磁场后，接收解读器发出的射频信号凭借感应电流所获得的能量发送出存储在芯片中的产品信息（无源标签或被动标签），或者由标签主动发送某一频率的信号（Active Tag，有源标签或主动标签），解读器读取信息并解码后，送到中央信息系统进行有关数据的处理。

一套完整的 RFID 系统由阅读器与电子标签（也称应答器）及应用软件系统三个部分组成，其工作原理是阅读器发射一特定频率的无线电波能量给应答器用以驱动应答器电路将内部的数据送出，此时阅读器便依序接收解读数据，送给应用程序做相应的处理。

以 RFID 卡片阅读器及电子标签之间的通信及能量感应方式来看大致可以分为感应耦合和后向散射耦合两种。一般低频的 RFID 大都采用第一种方式，而较高频大多采用第二种方式。

阅读器和应答器之间一般采用半双工通信方式进行信息交换，同时阅读器通过耦合给无源应答器提供能量和时序。在实际应用中，可进一步通过 Ethernet 或 WLAN 等实现对物体识别信息的采集、处理及远程传送等管理功能。应答器是 RFID 系统的信息载体，应答器大多是由耦合元件（线圈、微带天线等）和微芯片组成的无源单元。

5. RFID 技术的特点

RFID 技术是一项易于操控、简单实用且尤其适合用于自动化控制的灵活性应用技术，可自由工作在各种恶劣环境下。短距离射频产品不怕油渍、灰尘污染等恶劣的环境，可以替代条形码，如用在工厂的流水线上跟踪物体；长距离射频产品多用于交通上，识别距离可达几十米，如自动收费或识别车辆身份等。射频识别系统主要有以下几方面优势。

（1）读取方便快捷。数据的读取无须光源，甚至可以透过外包装来进行。有效识别距离更大，采用自带电池的主动标签时，有效识别距离可达到 30 米以上。

（2）识别速度快。标签一进入磁场，解读器就可以即时读取其中的信息，而且能够同时处理多个标签，实现批量识别。

（3）数据容量大。数据容量最大的二维条形码（PDF417）最多也只能存储 2725 个数字，若包含字母，存储量则会更少；RFID 标签则可以根据用户的需要扩充到数十 KB。

（4）使用寿命长，应用范围广。无线电通信方式使 RFID 技术可以应用于粉尘、油污等高污染环境和放射性环境，而且封闭式包装使其寿命大大超过印刷的条形码。

（5）标签数据可动态更改。利用编程器可以向标签写入数据，从而赋予 RFID 标签交互式便携数据文件的功能，而且写入时间相比打印条形码更加迅捷。

（6）更好的安全性。不但可以嵌入或附着在不同形状、类型的产品上，而且可以为标签数据的读写设置密码保护，从而具有更高的安全性。

(7）动态实时通信。标签以每秒 50 ～ 100 次的频率与解读器进行通信，所以只要 RFID 标签所附着的物体出现在解读器的有效识别范围内，就可以对其位置进行动态的追踪和监控。

（三）电子标签技术

1. 电子标签技术的概念

电子标签技术是计算机串行通信技术、远程数据显示技术在配送中心应用的典型高新技术。利用小型化的数据显示与交互终端，消除配送中心分拣作业点与计算机主机系统之间的距离，使信息快速、准确地传递到作业点，并且及时反馈作业结果，实现作业的无纸化，大大提高了作业效率，降低了作业强度，提高了作业的准确性。

配送中心采用电子标签技术，具有如下优越性：①加快拣货速度，可以减少 30%～50% 的时间；②控制拣货流程的功能，拣货正确率约为 99.98%；③免除表单作业，无纸化，提高工作效率 50% 以上；④人员训练容易且标准化；⑤提高管理水平。现场信息透明化，协助管理人员快速反应，可使公司业绩提高 40% 左右。

2. 电子标签系统的组成与工作原理

电子标签系统由主机系统、中继器、电子标签、供电系统等组成。主机系统安装有电子标签系统驱动软件，负责与上位系统对接，接收指令并反馈系统执行结果。中继器是主机系统与电子标签的联系桥梁，通过中继器将主机有限的资源进行扩展，一般一个中继器可以接 255 个电子标签。

当配送中心采用拣货方式时，用于区域指示器指示作业人员拣选作业点的位置，使操作者迅速、准确地到达。电子标签安装在货位上，接收主机拣货数量等指令信息并显示在 LED 上，作业人员按显示数量拣选，完成后按确认键，将执行结果反馈给主机系统。在某些配送中心，需要用订单显示器告诉作业人员目前处理的订单编号。当所有的任务指令都处理完后，系统利用完成指示器提醒调度人员作业已经完成。

3. 电子标签技术的发展趋势

（1）作用距离更远。因为无源电子标签系统的作用距离主要取决于电磁波束给标签的能量供电，随着低功耗 IC 设计技术的发展，电子标签的工作电压进一步降低，这使得无源系统的作用距离进一步加大，在某些应用场合甚至可以达到几十米以上。

（2）无线可读写性能更强。不同的应用系统对电子标签的读写性能和作用距离有不同的要求。为适应需要多次改写标签数据的场合，需要进一步完善电子标签的读写性能，使误码率和抗干扰性能达到可以接受的程度。

（3）适合高速可移动物品的识别。针对高速移动的物体，如火车、地铁列车、高速公路上行驶的汽车等，电子标签和读写器之间的通信速率提高，以满足对高速移动物体的识别要求。

（4）快速多标签读／写功能。在物流领域，由于涉及大量的物品需要同时识别，必须采用适合物流应用的通信协议，实现快速的多标签读写功能。

（5）一致性更好。由于电子标签加工工艺的限制，电子标签制造的成品率和一致性并不太好，随着加工工艺的提高，电子标签的一致性将得到提高。

（6）强磁场下的自保护功能更加完善。电子标签处于读写器发射的电磁辐射场中，有可能距离读写器很远，也可能距离读写器很近，这样电子标签处在非常强的能量场中，收到的电磁能量很强，会产生较高的电压，所以必须加强电子标签在强磁场下的自保护功能。

（7）智能性更强，加密特性更加完善。对某些安全性要求较高的应用领域，需要对标签的数据进行严格加密，并对通信过程进行加密，这样就需要智能性更强和加密特性更好的电子标签。

（8）带有传感器功能的标签。将电子标签与传感器相连，将大大扩展电子标签的功能和应用领域。

（9）带有其他功能的电子标签。在某些领域，需要正确寻找某一个标签时，如果标签具有附属功能，如蜂鸣器或指示灯，在向特定标签发送指令时，电子标签会发出声光指示，这样就可以在大量的目标中寻找到特定功能的标签。

（10）具有杀死功能的标签。为保护隐私，在标签的设计寿命到期或需要中止标签的使用时，读写器会发送杀死命令或标签自行销毁。

（11）新的生产工艺。为降低天线的生产成本，有公司开始研制新的天线印制技术，其中导电墨水的研制是一个新的发展方向。通过导电墨水，可以将标签天线以接近零成本的方式印制到产品包装上。

（12）体积更小。因为实际应用的需要，一般电子标签的体积比被标记的商品小。例如，日立公司生产出带有内置天线的最小RFID芯片，其最小厚度仅有0.1毫米左右，可以嵌入纸币中。

（四）EDI技术

1. EDI技术的概念

EDI技术是指将信息（主要指商业信息）以标准格式，通过计算机通信网络在计算机系统之间进行自动化传递，以实现数据的交接与处理。EDI是一种信息管理或处理的有效手段，它是对供应链上的信息流进行运作的有效方法。EDI的目的是充分利用现有计算机及通信网络资源，提高贸易伙伴间通信的效益，降低成本。

EDI不是用户之间简单的数据交换。EDI用户需要按照国际通用的格式发送信息，接收方也需要按照国际统一规定的语法规则对信息进行处理，并引起其他相关系统的EDI综合处理。

使用EDI的主要优点有：①降低了纸张文件的消费。②减少了重复劳动，提高了工作效率。③使得贸易双方能够以更迅速、更有效的方式进行贸易，大大简化了订货及存货过程，使双方能及时、充分利用各自的人力资源和物力资源。④可以改善贸易双方的关系，厂商可以准确地估计日后商品的需求量，货运代理商可以简化大量的出口文书工作，商业用户可以提高存货的效率，提高其竞争的能力。

由于EDI的使用完全代替了传统的纸张文件的交换，因此有人称它为"无纸贸易"或"电子贸易"。

2. EDI 系统的构成

构成 EDI 系统的三个要素是 EDI 软件、EDI 标准和 EDI 通信网络。首先，一个部门或企业若要实现 EDI，必须有一套计算机数据处理系统；其次，为使本企业内部数据能够比较容易地转换为 EDI 标准格式，必须采用 EDI 标准；最后，通信网络环境的优劣也是关系到 EDI 成败的重要因素之一。

（1）EDI 软件。EDI 软件的作用是将组织内部非结构化格式的信息（数据）翻译成结构化格式的 EDI 标准格式文件，然后传送 EDI 报文。这是针对"信息发送方"而言的。对"信息接收方"来说，则需把所接收到的标准 EDI 报文翻译成在该部门内部使用的非结构化格式的信息。根据这样的要求，EDI 软件应具有三个方面的基本功能：数据转换、数据格式化和报文通信。

（2）EDI 标准。在 EDI 技术构成中，标准起着核心的作用。EDI 标准可分成两大类：一类是表述信息含义的语言，称为 EDI 语言标准，主要用于描述结构化信息；另一类是载运信息语言的规则，称为通信标准，它的作用是负责将数据从一台计算机传输到另一台计算机。一般来说，EDI 语言对其载体所使用的通信标准并无限制，但对语言标准却有严格的限定。目前广泛应用的 EDI 语言标准有两大系列：国际标准的 EDIFACT 语言标准和美国的 ANSIX.R 语言标准。EDIFACT 标准作为联合国与国际标准化组织联合制定的国际标准，正在被越来越多的国家所接受。

（3）EDI 通信网络。EDI 通信网络是指通过网络把 EDI 数据传送到目的地。在传统的商务活动中，贸易单证票据的传递通常由邮政系统或专业快递公司来完成。使用 EDI 技术，在商务活动中能够用电子的手段来生成、处理和传递各类贸易单证。因此，网络通信是 EDI 系统必不可少的组成部分之一。从 EDI 所依托的计算机网络通信技术的发展演变来看，最初是点到点方式，随后是增值网络（VAN）方式，进而是电子邮件（E-mail）方式，到现在的 Internet 模式，这一变化趋势使 EDI 的推广应用范围变得更加广阔。

Internet 模式的 EDI 是指利用先进的国际互联网、服务器等电子系统和电子商业软件运作的全部商业活动，包括利用电子邮件提供的通信手段在网上进行的交易。Internet 模式的 EDI 大大方便了那些中小型企业，它们不用购买和维护 EDI 软件，不用进行 EDI 单证和应用程序接口 API 开发，只需要利用浏览软件即可应用，而有关表格制作和单证翻译的工作由 EDI 中心或商业伙伴完成，如图 8-10 所示为 EDI 技术的组成。

3. EDI 技术的实现过程

EDI 技术具体的实现过程是：首先，用户在现有的计算机应用系统上进行信息的编辑处理；其次，用户通过 EDI 转换软件（Mapper）将原始单据格式转换为中间文件（Flat File），中间文件是用户原始资料格式和 EDI 标准格式之间的对照性文件，它符合翻译软件的输入格式，通过翻译软件变成 EDI 标准格式文件；最后，在文件外层加上通信交换信封，通过通信软件传至增值服务网络、Internet 或直接传给对方用户。对方用户则进行 EDI 的处理过程，使其成为用户应用系统能够接受的文件格式并对其进行收阅处理。

（五）RF 技术

1. RF 技术的概念

RF（无线射频）技术是一种无线计算机网络技术。利用 RF 技术，可以在配送中心内部构建无线计算机局域网。RF 技术是一种柔性的数据交换系统，是对普通局域网技术的延伸和补充。通过采用无线通信技术，RF 技术无须在计算机之间连线就可以发送和接收数据，实现数据、资源的共享。

（1）RF 技术的特点。无线网络与普通的局域网相比，有以下几个特点：第一，灵活移动性。无线网络可为用户提供实时的移动性网络资源共享。这是普通局域网无法达到的。第二，安装简单、快速。第三，运行成本低廉。尽管初期投资比普通局域网要高，但从整体的安装成本、运行成本及使用寿命而言都得到巨大的改善。尤其是在用户经常移动的工作环境下，运行费用很低。第四，可扩展性强。RF 技术可以配制成各种网络拓扑结构来满足多种应用和安装需要。从点对点的小型网络到拥有数千节点的网络系统，以及某一范围内实现漫游功能的大型网络均不需要更改任何硬件设施。

（2）RF 技术在配送中心的应用。从目前应用的情况来看，RF 技术是对普通局域网技术的一种延伸。它为移动办公的用户和网络之间提供实时连接的手段，现已在许多行业成功应用。配送中心可以广泛采用 RF 技术：第一，入库、出库及存储保管作业；第二，信息导引拣货作业；第三，货架巡补盘点作业；第四，信息收集及核查作业；第五，其他与信息显示、信息采集有关的所有作业。

（3）配送中心应用 RF 技术的优越性。在配送中心应用 RF 技术，具有如下优越性：第一，不需要网络连接线；第二，能在任何时间、任何地点操作；第三，实时性资料收集和传输提高工作效率；第四，方便的管理模式，准确快捷的信息交流；第五，交互式信息交换，指示、确认与错误更正一体化；第六，提高在库商品资料的正确性；第七，减少了文件处理工作；第八，友好的界面；第九，提高效率、时效性。

2. RF 技术的工作原理

RF 技术通过无线电波传输信息，无线电波将信号从发送者传送给远方的接收者，要发送的数据信号经过调制叠加到无线载波信号中，调制后的电波占据一定的频率带宽。在典型的 RF 技术的配置中，发送和接收设备被称为登录点，又称无线网桥。简单地说，用标准网线连接到局域网，登录点用来接收、暂存、发送数据，一个登录点可以管理一组用户并在一定的范围内起作用。图 8-11 所示为 RF 技术的工作原理。

普通计算机用户与登录点进行通信的设备是无线局域网适配器，笔记本产品接入无线局域网的设备是 PCMCIA 标准卡。其他掌上产品（如 RF 数据终端）可以采用集成内置式无线设备。无线手持 RF 数据终端是典型的配送中心设备，它与无线技术、移动计算技术、条形码数据采集技术相结合，广泛应用物流领域的仓储出入库管理、货物检验、运输及工业生产线管理等多个环节。配送中心在组建无线局域网时，往往根据配送中心面积及建筑结构采用多个登录点,在各个作业区配备数个 RF 数据终端。

(六)POS 技术

1. POS 系统概述

POS 系统(Point of Sales)即销售时点信息系统,是指通过自动读取设备(如收银机)在销售商品时直接读取商品的销售信息(如商品名、单价、销售数量、销售时间、销售店铺、购买顾客等),并通过通信网络和计算机系统传送至有关部门进行分析、加工以提高经营效率的系统。POS 系统最早应用于零售业,以后逐渐扩展至其他如金融、旅馆等服务行业,利用 POS 系统的范围也从企业内部扩展到整个供应链。

POS 系统有两种类型,一类是商业 POS 系统,包含前台 POS 系统和后台 MIS 系统两大基本部分;另一类是金融 POS 系统,它是由银行设置在商业网点或特约商户的信用卡授权终端和银行计算机系统通过公用数据交换网联机构成的电子转账服务系统。

前台 POS 系统是为后台 MIS 系统采集数据的,后台 MIS 系统依据前台 POS 系统实时采集的数据进行计算、分析和汇总,可以控制进货数量、合理周转资金,还可统计各种销售报表,并可对收银员的业绩进行考核。因此,前台 POS 系统和后台 MIS 系统密切相关,二者缺一不可。

2. POS 系统的组成及特点

(1)前台 POS 系统。前台 POS 系统是指在销售商品时通过收银机直接读取商品销售信息,实现前台销售业务的自动化,对商品交易进行实时服务和管理,并通过通信网络和计算机系统传送至后台,通过后台管理信息系统(MIS)对交易信息进行储存、汇总、统计和分析,获得商品销售的各项信息,为管理者分析经营成果、制订计划提供依据。

(2)后台 MIS 系统。后台 MIS 系统包括计算机与相应的管理软件。MIS 系统负责全部商品的进销存管理以及财务管理、考勤管理等。它可根据商品进货信息对厂商进行管理,又可根据前台 POS 系统提供的销售数据控制进货数量,优化库存。通过后台计算机系统计算、分析和汇总商品销售的相关信息,为企业管理部门和管理人员的决策提供了依据。

3. POS 系统的运行步骤

POS 系统的基本作业原理是先将商品资料建于计算机数据库中,前台操作时扫描商品上的条形码得到商品的编号,通过计算机和收银机的网络线,读取计算机数据库中的商品详细信息(商品名称、价格等),同时销售操作完成后,每笔销售记录传回计算机数据库中作为各种销售统计分析的基础数据。具体运行步骤如下:①条形码识别,收银员使用扫描器读取商品条形码;②消费金额和总价确认,计算顾客购买的商品数量及总金额;③信用卡刷卡(现金付款直接到第六步),进行卡支付操作;④输入密码;⑤建立数据传输;⑥打印凭条,打印出顾客的购买清单和付款总金额;⑦信息回流后台数据库;⑧信息反馈后,做出相应的调整;⑨信息管理,制订计划。

4. POS 系统的应用

POS 系统对商品流转业务的管理主要体现在通过核算员、收银员在流转的各个环节将必要的票据记录到 POS 系统中去。所登录的数据主要有商品的单价、数量及金额等相关指标。

对于商品流转各个环节以及与商场管理密切相关的人为活动，如商品部的哪些人具有采购权，哪些人可以和厂家谈判签订合同等，POS 系统不能进行控制和管理。

商品进销调存各环节涉及的主要终端操作人员有进货环节的商品库核算员、仓库核算员；销售环节的 POS 系统终端收银员；调拨环节的商品部核算员；仓储环节的商品部核算员、仓库核算员。

这些终端操作人员主要分为核算员和收银员两类，对于这两类人员的要求各不相同。对核算员的要求是要熟悉商品流转业务，有一定的计算机和财务知识，严格执行商场管理规程及操作规程，充分理解商品流转各环节的票据含义；对收银员的要求是责任心强，对收款机操作熟练迅捷，能够处理一些简单的销售业务问题（如收款方式、付款方式、币种识别等）。

在 POS 系统的应用过程中，要使 POS 系统发挥其功效，各流程的工作人员都应熟悉本流程的工作并按操作规程操作。对于各流程中的工作人员，具体事项如下。

（1）商品编码、定价和登录。工作人员要了解和确定商品编码规范，包括商品店内码、商品条形码；了解和确定商品的进价、售价、调价等定价的方式；了解和确定商品定价单、调价单的单据格式及使用规范，并能进行相关操作。

（2）进货。工作人员要了解和确定商品到货情况及处理流程。一般商品到货分全部进仓、全部进柜和部分进仓部分进柜三种情况。每种情况又有货单与货同到、货到单未到、单到货未到三种状态。工作人员还要了解和确定验收单、进账单（货到单未到时使用）的单据格式及使用规范，并且能进行相关操作。

（3）调拨。工作人员要了解和确定商品部内发生的商品调拨，了解和确定商品部间发生的商品调拨，了解和确定调拨单的单据格式，使用规范，并能进行相关操作。

（4）退货及换货。工作人员要了解和确定商品退货的过程，了解和确定商品换货的过程，了解和确定退货、换货验收单的单据格式及使用规范，并能进行相关操作。

（5）仓储。工作人员要了解和确定商品移仓（支货）的过程，了解和确定商品退仓的过程，了解和确定商品的提货及退仓的过程，了解和确定移仓单的单据格式.使用规范，并能进行相关操作。

（6）零售。工作人员要了解和确定商品零售的过程，了解和确定收款单、解款单的单据格式及使用规范，并能进行相关操作。

（7）报损、报溢、报废。工作人员要了解和确定商品的报损以及报溢过程，了解和确定商品溢耗损报核单、财产损失审批单的单据格式及使用规范，并能进行相关操作。

（8）盘点。工作人员要了解和确定商品盘点过程，了解和确定盘点表格式及使用规范，并能进行相关操作。

（9）进货退补价。工作人员要了解和确定进货后发生退补价时的处理流程，了解和确定进货退补价单的单据格式及使用规范，并能进行相关操作。

此外，还需要相关人员对 POS 系统进行日常维护与异常处理，系统管理员和数据库管理员应定期进行主机系统的数据备份和数据清理工作，以避免有用信息的丢失以及非相关冗余和相关冗余信息占用有效空间。

第二节　物联网与现代物流的关系

一、物联网与物流行业的关系

（一）物流业是物联网发展的基础

作为一种古老的经济活动，物流随着商品生产的出现而出现，也随商品生产的发展而发展。物联网的发展离不开物流行业的支持。早期的物联网叫作传感网，而物流业最早就开始有效应用了传感网技术，比如 RFID 在汽车上的应用，就是最基础的物联网应用。当前，物联网以交通物流和公共事业为主要发展方向，从应用来讲，在公共事业监控及交通物流信息采集、定位方面取得了一定的进展。物流是物联网发展的一块重要的土壤。

（二）物流公司是物联网的重要应用用户

在一般人的印象中，物联网运用主要集中在物流、生活和生产领域。物流领域是物联网相关技术最有现实意义的应用领域之一。特别是在国际贸易中，由于物流效率一直是整体国际贸易效率提升的瓶颈，是提高效率的关键因素，所以物联网技术（特别是 RFID 技术）的应用将极大地提升国际贸易流通效率，而且可以减少人力成本以及货物装卸搬运、仓储等物流成本。

由 RFID 等软件技术和移动手持设备等硬件设备组成物联网后，基于感知的货物数据便可建立全球范围内货物的状态监控系统，提供全面的跨境贸易信息、物流跟踪信息，帮助国内制造商、进出口商、货代等贸易参与方随时随地掌握货物和航运信息，提高其对国际贸易风险的控制能力。

实践证明，物流公司与物联网的关系十分密切，通过物联网建设，企业不但可以实现物流的顺利运行，而且城市交通和市民生活也将获得很大的改观。

通过上述内容可以看出，贯穿全覆盖的物联网，整个供应链呈现了透明、高效、精准的特点，实现了传统物流可望而不可即的目标。此外，通过物联网，仓库的管理变得高效、准确，人力需求大大降低。

二、物联网与智能物流的关系

IBM 发布的《智慧供应链》报告，是第一份从产业角度来谈物联网的报告，其他报告多是从技术角度来谈。从产业角度来看，该报告的主要观点是，现在产业面临的问题越来越多，环境变化越来越快，供应链需求发生了变化，传统的供应链模式不行了，必须智能化，因此提出智慧供应链的概念。

智能物流是在物联网的广泛应用基础上，利用先进的信息采集、信息处理、信息流通和信息管理技术，完成包括运输、仓储、配送、包装、装卸等多项基本活动的货物从供应者向需求者移动的整个过程，为供方提供最大化的利润，为需方提供最佳服务，同时消耗最少的自然资源和社会资源，最大限度地保护好生态环境的整体智能社会物流管理体系。

从物流领域来看，物联网只是技术手段，目标是物流的智能化。谈到"智能"二字，人们对智能的认识是一个逐渐深化的过程。早期认为自动化等同于智能。而后随着科技的发展，出现了一些新的智能产品，如傻瓜相机、智能洗衣机等，它们能够从现场获取信息，并代替人做出判断和选择，而不仅仅是流程的自动化，此时的智能是"自动化+信息化"。

然而发展到今天，互联网的出现，或者说进入物联网时代，智能的内涵又更进了一步。仅仅通过自动采集信息来做出判断和选择已经不够了，还要与网络相连，随时把采集的信息通过网络传输到数据中心或指挥中心，由指挥中心做出判断，进行实时调整，这种动态管控和动态的自动选择，才是这个时代的智能。也就是说，要有感知、能自适应并与外界平滑交互，智能应具有三个特征，即自动化、信息化和网络化。

三、物联网对物流信息化的影响

（一）开放性

过去建立信息系统就是将自己的流程和资源管理好，现在一定要是一个开放的系统，也就是说采集信息完全靠自己投资和管理的时代过去了，必须要有社会信息、外部信息的交换共享，同时还要有自身信息向社会发布的机会。不难发现，在很多案例中出现开放的系统整合外部信息，将自身的信息向外发布，而且还能够获得收益。之所以这样是因为当前的管理，在前期基本上是按照二八法则定位的，也就是说企业的KPI（Key Performance Indicators）指标、服务水平，只要求把自己的事情管好，就是一些车、人、仓库等，把这些管好了，服务水平的80%就有了保证。其他因素可能很多，但影响很小。但是在这个基础上要再上一个台阶就困难了，还需要知道道路的情况、交通拥挤的情况、天气的情况等，这些情况对于自身进一步提高KPI非常重要，从80%提高到90%、95%，没有外部系统的沟通是不可能做到的。所以在进一步提高时，二八法则就要调整，要掌握更多的资源。所以，一定要建设开放性的平台，这种开放性是提高运营水平的一个必然趋势。

在这个开放的过程中，一些热门技术，像定位技术、传感器技术等，将会成为实现开放性的关键技术手段。同时，还要认识到制约开放的主要问题是安全性。现阶段要解决安全的问题，应该做到以下几点：①靠技术；②靠流程，要重新设计流程；③靠法律；④靠内部管理。安全的问题也在不断变化，包括对安全问题的认识、承受程度等。这种变化使开放性和安全性之间的平衡状态不断调整，这也会促进系统自身逐渐地开放。在新的时代要建立开放性的系统，而开放性的系统和安全性之间怎样平衡，考虑这两方面的关系，以及涉及的相关技术、资源等，都是在推动系统开放性时需考虑的因素。

（二）动态性

适应快速变化的外部环境，提升精细化管理要求，这是目前企业发展的重要需求。企业要根据外部情况的变化，随时判断和调整，做到"动起来"。所以要使管理系统适应外部快速变化的复杂环境，动态化一定会提到日程上来。

当需要系统动态化时，定位信息服务将成为基础。定位信息就是采集的信息里包含识别和时空两个基本要素，定位信息捆绑其他状态信息构成物流动态管理的"信息元"，上面可以加载其他管理信息，如温度、压力、湿度等。用传感技术捆绑，捆绑在什么信息上，就对什么进行动态管理。所以，识别信息加时空信息成为一个捆绑的信息元，可以形成动态信息的公共服务，现在已经出现了非常多这样的位置服务公共信息平台。

另外，运输网络的监管动态化和服务社会化将决定物流管理动态化的进程。动态服务应先从交通运输的动态管理做起，对车辆和集装箱等运动中的设备和人进行监管。从这里开始，建立动态管理的公共服务，并且把这种服务释放到社会上去，很多物流公司就可以用来监管动态的货物运输。所以当前动态服务最看好的市场，或者最基础的市场，是运输的监管服务和向社会开放的公共服务。

（三）集中性

现在各大企业都在加强信息化建设，而集中管理成为一个重要趋势：信息化应用于网络资源的整合和流程的管理的趋势越来越明显。信息如果不集中是无法加工和提升的，因此这种集中管理有利提高信息的处理能力和服务能力。同时，信息加工服务的人才是稀缺的，只有集中起来才能够投资建设数据中心。所以，信息管理的集中化是近期信息化建设非常重要的特征。同时，促进信息服务外包的技术，如云计算服务等也得到了快速发展，数据挖掘、知识管理的技术和人才需求急速上升，这些都是集中性带来的变化。

（四）关键技术

一些关键技术将得到快速发展。①识别与采集信息技术，包括RFID、传感器等；②移动通信技术，包括4G网等移动无线通信技术；③智能终端，与其他行业的信息化相比，物流信息化中特有的两种装备——机载终端和手持终端，将得到快速发展，研究这两个智能终端的差异性，将反映物联网时代物品和人的管理方式；④位置服务，基于位置的服务现在非常流行，除了传统的GPS，发展最快的是通过智能手机提供的位置服务；⑤商业智能技术，一旦管理转移到依赖于信息加工、信息处理，即利用商业智能技术进行加工和处理信息，实现决策、增值，则商业智能技术将会热门起来。

（五）数据中心

数据中心常常是被忽视的领域，在物联网推进过程中，遇到的各种问题可能没有统一的答案，但是随着一个个案例的出现，可以发现这些案例体现的是数据中心经济实体的成功。现在最成功的案例，发展最快的实体，恰恰都是数据中心类型的，如阿里巴巴、谷歌、苹果公司等，均对世界经济产生了很大的冲击。通过数据中心模式，这些公司自己解决了实践中碰到的标准、流程、人才及体制等各种问题。

所以，如何推进数据中心的发展是下一步信息化，或者说是物联网时代急需解决的课题。此外，公共信息平台的建设实质上也是建一个数据中心。公共信息平台建设存在的问题，不仅仅是标准问题、资金问题、商业模式问题，而是许多平台建设脱离了数据中心边建设、边应用、边发展的成长轨道。经常是设计一个公共平台，论证以后，却让另外一些人来运营，而运营的人根本没有理解设计者的方案和想法。当前已经出现了向数据中心转化的经济实体，具体分为两类：一类是公共平台，做得比较成功。另一类是原来就是实体，例如北京的物美集团。物美正朝着一个数据中心的模式去转化，整个流程是数据驱动，形成一系列数据的单证，多数员工不需要懂太专业的物流和销售知识，对于人的依赖性很低。这样发展，相信未来的目标就是智能化。

第三节　物联网在物流中的应用

一、物联网在货物运输中的应用

以一家做冷链业的第三方物流公司为例。这家公司拥有自己的冷藏车队和冷藏库，每辆车都装有 GPS/GIS（全球卫星定位系统/地理信息系统定位系统），此时接到了一家公司的长期物流运输业务，需要经常将原料由一家国外工厂运到国内该公司。此时，物流公司首先同原料厂和雇主实现信息共享。其次，公司下达原料订单后，物流公司在每份原料包装嵌入 RFID 芯片，芯片具有温湿度感知功能。原料装入安有 RFID 芯片的冷冻集装箱。经海船到达国内港口以后，装有原料的冷冻柜经过海关检验，由港口车辆存放到临时仓库，因为海关和港口采用了 RFID 技术，不但实现了通关自动化，物流公司和雇主还可以随时了解货物的位置和环境温湿度。根据雇主的要求，物流公司用配备有 RFID 读取设备的冷藏车辆将一部分原料送入仓库，另一部分原料送往生产基地。最后，送往仓库的原料卸货检验后，由叉车和嵌有 RFID 的托盘，经过具有 RFID 读取设备的过道，安放到同样具有 RFID 读取设备的货架。这样，物品信息自动记入信息系统，实现了精确定位。由于使用了 RFID 技术，仓库内的包装加工、盘货、出库拣货同样高效无误。而且当冷库中货架上的货品数量降低到安全库存以下时，系统也会自动发出补货请求。如果是陆运，由于高速公路沿途设有 RFID 读取器，不但可以实时监控货物位置，也可以防止物品的遗失、调包、误送。从原料出厂，到运输、货物跟踪、检验、入库等，整个供应链上的任何一家企业通过计算机查询都一目了然。

二、物联网技术在物资仓储监控系统中的应用

大宗物品如粮食、燃油、棉花、金属、石油等，事关国计民生，战略地位非常重要。可以利用物联网技术，对仓库进行远程物联网监控，实现大宗物品的安全监控和管理。

（一）物联网物资仓储监控系统组成过

1. 温湿度采集子系统

采用温湿度传感器，可以实时采集库区的各子区环境温湿度，通过传输设备把数据上传至监控中心。

2. 视频监控子系统

在仓库各监控区域放置摄像机和嵌入式 DVR，通过网络可以直接传输到监控中心，管理人员可以实时监控到物资库各防区状态。

3. 出入口控制子系统

可以采用指纹识别或 IC 卡技术对进出人员进行身份控制，并实现对物资库守库及巡检人员的管理。

4. 入侵报警子系统

针对防护区周界进行安全管理。

5. 通信子系统

采用光纤及以太网技术，进行数据传输管理及保安的通信等。

6. 中心监控管理系统

方便管理人员对于物资库的集中监控和管理。

（二）物联网物资仓储监控系统的功能

1. 温湿度远程监视

在中心集中监视各库区温湿度，通过安装在不同地点的不同数量的温湿度传感器和传输控制器，可以把温湿度的实时变化传送到监控中心，并且通过温湿区设置，对超过范围的区域进行告警，并可以结合电子地图进行实时显示。

2. 远程图像监控功能

通过安装在各库区大门处的摄像机和嵌入式 DVR，管理人员在监控中心即可以对物资库的运送等具体情况进行监控与管理。物资库防区（主要是大门）的各监控点图像数据信号通过网络专线传输到监控中心，在监控中心的计算机屏幕上保持多个画面

处于 24 小时实时常态监视之下，其他画面可切换观看。在布防状态，某个防区出现异常或非法入侵时能立即报警。报警信息通过专用网络线实时传输到监控中心，并同时传送到当地公安局 110 报警中心。

3. 实时数据存储

监控中心对电视监控图像及温湿度等数据进行记录和存储，资料保存一定时期，以方便处理温湿度变化曲线，对出现的告警事件进行图像回放等。防止偷窃等事件发生，并且通过与指纹门禁的联动，可以真正起到预防作用。比如，设置如果需要打开大门，则必须先验证指纹，通过后才可以打开大门，否则将告警并与图像监控联动。

4. 远程控制功能

监控中心可对前端库点下达指令，控制库点内的监控设备和门锁。控制指令通过通信线路传送到相应的监控远端执行相应的动作，如报警布/撤防、云台镜头控制、重启主机、开启电控门锁等。

5. 出入口控制功能

通过指纹识别技术对禁区出入人员进行控制管理，避免了使用传统的钥匙、IC卡等方式发生丢失、盗用等造成的损失。在某些不适合使用指纹识别的场所，可以部分采用射频卡技术，而在关键场所必须采用指纹识别技术以避免身份的盗用。

6. 人员的管理功能

通过前端的指纹识别终端和中心管理软件，可以对守库人员及定时巡检人员进行管理，有效提高人员责任心，使管理到位。

7. 入侵报警功能

通过接在门禁控制器或 DVR 主机上的入侵报警设备和按钮，系统实现对防区的入侵报警和紧急报警功能。

8. 保安通信功能

通过对讲系统，可以实现和监控实时通信，进行及时有效的警情处理并方便管理。

9. 安防联动功能

通过多种产品组合，可以实现报警、门禁和视频的联动，如发生入侵报警，系统则自动关闭相关出入口，并进行实时录像和中心画面切换。

10. 中心集中管理功能

通过网络对监控门禁设备、进出人员授权、报表等进行集中管理，有效降低客户的投资，并且大幅提高管理效率。

三、物联网在制造业物流系统中的应用

随着现代制造业物流发展，需要对单个物料单位、半成品、成品、生产线生产流程进行记录和管理，以便提高生产管理水平，整合优化制造业生产环节业务流程，提高产品质量控制和监督，提高客户服务质量，理清可能的质量事故责任人和出处，

从而完成对每个产品从成品到物料、从生产到计划的完全追溯。因此人类开发出生产流程和追溯管理软件，建立以追溯数据管理为核心，以实现质量控制、流程控制和产品服务系统化、规范化为目标的软件系统，即生产追溯管理系统（Manufacture Traceable System, MTS）。

MTS生产追溯管理系统要实现的总体目标是：实现生产流水线的每个工序的生产状况及在生产过程中的数据操作的准确化和系统化，建立产品生产控制和跟踪，实现从成品到半成品再到物料的可监控、可追溯，从而完成产品生产的内部流程追溯管理，以及外部进出的源头追溯和数据管理。

系统采用RFID或条码，或两者同时的编码方式进行数据管理和追溯，保证从每个单位物料到产品的唯一性。

RFID-MTS基本功能如下：①通过对物料的ID（Bar Code或RFID）进行扫描，来记录物料的使用及现有状况和来源。②通过对半成品在生产中所经历过的工序记录和数据统计来跟踪其生产细节，可以在返品处理或生产过程中追踪到在生产中哪道工序、哪些物料、哪个机型、哪些人员等存在问题，并采取相应的措施来进行修正。③通过对成品的包装、入库、库内调整、出库，还有质检等工序记录、统计来跟踪成品在最后阶段的状况，以便需要时进行查询操作。④最后实现对整个生产从物料到半成品再到成品的单个、类别及全部的产品追溯、质量控制和流程管理，建立完整的生产追溯管理系统平台。

四、物联网在物流业应用的未来趋势

当前，物联网发展正推动着中国智慧物流的变革。随着物联网理念的引入、技术的提升、政策的支持，相信未来物联网将给中国物流业带来革命性的变化，中国智慧物流将迎来大发展的时代，未来物联网在物流业的应用将出现如下四大趋势。

（一）智慧供应链与智慧生产融合

随着RFID技术与传感器网络的普及，物与物的互联互通将给企业的物流系统、生产系统、采购系统与销售系统的智能融合打下基础，而网络的融合必将产生智慧生产与智慧供应链的融合，企业物流完全智慧地融入企业经营中，打破工序、流程界限，打造智慧企业。

（二）智慧物流网络开放共享，融入社会物联网

物联网是聚合型的系统创新，必将带来跨行业的网络建设与应用。如一些社会化产品的可追溯智能网络能够融入社会物联网，开放追溯信息，让人们可以方便地借助互联网或物联网手机终端，实时便捷地查询、追溯产品信息。这样，产品的可追溯系统就不仅是一个物流智能系统了，它将与质量智能跟踪、产品智能检测等紧密联系在一起，从而融入人们的生活。

（三）多种物联网技术集成应用于智慧物流

目前在物流业应用较多的感知手段主要是 RFID 和 GPS 技术，今后随着物联网技术的发展，传感技术、蓝牙技术、视频识别技术、M2M 技术等多种技术也将逐步集成应用于现代物流领域，用于现代物流作业中的各种感知与操作。例如，温度的感知用于冷链物流，侵入系统的感知用于物流安全防盗，视频的感知用于各种控制环节和物流作业引导等。

（四）物流领域物联网创新应用模式将不断涌现

物联网带来的智慧物流革命远不止能够想到的以上几种模式。实践出真知，随着物联网的发展，更多的创新模式会不断涌现，这才是未来智慧物流大发展的基础。

目前，很多公司已经开始积极探索物联网在物流领域应用的新模式。比如，有公司在探索给邮筒安上感知标签，组建网络，实现智慧管理，并把邮筒智慧网络用于快递领域。当当网在无锡新建的物流中心就探索物流中心与电子商务网络融合，开发智慧物流与电子商务相结合的模式。无锡新建的粮食物流中心探索将各种感知技术与粮食仓储配送相结合，实时了解粮食的温度、湿度、库存及配送等信息，打造粮食配送与质量检测管理的智慧物流体系等。

物联网虽然已经在国内物流业实现了一些应用，但依然是一个新生事物，物联网要想在物流行业真正大展宏图，还需要解决诸如技术、商业文化、政策等一系列的问题。特别是标准化问题，这是一个新生事物能否大规模发展的一个关键因素。但是可以预见，在不久的将来，物联网技术必将会给物流行业带来革命性的变化。

第十章 大数据与智慧物流

第一节 智慧物流的发展现状

一、智慧物流发展概述

目前,以智慧物流为代表的现代物流产业在国外已经有较大的发展,美国,欧洲和日本等已经成为智慧物流产业发展的领头羊,市场规模巨大,相关技术处于国际一流水平;智慧物流已经成为美国、欧洲和日本等国家发展现代物流产业,降低物流成本,推动产业升级的重要推动引擎和国民经济发展的一个重要支柱产业。

随着信息技术不断发展和国家政策推动,实现智慧物流,同时更好地提高资源利用率与经营管理水平成了中国发展现代物流的大方向。总的来说,我国很多先进的现代物流系统已经具备了信息化、数字化、网络化、集成化、智能化、柔性化、敏捷化、可视化以及自动化等先进技术特征,并且我国已经拥有多家着手发展智慧物流的雏形企业,如中储股份、外运发展、中海发展、铁龙物流、武汉长江智能物流、上海三尔施智能物流、江苏双茂智能物流等,各地政府在智慧物流发展方式上也开展了大量研究。

但与美国、日本等发达国家相比,我国的智慧物流尚处于初级阶段。因为传统体制影响,基础设施不完善,管理技术及水平、服务质量等方面发展不均,加上新兴技术应用不足、企业对物流认知不够等因素的限制，物流发展相对滞后，物流总体水平不高，产业总体规模不大。

后金融危机时代，为了提高竞争力、降低运营成本，生产和销售等企业不断吸收经验，对物流业的重视程度也越来越高。

二、国外智慧物流发展现状

近年来，随物流信息化不断提高，美国、日本等发达国家现代物流朝着智慧物流不断发展，并取得了很好的效果。

（一）美国智慧物流发展现状

1. 总体现状

美国有着宽松有序的物流发展环境、良好的物流基础设施、较强的第三方物流企业、全球物流服务管理能力、先进的物流技术、职业素养良好的职工等。从物流成本构成上看，美国物流管理成本占总成本的3.8%，而物流总成本仅占GDP不到10%。

美国物流企业的物流设备几乎都实现了高度的机械化和计算机化，同时美国物流业积极推动物流供应链的集约化、协同化发展。基于先进的信息化技术和运作管理水平，美国物流发展中利用多样的物流理论研究方法和大数据思想，紧密结合市场的实际需求和发展趋势，研究具体对象，同时物流发展环境的数据采集、数据存储、数据分析、数据应用渠道十分顺畅的系统。

2. 代表企业发展现状

目前的智慧物流先进物流技术及应用，代表性企业应用突出，主要包括沃尔玛、FedEx和UPS等。作为物流强国，代表性企业只是美国智慧物流发展呈现的一瞥。

零售巨头沃尔玛采用的基于RFID的智能物流系统，使其配送成本仅占销售额的2%，远低于同行业水平，同时利用专用卫星实现全球店铺的信息传送和运输车辆的定位及联络，同时在公司5500辆运输卡车上装备卫星定位系统（GPS），每辆车的位置、装载货物、目的地皆可实时查询，可合理安排运量和路程，最大限度地发挥运输潜力。

国际性速递公司FedEx应用实时跟踪系统，每日处理全球200多个国家的近250万件包裹，确保JIT-D能够达到99%的成功率。

UPS创建的全国无线通信网络，可把实时跟踪的信息从卡车传送到公司中央电脑中，将每天上百万笔递送业务存储为电子数据，其开发的供应商管理系统，可以使客户通过UPS信息系统对于国外供应商的订单履行状态进行在线跟踪，其建立的www.ups.com，可为顾客提供全方位的服务。

（二）日本智慧物流发展现状

1. 总体现状

日本物流业几十年的发展过程，经历了开始的以生产为出发点，后来以市场营销为出发点，再后来从消费者的角度推进物流发展。在当今信息化时代，日本物流充分发挥第三方物流的作用，以现代物流技术为支撑，重视精细物流的发展，物流配送社会化程度高，物流信息系统发达。

2. 先进物流技术及应用现状

现代技术装备是日本物流企业占据制高点的关键所在，主要包括：物流系统的信息化，如进出口报单无纸化、一条龙服务、物流电子数据交换技术；物流系统的标准化；软件技术和物流服务的高度融合，物流行业充分利用电子信息化手段来实现物流全过程的协调、管理和控制，实现从网络前端到最终客户端的所有中间服务的过程管理；通过实现企业之间、管理信息系统之间及资金流、物流和信息流之间的无缝连接，为供应链的上下游企业提供了一种透明的可视性功能，帮助企业最大限度地控制和管理物流的全过程，实现物流低成本高效率的目标。

在日本，几乎所有的物流企业都充分利用当今最新的物流技术来开展物流服务业务。比如，日本大型物流企业或从事长途运输的货运车辆都安装了全球定位系统（GPS），不仅便于企业实时掌握车辆所处位置，随时调度就近车辆应付客户的紧急需求，还有利于客户及时了解服务的进展和动态。

除此之外，近年来日本大规模物流设施增幅明显，和传统设施只具有保管功能不同，其具备了高效率的分拣功能，能够实现快速配送。

（三）欧洲智慧物流发展现状

1. 总体现状

欧洲在物流产业上具有明显的特色，科技进步尤其是IT技术的发展及相关产业的合并联盟，促进了欧洲物流业的快速发展。在过去的几年中，欧洲物流市场一直在增长，潜在市场达1910亿美元，特别是第三方物流市场发展迅猛，服务收入占物流总收入的24.42%。随国际物流的不断发展，其物流业也在重组，但是与美国和日本相比，欧洲的智慧物流发展相对缓慢。

2. 先进物流技术及应用现状

目前的智慧物流先进物流技术及应用，以法国代表性企业为例，主要实现的是有效的物流过程控制和信息传输。

世界上最大的汽车配件供应商之一Faurecioa公司建立的EX WORD模式，通过对分散的供应商进行集成管理及优化，促使每个产品形成一个标准或流程，使公司物流管理费用在营业额中所占的比重下降到4.3%，大大提高了对市场的反应速度；全球领先的运输公司KN自行开发的全程物流信息系统，分为六个渐进的层次提供信息服务，包括跟踪集装箱、确定订货单位置、跟踪每个货物、优化物流服务、物流配送等，同时信息系统能够做到传导图像资料，如发票、过关资料等。在没有轮船、汽车、飞机的情况下，公司通过应用该系统，对世界各地的物流资源进行有效组织利用，使公司的空运和海运达到全球领先地位。

三、国内智慧物流发展状况

（一）智慧技术应用现状

以物联网、云计算、大数据等为代表的智慧技术也已经开始在我国进行了广泛的应用，并已经显现成效。

但因为各种因素的影响，物流产业目前在我国仍然是智慧技术应用的"洼地"，中国物联网应用市场结构调查显示，物流应用仅占相关产业规模的 3.4%。智慧技术在智慧物流领域的应用还有巨大的发展空间。智慧技术应用主要包括物联网技术、大数据技术等。

1. 物联网技术应用现状

（1）感知技术应用状况

在物流信息化领域，我国应用最普遍的物联网感知技术为 RFID 技术，占 38%，目前 RFID 技术在各大物流公司已经迈出了一大步；其次是 GPS/GIS 技术，占 32%；视频与图像感知技术居第三位，占 9%；传感器感知技术居于第四位，不到 4%；其他感知技术在物流领域也有应用，不足 4%。

根据对相关资料的统计分析，多项感知技术集成应用的情况也较多，如 RFID 技术与传感器技术结合、GPS/GIS 技术与 RFID 技术结合、车载视频和 CPS 技术结合等。

（2）网络与通信技术应用状况

目前，在物流公司面对大范围的物流作业时，由于货物分布在全国各地，并且货物在实时移动过程中，所以，物流的网络化信息管理往往借助于互联网系统与企业局域网相结合应用，但也有企业全部采用局域网技术。在物流中心，物流网络往往基于局域网技术，也采用无线局域网技术，组建物流信息网络系统。

在数据通信方面，往往是采用无线通信与有线通信相结合，新的物流信息系统还大量采用了 5G 通信技术等先进的技术手段。根据对物流信息化案例的不完全统计，采用互联网技术的占 68%，采用局域网技术的占 63%，采用无线局域网技术的占 24%，有的系统采用多种网络技术。

（3）智能管理技术应用状况

根据对相关资料的统计分析，当前，物流信息系统能够实现对物流过程智能控制与管理的还不多。物流信息化还仅仅停留在对物品自动识别、自动感知、自动定位、过程追溯、在线追踪、在线调度等一般的应用，离数据挖掘、网络融合与信息共享优化、智能调度与线路自动化调整管理等智能管理技术应用还有很大差距。

只是在企业物流系统中，部分物流系统可以做到与企业生产管理系统无缝结合，智能运作；部分全智能化和自动化的物流中心的物流信息系统，可以做到全自动化与智能化物流作业。

2. 大数据技术

大数据技术能够让物流企业做到有的放矢，甚至可以做到为每一个客户量身定制符合他们自身需求的服务，从而颠覆整个物流业的运作模式。但是大数据技术在国内智慧物流领域应用还处在起步阶段，有更广阔的发展空间。

目前，大数据技术在物流企业中的应用主要包括以下几个方面。

（1）市场预测

依靠数据挖掘及分析，大数据技术能够帮助企业完全勾勒出其客户的行为和需求信息，通过真实而有效的数据反映市场的需求变化，从而对产品进入市场后的各个阶段做出预测，进而合理地控制物流企业的库存和安排运输方案，提高服务的质量。

以天猫为例，大数据技术的应用主要来自天猫与菜鸟网络的合作。在2021年的"双十一"期间，菜鸟网络根据历史数据，以及当年参与"双十一"活动的商家名单、备货量等信息进行了综合的数据分析预测。由于菜鸟网络早已提前掌握了大数据技术，用于指导商家、物流快递公司、消费者的物流信息联动，并运用物流数据雷达服务，为其提供详细的区域和网点预测，进而保证了物流配送效率。

大数据技术能够更加客观地帮助电商平台和快递公司做决策，优化物流体系，能够最大限度地帮助快递公司分拨不爆仓，提升快递"最后一公里"的服务质量。

（2）物流中心的选址

物流中心选址问题要求物流企业在充分考虑到自身的经营特点、商品特点和交通状况等因素的基础上，使配送成本和固定成本等之和达到最小，大数据技术中的分类树方法可以解决这类问题。

（3）优化配送线路

配送线路的优化是一个典型的非线性规划问题，它一直影响着物流企业的配送效率和配送成本。物流企业运用大数据来分析商品的特性和规格、客户的不同需求（时间和金钱）等问题，从而用最快的速度对这些影响配送计划的因素做出反应（比如选择哪种运输方案、哪种运输线路等），制定最合理的配送线路。而且企业还可以通过配送过程中实时产生的数据，快速地分析配送路线的交通状况，对于事故多发路段做出预警。

精确分析配送整个过程的信息，使物流的配送管理智能化，提高了物流企业的信息化水平和可预见性。

（4）仓库储位优化

合理地安排商品储存位置对于仓库利用率和搬运分拣的效率有着极为重要的意义。对商品数量多、出货频率快的物流中心，储位优化就意味着工作效率和效益。哪些货物放在一起可以提高分拣率，哪些货物适合存储的时间较短，大数据技术中的关联模式法能够分析商品数据之间的相互关系，以便合理地安排仓库位置。

（二）智慧物流公共信息平台建设现状

1. 总体现状

我国学者对现代物流公共信息平台的研究起步较晚，但是随着各级政府对现代物流公共信息平台建设的重视，以及物流行业发展对现代物流公共信息平台建设的要求，近几年在平台研究上取得了一系列成果。

我国关于现代物流公共信息平台的研究多集中于平台功能、体系结构和技术应用方面,并简单研究了平台的层次级别和运营模式。但是有关研究多处于理论层面,成果缺乏转化能力。而对于具体的运营模式缺乏足够的关注和分析,不利于平台建设运营,影响了平台的运营效率和效益,不能体现出平台的支撑服务作用。

所以,针对现有研究的不足,有必要在认识平台功能需求的基础上研究平台的运营模式,实现现代物流公共信息平台的可持续运营。

我国最具有代表性的现代物流公共信息平台案例主要包括:国家交通运输物流公共信息平台(LOGINK)、山东交通物流公共信息平台和阿里巴巴物流服务平台。

物流公共信息平台发展从功能设置上看,各地物流信息平台的功能设置呈多样化特征,但以电子商务和数据交换作为核心功能的平台居多,均占到平台总数的三成以上,各地物流市场对物流信息平台电子商务服务和数据交换服务的需求也最为集中;从服务对象上看,各地物流信息平台规划设计服务对象以物流企业为主,其中物流园区占比较高,但是平台的智慧性还是有很大提升空间的。

2. 代表企业发展现状

为满足企业、用户不同物流信息化需求,代表性的物流信息服务平台各具特色,有致力于打造第四方物流,专为中小物流企业提供会员服务和管理服务的平台,如上海"物流汇";有致力于打造既可以为用户提供"一站式"集成化的物流信息与交易服务、增值服务及云服务的智慧物流平台,如成都物流公共信息平台;也有致力于为天猫、淘宝平台上的电商提供基础设施和数据云服务的电子商务平台,如"聚石塔"。

3. 不足与展望

目前,我国智慧物流服务平台初步实现了物流信息的发布、共享、交易撮合及简单的增值服务,但就物流信息化水平而言,多数平台在技术及功能方面还远未达到智慧物流的水平,缺乏有效的产品和技术支撑,应用功能大多停留在信息发布,并且发布的信息缺乏有效审核、监管等。平台作用发挥受限、落地难,平台"叫好不叫座",因此我国的智慧物流公共信息服务平台建设仍然处雏形阶段。先进的物联网及云计算技术还未充分应用,如何实现运输透明化、路径最优化、配送智能化及管理和决策的科学化等,还是现代物流发展的短板。

第二节 大数据技术的发展现状与应用

一、大数据技术概述

大数据是一个较为抽象的概念,正如信息学领域大多数新兴概念,不同的行业对于大数据的定义不尽相同。

麦肯锡(美国首屈一指的咨询公司)是研究大数据的先驱。在其报告 big data: The next frontier for innovation , competition and productivity

中给出的大数据定义是：大数据指的是大小超出常规的数据库工具获取、存储、管理和分析能力的数据集。但它同时强调，并不是一定要超过特定 TB 值的数据集才能算是大数据。

国际数据公司（IDC）从大数据的四个特征来定义，即数据体量巨大（volume）、数据生成和处理的速度快（velocity）、数据类型繁多（variety）、数据价值密度低（value）。

亚马逊（全球最大的电子商务公司）的大数据科学家 John Rauser 给出了一个简单的定义：大数据是任何超过了一台计算机处理能力的数据量。

维基百科中只有短短的一句话："巨量资料（big data），或称大数据，指的是所涉及的数据量规模巨大到无法通过目前主流软件工具，在合理时间内达到撷取、管理、处理并整理成为帮助企业经营决策更积极目的的资讯。"

大数据技术是基于云计算的数据处理与应用模式，是可以通过数据的整合共享，交叉复用形成的智力资源和知识服务能力，是可应用合理的数学算法或工具从中找出有价值的信息，为人们带来利益的一门新技术。大数据核心问题的解决需要大数据技术。大数据领域已经涌现出大量新的技术，它们成为大数据采集、存储、处理和呈现的有力武器。

今后，大数据技术将在多个领域得到发展应用，大数据技术在我国物流领域的应用，有利于整合物流企业，实现物流大数据的高效管理，从而降低物流成本，提升物流整体服务水平，满足客户的个性化需求。

（一）大数据的基本特征

大数据通常是指数据规模大于 10 TB 以上的数据集。它除了具有典型的 4V 特征（volume，velocity、variety、value），即体量巨大、类型繁多、价值密度低、处理速度快的特征外，还具有数据采集手段的智能化、数据预测分析的精准化等特点。

1. 数据体量巨大

大数据最显著的特征是数据量巨大，一般关系型数据库处理的数据量在 TB 级，大数据所处理的数据量通常在 PB 级以上。随着信息化技术的高速发展，数据呈现爆发性增长的趋势。导致数据规模激增的原因有很多。首先是随着互联网的广泛应用，使用网络的人、企业、机构增多，数据获取、分享变得相对容易；其次是随着各种传感器数据获取能力的大幅提高，使得人们获取的数据越来越接近原始事物本身，描述同一事物的数据量激增。社交网络（微博、Twitter、Facebook 等）、移动设备、车载设备等都将成为数据的来源，数据来源的广泛必将带来巨大的数据量。

2. 数据类型繁多

大数据所处理的计算机数据类型早已不是单一的文本形式或结构化数据库中的表，它包括订单、日志、博客、微博、音频、视频等各种复杂结构的数据。大数据环境下的数据类型分为结构化数据、半结构化数据、非结构化数据。以最常见的 Word 文档为例，最简单的 Word 文档可能只有寥寥几行文字，但也可以混合编辑图片、音乐等内容,成为一份多媒体的文件,来增强文章的感染力。这类数据通常称为非结构化数据。与之相对应的另一类数据,就是结构化数据。这类数据可以简单地理解成表格里的数据,每一条都和另外一条的结构相同。每个人的工资条依次排列到一起,就形成了工资表。与传统的结构化数据相比,大数据环境下存储在数据库中的结构化数据仅约占20%,而互联网上的数据,如用户创造的数据、社交网络中人与人交互的数据、物联网中的物理感知数据等动态变化的非结构化数据占到80%。数据类型繁多、复杂多变是大数据的重要特性。

3. 数据价值密度低

大数据中有价值的数据所占比例很小,大数据的价值性体现在从大量不相关的各种类型的数据中,挖掘出对未来趋势和模式预测分析有价值的数据。数据价值密度低是大数据关注的非结构化数据的重要属性。大数据为了获取事物的全部细节,不对事物进行抽象、归纳等处理,直接采用原始的数据,保留了数据的原貌。由于减少了采样和抽象,呈现所有数据和全部细节信息,可以分析更多的信息,但也引入了大量没有意义的信息,甚至是错误的信息,因此相对于特定的应用,大数据关注的非结构化数据的价值密度偏低。

以当前广泛应用的监控视频为例,在连续不间断监控过程中,大量的视频数据被存储下来,许多数据可能是无用的。但是大数据的数据价值密度低是指相对于特定的应用,有效的信息相对于数据整体是偏少的,信息有效与否也是相对的,对某些应用是无效的信息对于另外一些应用则成为最关键的信息,数据的价值也是相对的。

4. 数据处理速度快

速度快是指数据处理的实时性要求高,支持交互式、准实时的数据分析。传统的数据仓库、商业智能等应用对处理的时延要求不高,但在大数据时代,数据价值随着时间的流逝而逐步降低,因此大数据对处理数据的响应速度有更严格的要求。实时分析而非批量分析,数据输入处理与丢弃要立刻见效,几乎无延迟。数据呈爆炸的形式快速增长,新数据不断涌现,快速增长的数据量要求数据处理的速度也要相应地提升,才能使得大量的数据得到有效的利用,否则不断激增的数据不但不能为解决问题带来优势,反而成了快速解决问题的负担,数据的增长速度和处理速度是大数据高速性的重要体现。

5. 数据采集手段智能化

大数据的采集往往是通过传感器、条码、RFID技术、GPS技术、GIS技术、Web搜索等智能信息捕捉技术获得所需的数据,这体现了大数据采集手段智能化的特点,与传统的人工搜集数据相比更加的快速,获取的数据更加完整真实。通过智能采集技术可以实时、方便以及准确地捕捉并且及时有效地进行信息传递,这将直接影响整个系统运作的效率。

6. 数据预测分析精准化

预测分析是大数据的核心所在,大数据时代下预测分析已在商业和社会中得到广泛应用，预测分析必定会成为所有领域的关键技术。通过智能数据采集手段获得与事物相关的所有数据，包括文字、数据、图片、音视频等类型多样的数据，利用大数据相关技术对数据进行预测分析，得到精准的预测结果，从而可以对事物的发展情况做出准确的判断，获得更大的价值。

（二）大数据技术数据处理的基本环节

大数据来源于互联网、企业、物联网等系统，用于支撑企业决策或业务的自动智能化运转。目前大数据已广泛应用于医疗、娱乐、金融业、商业服务、运输物流业、通信、工程建设等诸多领域。大数据的成功应用，要经过数据捕捉、数据存储管理、数据计算处理、数据挖掘分析及数据知识展现五个主要环节。

1. 数据捕捉环节

主要是从本地数据库、互联网、物联网等数据源导入数据，包括数据的提取、转换和加载（Extract Transform Load，ETL）。大数据的来源多种多样，既包括企业 CRM/ERP 等内部数据库、网页索引库或 SNS 等公众互联网，也可包括传感网或 M2M 等物联网，不仅数量庞大，而且更加参差不齐、杂乱无章。这就要求系统在采集环节能够对数据去粗取精，同时还能尽可能保留原有语义，以便后续分析时参考。

2. 数据存储管理环节

数据的存储、管理是数据处理的两个细分环节，这两个细分环节之间的关系极为紧密。数据管理的方式决定了数据的存储格式，而数据如何存储又限制了数据分析的广度和深度。除对海量异构数据进行高效率的存储之外，还要适应多样化的非结构化数据管理需求，具备数据格式上的可扩展性并能够提供快速读写和查询功能。

3. 数据计算处理环节

该环节需要根据处理的数据类型和分析目标，采用适当的算法模型快速处理数据。海量数据处理要消耗大量的计算资源，就传统单机或并行计算技术来说，速度、可扩展性和成本上都适应不了大数据的新需求。分布式计算成为大数据的主流计算机构，但在实时性方面还需要大幅度提升。

由于数据的价值会随着时间的推移不断减少，实时性成了大数据处理的关键。而数据规模巨大、种类繁多、结构复杂，使得大数据的实时处理极富挑战性。数据的实时处理要求实时获取数据，实时分析数据，实时绘制数据，任何一个环节慢都会影响系统的实时性。

当前，互联网络及各种传感器快速普及，实时获取数据难度不大，而实时分析大规模复杂数据是系统的瓶颈，也是大数据领域亟待解决的核心问题。

4. 数据挖掘分析环节

此环节需要从纷繁复杂的数据中发现规律，提取新的知识，是大数据体现价值的关键。传统数据挖掘对象多是结构化、单一对象的小数据集，挖掘更侧重根据先验知识预先人工建立模型，然后依据既定模型进行分析。对非结构化、多源异构的大数据集的分析，往往缺乏先验知识，很难建立数学模型，这就需要发展更加智能的数据挖掘技术。

据 IDC 统计，2021 年，若经过标记和分析，数据总量中 23% 将成为有效数据，大约为 643 EB；但实际上只有 3% 的潜在有效数据被标记，大量的有效数据不幸丢失。预计到 2025 年，若经过标记和分析，将有 33%（13 000 EB）的数据成为有效数据，具备大数据价值。价值被隐藏起来的数据量和价值被真正挖掘出来的数据量之间的差距巨大，产生大数据鸿沟，对多种数据类型构成的异构数据集进行交叉分析的技术，是大数据的核心技术之一。

5. 数据知识展现环节

大数据技术的战略意义不在于掌握庞大的数据信息，而在于对这些含有意义的数据进行专业化处理，将海量的信息数据在经过分布式数据挖掘处理后将结果展现出来。数据知识展现主要是借助于图形化手段，清晰有效地传达与沟通信息。依据数据及其内在模式和关系，利用计算机生成的图像来获得深入认识和知识。数据知识展现环节主要是以直观的便于理解的方式将分析结果呈现给用户，进而通过对数据的分析和形象化，利用大数据能够推导出量化计算结论，同时应用到行业中去。

二、大数据技术的基本思想

大数据是继云计算之后抢占市场制高点的又一领地，它既是社会经济高度发展的结果，也是信息技术发展的必然。大数据开启了一次重大的时代转型，正在改变生活及理解世界的方式，它是一场生活、工作和思维的大变革。大数据的出现，使得通过数据分析可以预测事物发展的未来趋势，探索得知事物发展的规律。大数据将逐渐成为现代社会基础设施不可或缺的一部分，在社会、经济等各个领域发挥越来越重要的作用。大数据时代，数据成为越来越有用的资源，大数据技术的基本思想主要体现在以下三个方面。

（一）由分析随机样本转变为分析全体数据

在小数据时代，由于记录、储存和分析数据的工具不够发达完善，只能收集少量数据进行分析，信息处理能力受到一定的限制，只能随机抽样进行分析，抽样的目的就是用最少的数据获得最多的信息。

苹果公司的传奇总裁乔布斯在与癌症斗争的过程中采用不同的方式，成为世界上第一个对自身所有 DNA 和肿瘤 DNA 进行排序的人。他得到的不是一个只有一系列标记的样本，而是包括整个基因密码的数据文档。乔布斯的医生们能够基于乔布斯的特定基因组成，按所需效果用药。如果癌症病变导致药物失效，医生可以及时更换另一种药。乔布斯曾说我要么是第一个通过这种方式战胜癌症的人，要么就是最后一个因为这种方式死于癌症的人。虽然他的愿望都没有实现，但这种获得所有数据而不仅是样本的方法还是将他的生命延长了好几年。

此外，谷歌流感趋势预测也不是依赖于对随机样本的分析，而是分析了整个美国几十亿条互联网检索记录。分析整个数据库，而不是对一个样本进行分析，能够提高微观层面分析的准确性，甚至能够推测出某个特定城市的流感状况，而不只是一个州或是整个国家的情况。因此在大数据时代，需要放弃样本分析这种方法，选择收集全面而完整的数据；需要足够的数据处理和存储能力，也需要最先进的分析技术。

在大数据时代，随着数据分析技术的不断提高，可处理的数据量大大增加，对事物理解的角度将比以前更大更全面，分析更多甚至所有的数据，不再依赖于随机抽样。大数据技术就是指不采用随机分析方法而采用所有数据的方法，在大数据时代由分析随机样本转变为分析全体数据。

（二）由追求数据精确性转变为接受数据混杂性

过度注重精确性是小数据时代的特点。对"小数据"而言，最基本、最重要的要求就是减少错误，保证质量。因此收集的信息量比较少，所以必须保证记录下来的数据尽量准确。而在大数据时代只有5%的数据是结构化且能适用于传统数据库的，如果不关注混杂的数据，95%的非结构化数据都无法被利用，分析得到的结果也就不会精确。

小数据时代的数据分析，更多的是精确的样本、深度的数据挖掘"精确"就是其代名词。不符合规格的样本被过滤掉，然后再深度挖掘数据字段间的关系，得出几个精确无比的结果。但大数据更多的是通过对各种数据分析得出某种趋势，这种趋势不必过于精确。

2006年，谷歌公司开始涉足机器翻译，这被当作实现"收集全世界的数据资源，并让人人都可享受这些资源"这个目标的一个步骤。谷歌翻译开始利用一个更大更繁杂的数据库，也就是全球的互联网，而不再只利用两种语言之间的文本翻译。谷歌翻译系统为了训练计算机，会吸收它能找到的所有翻译。它会从各种各样语言的公司网站上寻找对译文档，还会去寻找联合国和欧盟这些国际组织发布的官方文件和报告的译本。它甚至会吸收速读项目中的书籍翻译。所以较其他翻译系统而言，谷歌的翻译质量相对而言是最好的，而且翻译的内容更多。谷歌翻译之所以更好并不是因为它拥有一个更好的算法机制。和微软的班科和布里尔一样，这是因为谷歌翻译系统增加了很多各种各样的数据。

相比依赖于小数据和精确性的时代，大数据因更强调数据的完整性和混杂性，使得事情的真相更加清晰。因此只有接受数据的不精确性和完整性，才能发现事物的真相。

（三）由注重因果关系转变为注重相关关系

在小数据时代，因果关系对事物的发展起着很关键的作用，但在大数据背景下，相关关系发挥的作用更大。通过应用相关关系，使对事物的分析更容易、更快捷、更清楚。通过寻找相关关系，可以更好地捕捉现在的状态和预测未来的发展状况。如果A和B经常一起发生，我们只需要注意到B发生了，就可以预测A也发生了。这有助于我们捕捉可能和A一起发生的事情，即使我们不能直接测量或观察到A。更重要的是，它还可以帮助人们预测未来能发生什么。

沃尔玛公司是世界上最大的零售商，拥有超过200万的员工，年销售额约4500

亿美元,比大多数国家的国内生产总值还多。在20世90年代,零售链通过把每一个产品记录为数据而彻底改变了零售行业。沃尔玛公司通过对历史交易记录这个庞大的数据库进行观察,深入分析每一个顾客的购物清单、消费额、购物篮中的物品、具体的购买时间甚至购买当日的天气,发现了其中有趣的相关关系。沃尔玛公司注意到,每当在季节性飓风来临之前,不但手电筒销售量增加了,而且蛋挞的销量也增加了。因此当季节性飓风来临时,沃尔玛会把库存的蛋挞放在靠近飓风用品的位置,以方便行色匆匆的顾客,也增加了销量。

因此在大数据时代相关关系已被证明大有用途,建立在相关关系分析法基础上的预测是大数据的核心,大数据相关关系分析法更准确、更快,而且不易受偏见的影响。大数据时代探求的是事物本身而不是事物背后的原因,相关关系使事物更加清晰地呈现。

三、大数据技术组成

根据大数据技术处理的五个主要环节,大数据处理关键技术包括大数据捕捉技术、大数据存储管理技术、大数据处理技术,大数据预测分析技术、大数据可视化技术五类技术,其中大数据捕捉技术是其他技术应用的基础。

(一)大数据捕捉技术

大数据捕捉是指通过社交网站、搜索引擎、智能终端等方式获得的包括普通文本、照片、视频、位置信息、链接信息等类型多样的海量数据。数据捕捉环节是大数据预测分析的根本,是大数据价值挖掘最重要的一环,其后的集成、分析、管理都构建于数据捕捉的基础上。大数据捕捉技术包括条码技术、RFID技术、GPS/GIS技术、Web搜索、社交媒体等技术。

(二)大数据存储管理技术

大数据存储管理是用存储器把采集到的数据存储起来,建立相应的数据库,并进行管理和调用。大数据存储系统不仅需要以极低的成本存储海量数据,还要适应多样化的非结构化数据管理需求,具备数据格式上的可扩展性。大数据存储管理技术包括云存储技术、SQL/NoSQL技术、分布式文件系统等。云存储技术是通过集群应用、网络技术或分布式文件系统等,将网络中大量各种不同存储设备集合起来协同工作,共同对外提供数据存储和业务访问功能的一个系统。

NOSQL技术是通过不断增加服务器节点从而扩大数据存储容量的技术。分布式文件系统可以使用户更加容易访问和管理物理上跨网络分布的文件,可实现文件存储空间的扩展和支持跨网络的文件存储。

(三)大数据处理技术

大数据处理技术主要完成对已接收数据的辨析、抽取、清洗等操作。因为获取的数据可能具有多种结构和类型,数据抽取过程可以将复杂的数据转化为单一的或者便于处理的构型,以达到快速分析处理的目的。大数据处理技术包括批处理技术、交互式处理技术，流式处理技术。批处理技术适用于先存储后计算，实时性要求不高，同时数据的准确性和全面性更为重要的情况。

流式数据处理是对实时数据进行快速的处理。交互式数据处理是操作人员和系统之间存在交互作用的信息处理方式，具有数据处理灵活、直观和便于控制的特点。

（四）大数据预测分析技术

大数据预测分析技术除了对数量庞大的结构化和半结构化数据进行高效率的深度分析、挖掘隐性知识外，还包括对非结构化数据进行分析，将海量复杂多元的语音、图像和视频数据转化为机器可识别的、具有明确语义的信息，进而从中提取有用的知识。

大数据预测分析技术包括关联预测分析、聚类预测分析及联机预测分析。关联预测分析是一种简单、实用的分析技术，用来发现存在于大量数据集中的关联性或相关性，从而描述事物中某些属性同时出现的规律和模式。聚类预测分析是一组将研究对象分为相对同质的群组的统计分析技术，是一种探索分析技术。联机预测分析是处理共享多维信息的、针对特定问题的联机数据访问和联机分析处理的快速软件技术。

（五）大数据可视化技术

数据可视化是把数据转换为图形的过程。通过可视化技术，大数据可以以图形、图像、曲线甚至动画的方式直观展现，使研究者观察和分析传统方法难以总结的规律。可视化技术主要分为文本可视化技术、网络可视化技术、时空数据可视化技术、多维数据可视化技术等等。

文本可视化是将文本中蕴含的语义特征直观地展示出来，典型文本可视化技术是标签云，将关键词根据词频或其他规则进行排序，按照一定规律进行布局排列，用大小、颜色、字体等图形属性对关键词进行可视化。网络（图）可视化的主要内容是将网络节点和连接的拓扑关系直观地展示，H 状树、圆锥树、气球图等都属于网络可视化技术。时空数据是指带有地理位置与时间标签的数据。时空数据可视化重点对时间与空间维度及与之相关的信息对象属性建立可视化表征，对与时间和空间密切相关的模式及规律进行展示，流式地图是一种典型的时空数据可视化技术。多维数据指的是具有多个维度属性的数据变量，常用的多维可视化技术有散点图、投影及平行坐标等。

四、大数据技术在物流领域的应用分析

（一）大数据技术在智慧物流商物管控中的应用分析

大数据背景下智慧物流商物数据包括智慧物流大宗商品数据与智慧物流零售商品数据。大宗商品数据是指大宗商品在智慧物流过程中产生的相关物流数据。零售商品数据主要包括零售商品在运输、仓储、配送等物流环节产生的相关数据，如零售商品本身的数据、生产销售商的数据、客户需求数据等。

运用大数据技术采集捕捉商品的品类数量、流量流向、需求分配、生产厂商、供应商等数据，对这些数据加以分析挖掘，实现对商品货物在业务方面、管理控制方面

及应用方面的服务。

在业务方面，根据商品的类型可为客户提供食品类物流服务，五金类物流服务、化工类物流服务等。根据货物的性质，可以为客户提供针对普通货物和特殊货物的服务。根据产品的类型可为客户提供工业商物物流服务和农业商物物流服务。

在管理控制方面，可以实现对商物核心节点及商物通道的管控，区分哪些节点是枢纽型节点，哪些节点是资源型节点，哪些节点是加工型节点及哪些节点是综合型节点，同时对涉及商物的基础设施网络、能力网络、信息网络、组织网络实现管理控制。

在应用服务方面，可以通过对一系列数据的预测分析，进一步实现货物的流量流向预测、流量调控、流向分布分析，线路优化选择及运输方式选择等方面的管控。

（二）大数据技术在智慧物流供应链管理中的应用分析

供应链是物流的扩展和延伸，物流供应链主要涉及采购物流、生产物流、销售物流等物流环节，在各个环节会产生海量的数据。采购物流数据主要指包括原材料等一切生产物资的采购、进货运输、仓储、库存管理、用料管理和供应管理过程中产生的数据，主要包括供应商基本数据、采购计划数据、原料运输数据、原料仓储数据及采购成本数据。

销售物流数据是指生产企业、流通企业出售商品时，物品在供方与需方之间的实体流动的过程中所产生的数据，主要包括销售计划数据、包装数据、仓储数据、运输配送数据、装卸搬运数据，流通加工数据、订单数据、销售网络数据等。生产物流数据是生产工艺中的物流活动中产生的数据，主要包括生产计划数据、生产成本数据、生产原料数据、生产状态数据。这些数据中既包括数据库、二维表等结构化数据，网页、文本文件等半结构化数据，也包括视频、音频等非结构化数据。

在大数据背景下，运用大数据技术对数据进行采集捕捉、存储管理、计算处理、分析挖掘，进而应用于智慧物流供应链管理中，可为客户提供包括核心业务服务、辅助业务服务及增值业务服务等多样化的供应链物流服务。下面简要介绍核心业务和辅助业务。

1. 核心业务

核心业务主要是针对采购物流、生产物流、销售物流等物流环节。采购物流环节，主要是根据系统平台已有信息，由大数据驱动选择合适的供应商并且提出采购需求，供应商按照采购要求的时间和配送方式完成配送；生产物流环节，利用智慧物流关键技术，对生产过程的物料管理、物流作业、物流系统状态监控等物流活动和信息进行组织与控制等；销售物流是物流供应链的最后一个环节，该环节在智慧物流情境下，货物的信息被自动感知设备感知，销售出货品，货架能够自动识别并向系统报告该货物的移动情况，使用者通过货物标签接入系统，也可以获得关于货物的所有信息。

2. 辅助业务

辅助业务主要针对加工和流通环节，大数据技术的应用可以对该环节实现全程控制，提供实时服务。增值业务环节主要是根据大数据分析，为客户提供资源整合、物流供应链优化延伸、物流供应链集成等方面的服务。

在大数据背景下,通过对信息流、物流、资金流的控制,从采购原材料开始,再到生产,最后由销售网络把产品送到消费者手中,为客户提供优质、高效、全方位的服务,最终实现物流供应链的一体化。

(三)大数据技术在智慧物流业务管理中的应用分析

智慧物流业务数据包括运输数据、仓储数据、配送数据、包装加工数据、装卸搬运数据等等。

(1)运输业务作为智慧物流的核心业务,其进行过程中的数据较多。按照其作用的不同,分为运输基础数据、运输作业数据、运输协调控制数据和运输决策支持数据等。

(2)仓储业务是智慧物流业务中的静态业务,主要业务内容是将产品及相关信息在进行分类、挑选、整理、包装加工等生产活动后,集中到相应空间进行保存的过程。仓储业务数据可以分为仓储基础数据、仓储作业数据、仓储协调控制数据和仓储决策支持数据。

(3)配送是物流的最后一个环节,在智慧物流中,可以实现动态地配送,利用物联网等先进技术及时获得交通信息、用户需求等因素的变化情况,制订动态的配送方案,完成高效率、高品质的配送。配送数据就是在这个过程中产生的数据,可以分为配送基础数据、配送作业数据、配送协调控制数据和配送决策支持数据。

在智慧物流中,除运输、仓储和配送这三大核心业务之外,还有包装、流通加工和装卸搬运这三个辅助业务。根据数据的作用不同,可以将其分成其他业务基础数据、其他业务作业数据、其他业务协调控制数据和其他业务决策支持数据。

在物流业务过程中,采用RFID、GPS/GIS、传感器等智能终端完成海量数据的采集捕捉,运用大数据存储管理技术实现大数据的管理,通过云计算、并行处理器、互联网技术对数据进行计算处理分析,得出最优的解决方案,从而实现智能运输、自动仓储、动态配送和信息控制核心业务的管理。

智能运输可以实现实时运输路线追踪、货物在途状态控制和自动缴费等功能,极大限度地提高了货物运输的安全性和智能性;自动仓储能够对货物验收、入库、定期盘点和出库等环节实现自动化和智能化,并且在提供货物保管服务的同时监控货物状态;动态配送可以根据及时获得的交通条件、价格因素、用户数量及分布和用户需求等因素的变化情况,对其考虑、制订动态的配送方案,在提高配送效率的同时提高服务品质;智能信息控制的应用可进一步提高整个物流的反应速度和准确度。

除此之外,大数据背景下的智慧物流业务管理还要为客户提供增值的服务,如物流系统的设计与优化、物流决策支持、物流咨询等,最终达到一体化和信息化的管控服务。

通过分析大数据技术在智慧物流商物管控、智慧物流供应链管理、智慧物流业务管理不同层面的应用,明确了大数据背景下物流发展的方向和提供的服务内容。大数据技术的应用可以实现商物管控在时间、空间上的智能化,实现物流供应链管理的一体化，实现物流业务在智能运输、自动仓储、动态配送等方面的科学管理控制。

第三节 大数据背景下智慧物流的运营与服务模式

一、大数据背景下智慧物流运营框架设计

（一）大数据背景下一般企业发展模式

大数据技术为传统行业带来巨大的挑战和机遇。在大数据时代，需要对传统行业概念进行重新审视。大数据不仅是一种技术，更多的是一种思维方式。根据一般企业利用大数据思想的发展模式，分析总结其经历的三个阶段。

1. 数据原始积累

大数据的基础就是数据的积累。企业只有通过长期的日常运营，才能获得最原始、最真实的数据，完成原始积累。数据的积累符合"飞轮效益"，即在积累的初期往往较为困难，很容易被忽视，而随着数据增长速度越来越快，累积数据量剧增，数据将成为企业的财富，成为未来发展的基石。这些数据具有不同数据类型，以格式化或非格式化的形式体现。

2. 数据优化业务

（1）对数据进行整合

因为数据之和的价值远大于数据的价值之和，分散的数据并不能产生价值，只有将这些数据进行整合，消除数据孤岛，才能用现有数据挖掘所在行业的潜力，真正展现数据的价值。

（2）数据完整呈现

在传统时代，企业的决策判断大部分基于经验。但在大数据时代，数据的积累和整合能将整个数据的场景完整地呈现出来，数据在整个行业里的流动过程、业务的衔接过程清晰透明。

（3）实现精准预测

根据数据的呈现，将传统业务进行整合，提高了传统业务效率，实现对原有业务的优化，最终实现资源的最佳配置。

3. 数据整合产业链

数据不仅能够优化现有的业务，更大的价值在于数据能够成为新的生产要素，成为企业的核心资产。企业更加关注如何创造性地利用数据这一资产，挖掘出数据的最大价值，产生新的业务机会这一战略命题。当企业拥有了广泛的产业数据，不仅拥有对本行业基本信息的掌握和洞察，更重要的是拥有了其他企业没有的生产资料。拥有了大数据的企业将成为该产业的主导者和规则的制定者。企业完全可以突破原有的行

业疆域和边界，向行业以外扩展。从产业链的角度分析，企业可以实现向产业链上游的跃升，实现对产业链下游的控制，从而实现整条产业链的垂直整合。

（二）大数据背景下智慧物流运营流程

智慧物流的运营需要运用物流信息的捕捉技术、推送技术、处理技术、分析技术和预测技术等，在大数据背景下，智慧物流服务呈现出一体化、网络化、移动化、智能化等新特点。分析其运营的全过程，智慧物流运营流程主要包括数据采集数据存储、数据应用、客户服务等环节。

智慧物流的运营首先利用物流数据感知和采集工具，通过RFID、GPS、GIS、红外传感器等技术采集物流现场数据，通过移动互联网、有线网络、卫星等与云计算中心进行即时的、分时的或离线的数据交流；然后通过网络将物流数据传递到数据中心，所传输的数据包括普通物流数据、物流管理数据、物流金融数据和物流设备数据，这些数据以格式化或非格式化的形式体现；通过虚拟化等技术实现物流数据的存储，运用数据分析、关联、挖掘等处理技术对数据进行计算，整合，对物流所需软件、设备、物资进行资源化管理、仓储管理、路径计算、运输管理、装卸管理甚至包括资金管理，并能够根据数据中心提供的数据整合掌握更加清晰的物流企业运营状态，为物流企业管理者掌握企业发展动态提供科学和翔实的数据。

企业能够通过客户端应用程序获取物流相关信息并发布对应的措施，物流客户能够通过普通的PC浏览器、平板电脑、手机的客户端查询物资流通的具体状态。

（三）大数据背景下智慧物流运营框架

传统物流体系具有成本高、效率低、决策缓等不足，早已不能满足现代物流的发展要求，物流信息多样、复杂使物流活动重复性高、信息追溯能力差，物流无法有效连接生产和销售环节，难以从日常交易数据中挖掘出更具价值的信息。随着客户需求的多样化、个性化，客户对物流服务的要求不断提高。

借助大数据技术，智慧物流能够分析过去的历史数据，检测现在的业务状况，预测未来趋势，为不同职责的人员提供更贴切的数据视图，为管理层的业务决策提供依据。智慧物流系统以为客户提供优质服务为最终目的，从宏观、中观、微观三个角度进行分析，形成完整的智慧物流运营框架。

1. 宏观层面：智慧物流商物管理

智慧物流商物管理以达到供需平衡为目的。根据相关规定，对商品及物品进行分类，统计不同品类商品的流量和流向。针对需求构建指标体系，建立合适的模型，通过对大量数据的处理分析发掘潜在规律，为优化物流节点和通道布局提供参考依据。

物流网络由线路和节点构成，全部物流活动都是在线路和节点进行的。物流网络是智慧物流运营的基础，通过网络的设置实现对物流资源的优化配置。物流网络本身就代表对资源的布局进行管控，在大数据背景之下，利用历史数据能够精准预测未来趋势，科学地规划节点的布局和线路的建设，还能够优化现有布局或者路径选择，提升资源管控能力和资源利用水平。

2. 中观层面：智慧物流供应链管理

智慧物流供应链管理是从企业物流出发。供应链管理是物流发展的必然趋势，是所有实业经济发展的必然趋势。供应链是智慧物流的发展方向。供应链是指从原材料采购开始，制成中间产品及最终产品，最后把产品送到消费者手中，将供应商、制造商、分销商、零售商，直到最终用户连成一个整体的功能网链结构。智慧物流中供应链管理就是对整个供应链系统进行计划、协调、操作、控制和优化的各种活动与过程。

企业在进行采购、供应、生产、销售、回收等流程中，通过对协同合作、流程处理与使用者行为等进行分析，以业务整合与以用户为核心的观点看待整个物流流程，并立即针对分析结果进行反应，以达到提高业务销售、行销成效、供应链效率与消费者满意度等效果。

智慧物流供应链体现了整合与协调的思想，是一种全过程的集成化管理模式，从消费者的角度，通过企业间的协作，谋求供应链整体最佳化。在大数据背景下，数据在整个供应链中的流动过程清晰呈现，有助于构建面向生产企业、流通企业和消费者的社会化共同物流体系，实施商流、物流、信息流、资金流的一体化运作。

3. 微观层面：智慧物流业务管理

智慧物流业务管理是从物流企业的角度出发，物流业务包括库存、运输、包装、配送等多环节。传统的物流服务仅限提供一项或数项独立的物流功能，而现代物流，特别是在大数据背景下的现代物流，更关注于物流服务的一体化。智慧物流业务管理就是通过对物流业务的再造和优化形成精简化、核心化、高效化的流程。

在大数据背景下，实现对货物仓储、配送等流程的有效控制，整个物流过程可视化，在此基础上整合原有作业流程，提升管理精细化和协同水平，从而降低成本，提高效益，优化服务。

4. 智慧物流服务

为客户提供更加高效便捷的物流服务是发展智慧物流的最终目的。一体化、网络化、移动化、可视化、虚拟化成为物流的新趋势和新特点。

一体化服务强调物流服务的便捷性和可延伸性；移动化服务基于移动互联技术的发展，满足物流信息时效性要求；网络化服务强化分散资源的整合，以获得资源的高效、充分利用；战略联盟服务重点突出合作发展的优势，能够凸显各合作方的长处；可视化服务基于先进的信息采集捕捉技术，使整个物流过程完整呈现，增加了物流活动的可控性；虚拟化服务侧重物流资源共享和优化配置。

二、智慧物流服务模式研究

服务模式选择是智慧物流提供客户高效快捷服务的前提。基于智慧物流服务的全面化、智能化和系统化，以及不同的服务模式的特点和内容，在大数据背景下的智慧物流服务模式中，平台模式是智慧物流服务的主要方式，典型的智慧物流服务模式包括基于 SOA 物流服务模式，基于物联网物流服务模式等。

（一）智慧物流服务模式

智慧物流服务模式根据不同的分类方式分为不同的类别。按照物流服务提供方不同可分为第一方物流服务、第二方物流服务、第三方物流服务和第四方物流服务；按照提供方式不同可分为自营、第三方、"1+3"和基于管理平台的服务模式；按照平台方式可以分为一体化服务模式、网络化服务模式、虚拟化服务模式和移动化服务模式。

1. 一体化服务模式

一体化服务模式是以信息平台为基础，根据客户的需求，从原材料采购到产成品分销的整个供应链的流程方案，整合、协调和管理涉及整个流程的资源。一体化服务不是若干物流功能服务的简单汇总，而是提供综合物流服务整体解决方案，扮演物流参与者的角色；将多个物流功能服务进行整合，对物流运作进行总体设计和管理，扮演的是物流责任人角色。一体化物流服务的市场竞争，实际上是物流解决方案合理性的竞争。

一体化服务模式强调和客户之间的关系不是价格博弈的关系，而是双赢的合作伙伴关系。站在客户的立场上，为其提供合理化、差异化、个性化的物流服务解决方案，进而延伸物流增值服务，即是物流核心业务服务（通过运输、仓储、配送等功能实现物品时间与空间的转移）向增值服务延伸；由物流功能服务向管理服务延伸；由物流服务向信息流、资金流服务延伸。

2. 网络化服务模式

网络化服务模式是以互联网和实体网络为支撑，并将分散的物流资源有效整合的一种服务模式。它使原本呈现出分散态势的物流信息资源，通过网络信息平台实现了整合，使物流企业之间突破了地域的界限，在计算机网络这个空间相互交流、协作，并且实现了优势互补；每个智慧物流服务通过网络平台实现相互衔接，最终实现物流服务全过程的整合。

与此同时，为了能够使各种物流服务整体优化，网络化服务模式将服务功能建立在满足服务使用者的基础之上，做到高效益、高精确度的服务，促进智慧物流服务由智慧物流服务的规模化、综合化逐渐向自动化和信息化迈进。

3. 虚拟化服务模式

虚拟化服务模式是以计算机网络技术进行物流运作与管理，实现企业间物流资源共享和优化配置的物流服务方式。其依靠物流及供应链信息集成平台，通过物流组织、交易、服务、管理方式的虚拟网络化，以获取物流领域的规模化效益为纽带，以先进的信息技术为基础，以达到供应链信息共享为目的，实现物流的高速、安全、可靠、低费用。

虚拟化服务模式一般借助虚拟物流企业，它是由功能合理分配的、信息和运作一体化的、利益共享的，对社会物流需求而言又是整合众多原先物流各环节承担者所组成的物流共同体。

由于智慧物流服务已不仅仅局限于运输与仓储领域，还包括上游的采购职能和下游的配送和销售职能及对反向物流的处理职能，因此，虚拟化服务不仅要处理供应链过程中的基本环节，还要实现对贸易职能的整合。虚拟化服务是前端服务与后端服务的集成，前端服务包括咨询服务（确认客户需求）、网站设计及管理、客户集成方案实施等；后端服务主要包括订单管理、仓储与分拨、运输与交付、退货管理、客户服务及数据管理与分析等。

4. 移动化服务模式

物流信息具有很强的时效性、动态性，信息价值衰减速度快，对物流信息的管理及时性要求高，如订单处理、配送管理和运输管理对信息的实效性要求很高。因此为了进一步降低运作成本，提高工作和沟通效率，加强企业竞争力，移动信息化服务彰显出自己的优势。

移动化物流服务模式充分运用信息化手段和现代化方式，以信息平台为依托，对物流市场做出快速反应，对物流资源进行全方位整合，实现物流信息系统的移动化，提供高品质、多功能、全方位的物流服务。

移动化服务模式从最初的信息采集概念拓展为包括前端数据采集、数据无线传递及集成管理的物流管理信息系统，具体地说如实时货运查询、及时主动推送给用户、工作人员之间需要及时交互、实时调度、信息发布和企业内部移动办公等。移动化服务模式可以有效地满足物流行业的服务特点与需求特征，实现物流企业不受时空限制，实现信息共享，提高运输过程的合理性与安全性，提高企业精细化管理程度，从而真正满足了物流信息的时效性要求和物流服务的全方位多功能需求。

（二）典型智慧物流服务模式

平台模式作为智慧物流服务的主要实现方式，根据技术类型分类包括基于 SOA 的物流服务模式、基于物联网的物流服务模式、基于大数据的物流服务模式、"云物流"服务模式四个典型模式。

1. 基于 SOA 物流服务模式

基于 SOA 的物流服务模式是一种基于 SOA 构建的物流信息平台实现服务的模式，以信息技术为依托，通过集成供应商、物流服务商、企业用户的资源信息，协调优化供应链上的物流资源，整合和升级物流服务的各个系统，完成"一站式"专业化的智慧物流综合服务，实现行业资源共享，发挥物流的整体优势，促进物流资源的整合。

基于 SOA 的物流信息平台以透明方式提供了物流管控功能服务，如物流信息发布、配载服务、车辆调度服务、货物跟踪及运输计划制订、物流企业业务管理等，也提供了一系列的增值服务和决策服务，如智能配载、物流配送车辆调度优化、虚拟仓库、物流方案设计、客户价值分析、决策支持、供应链物流解决方案等等。

基于 SOA 的物流服务模式通过平台达到信息共享、用户物流服务需求下达和系统与用户的交互；对供应商、物流服务商、企业用户等物流信息进行集成。运用物流数据，物流服务实现供应链上的各种物流资源优化。

2. 基于物联网的物流服务模式

基于物联网的物流服务模式是基于物联网构建的物流信息平台实现的一种服务模式，将物联网技术应用到包括原材料采购、生产制造、包装再加工、出库入库、装卸搬运、仓储运输及物流配送等物流服务在内的物流业务运作过程和解决方案制订中，同时采取信息化的方案和手段进行综合优化和处理，从而提高智慧物流系统对于各项物流资源的整合能力，并在上下游企业物流供应链范围内实现物流信息资源的共享和高效率运作，实现企业与政府之间、物流企业之间、企业与客户之间的物流信息和物流功能共享，以优化物流业务流程和实现物流运作过程的智能化和可视化，从而达到智慧物流服务的全面与高效。

3. 基于大数据的物流服务模式

基于大数据的物流服务模式是以物流平台为依托，利用大数据和通信网络技术，提供物流信息，技术、设备等资源共享服务，依靠大数据处理能力、标准的作业流程、灵活的业务覆盖、精确的环节控制、智能的决策支持及深入的信息共享来完成物流行业各环节所需要的信息化要求和服务需求，面向社会用户提供信息服务、管理服务、技术服务和交易服务。

基于大数据的物流服务模式依靠以下几步实现。

（1）大数据系统

这是在端前跟客户相联系与沟通，通过电子商务、社交网络、传感器等方式探测客户，收集和提取数据；然后进行数据分析，建立大数据仓库，对于数据信息整合，提供完整的数据生命周期管控。

（2）依靠物流公共信息平台

该平台一方面通过数据接口端向客户市场开放，另一方面通过数据接口端接收大数据信息。大数据为客户提供海量物流服务信息，包括各类物流装备资源信息、物流人力资源信息、物流方案设计能力和资源信息、物流公共服务信息和政策资源信息、物流金融信息等，这些信息汇聚成虚拟的物流资源和能力供客户搜索、查询。

（3）物流管理平台

它是集物流商信息共享、协同工作、资源整合、流程再造、商业智能和决策分析于一身的综合性的物流服务平台，主要任务是通过RFID、GPS等技术，准确、快捷地处理客户订单，调度和指挥各类物流资源，实现"一站式物流服务"和对资源的优化配置和监管。

依靠物流公共信息平台和管理平台，聚集所有的物流商如仓储公司、运输公司、第三方物流企业、第四方物流企业、货代公司、物流方案咨询商、银行及保险公司等，向客户提供订单服务、运输服务、仓储服务、信息服务、金融服务、咨询服务、代理一关三检、保险服务等全方位的商务管控、供应链运营和物流业务服务，基于大数据的物流服务架构如图9-13所示。

4. "云物流"服务模式

物流云服务是指基于云计算等信息技术的一种面向供应链的物流服务模式，在网络技术支持下,通过物流云服务平台整合物流资源和客户资源,并按照客户需求智能管理和调配物流资源(物流云),为客户定制和提供安全、高效、优质廉价、灵活可变的个性化物流服务的新型物流服务模式。

物流云服务模式实现各类物流资源包括运输工具、运输线路、仓储资源、信息资源和客户资源,为物流服务系统全生命周期过程提供可随时获取、按需使用的个性化物流服务。"云物流"服务模式包括以下三点鲜明特征。

(1)为客户提供个性化、专业化、便捷的物流服务,提升客户服务价值物流云服务平台根据客户的自身特点.独特需求和历史交易数据(如物流运输过程中对某条运输线路的偏好),为客户提供最适合的服务内容和服务方式,同时能够根据客户的需求变化快速调整服务方案。服务的实现对用户透明,提升客户对服务的使用价值、享用价值和规模价值;同时对服务提供商而言,物流云服务平台将充分考虑其提供物流服务的个性化、便捷性和规模化。

(2)整合物流服务提供商和客户各类资源形成物流云

物流云服务平台将物流服务提供商提供的大量分散物流资源进行整合并虚拟成各种物流云,根据客户需求在平台上进行统一、集中的管理和调配,按客户所需,为多个客户提供不同的物流服务,体现了多对多的物流服务模式。

(3)面向物流服务全生命周期的服务质量全程监控和管理,物流云服务更加注重服务质量管理

物流云服务系统建立物流服务的质量体系,定义服务质量指标体系及评价方法,加强事前的主动定义和服务的参数设计,通过 GPS、GIS、RFID 等技术实时监控物流服务的执行情况,在生命周期内跟踪评价服务质量,反馈实时数据并进行质量优化,同时以上数据将作为服务双方历史信用的记录。

从业务的角度,物流云服务模式主要由三部分组成:物流云服务需求端、物流云服务提供端及云服务平台。物流云服务需求端是指物流云服务使用者,这里指的是整个供应链或供应链上个别成员;物流云服务提供端是指提供物流服务资源的运输车队、货代公司等,它主要向云服务平台提供各种异构的物流资源和物流服务;云服务平台充当二者之间的桥梁和枢纽,负责建立健壮的供需服务链。物流云服务需求端通过云服务平台提出个性化服务需求,云服务平台对于物流云服务提供端提供的物流云进行整合、检索和匹配,建立适合客户的个性化服务解决方案并进行物流云调度,同时在服务过程中对服务质量进行管理和监控,为双方创造不断优化的服务质量和服务价值。

物流云服务提出了一种面向供应链的物流服务新模式,该模式将现有的物流服务模式、云计算、云安全、服务工程、物联网、RFID 等技术融于一体,为物流业中诸多需求提供了新的思路和解决方案。

参考文献

[1] 施云清，余朋林，王鹏．现代物流管理［M］．上海：上海交通大学出版社，2020．

[2] 崔国成．现代物流管理［M］．武汉：武汉理工大学出版社，2020．

[3] 李学工，李靖，李金峰．冷链物流管理［M］．北京：清华大学出版社，2020．

[4] 徐媛媛，梁竹田．物流管理基础［M］．厦门：厦门大学出版社，2020．

[5] 张惠敏．新编物流管理实务［M］．北京：中国水利水电出版社，2020．

[6] 牛军锋．现代物流管理概论［M］．北京：北京师范大学出版社，2020．

[7] 穆丽娟．新编现代物流管理［M］．北京：中国水利水电出版社，2020．

[8] 李严锋．现代物流管理［M］．沈阳：东北财经大学出版社，2020．

[9] 李英，罗杰．物流管理基础［M］．镇江：江苏大学出版社，2020．

[10] 蒋菲，何海波，左珈．企业物流管理［M］．镇江：江苏大学出版社，2020．

[11] 耿元芳，刘贵容．物流管理［M］．北京：经济管理出版社，2021．

[12] 李子豪，李东，朱媛．物流管理基础［M］．武汉：华中科技大学出版社，2021．

[13] 王红春．城市物流管理［M］．北京：中国建筑工业出版社，2021．

[14] 申纲领．物流管理基础［M］．北京：中国轻工业出版社，2021．

[15] 刘助忠．现代物流管理实务［M］．长沙：中南大学出版社，2021．

[16] 姜波．现代物流管理［M］．北京：北京理工大学出版社，2021．

[17] 张庆英．物流管理基础［M］．武汉：武汉理工大学出版社，2021．

[18] 郗蒙浩．应急物流管理［M］．北京：应急管理出版社，2021．

[19] 谢京辞，孟庆春，赵培忻．供应链物流管理［M］．北京：经济科学出版社，2021．

[20] 张恩娟．电子商务环境下的物流管理与应用研究［M］．北京：中国社会出版社，2021．

[21] 田源．逆向物流管理［M］．北京：机械工业出版社，2020．

[22] 聂永有，袁洪飞．现代物流管理教程［M］．上海：上海大学出版社，2020．

[23] 程洁．物流成本管理［M］．成都：电子科技大学出版社，2020．

[24] 陈鸿雁，张子辰．生产物流运作管理［M］．北京：北京理工大学出版社，2020．

[25] 蔡改成．物流管理［M］．北京：中国人民大学出版社，2020．

[26] 范学谦，翟树芹. 现代物流管理 [M]. 南京：南京大学出版社，2020.

[27] 宾厚，赵凤，王欢芳. 现代物流管理合理化及创新发展模式研究 [M]. 北京：中国铁道出版社有限公司，2019.

[28] 李翠芝."互联网+"背景下物流活动要素管理及发展趋势研究 [M]. 北京：中国水利水电出版社，2019.

[29] 代承霞. 跨境电子商务物流管理模式创新及发展 [M]. 北京：经济日报出版社，2019.

[30] 宾厚，王欢芳，邹筱. 现代物流管理 [M]. 北京：北京理工大学出版社，2019.